高等职业教育财经商贸类专业"互联网+"创新教材

会计信息系统应用
——财务链

（用友 ERP-U8 V10.1 版）

主　编　徐文杰　黄　敏
副主编　施卓晨　李益鸿　邵彩霞
参　编　闪　辉　杨　博　赵　砚　许龙英

机械工业出版社

本教材以用友 ERP-U8 V10.1 版为蓝本，以浙江安祥商贸有限公司 2022 年 1 月份经济业务为背景，结合企业实际数据全面系统地介绍了 ERP-U8 V10.1 版总账、应收款管理、应付款管理、固定资产管理、薪资管理和 UFO 报表等子系统的应用方法和操作过程。

本教材以业务财务一体化管理为主导思想，突破了只单纯介绍财务软件的局限，反映了会计信息系统发展的时代特征和最新进展，在向学生传授知识的同时，更注重对学生实际职业能力的培养，使学生的学习和实际操作相结合。此外，本教材与会计职业技能大赛和业财一体信息化（初级＋中级）职业技能等级证书有效衔接，内容更贴近企业实际，学生可以在学习软件操作的同时，更多地了解大赛、1+X 证书的考核内容和处理方法。

本教材适合高等职业院校、高等专科学校、成人高校大数据与会计及其他相关专业教学使用，也可以作为企业财务人员及业务人员会计信息系统应用培训和业务学习资料。本教材还可以作为会计职业技能大赛和业财一体信息化（初级＋中级）职业技能等级证书的参考教材。

图书在版编目（CIP）数据

会计信息系统应用：财务链：用友ERP-U8 V10.1版/徐文杰，黄敏主编．—北京：机械工业出版社，2022.9（2024.1重印）

ISBN 978-7-111-71034-9

Ⅰ．①会… Ⅱ．①徐… ②黄… Ⅲ．①会计信息-财务管理系统-高等职业教育-教材 Ⅳ．①F232

中国版本图书馆CIP数据核字（2022）第108650号

机械工业出版社（北京市百万庄大街22号　邮政编码100037）
策划编辑：孔文梅　　　　　责任编辑：孔文梅　乔　晨
责任校对：潘　蕊　王　延　封面设计：鞠　杨
责任印制：郜　敏

三河市国英印务有限公司印刷

2024 年 1 月第 1 版第 2 次印刷
184mm×260mm・18 印张・442 千字
标准书号：ISBN 978-7-111-71034-9
定价：49.80元

电话服务　　　　　　　　　网络服务
客服电话：010-88361066　　机　工　官　网：www.cmpbook.com
　　　　　010-88379833　　机　工　官　博：weibo.com/cmp1952
　　　　　010-68326294　　金　书　网：www.golden-book.com
封底无防伪标均为盗版　　　机工教育服务网：www.cmpedu.com

前言 Preface

2021年12月30日，财政部印发了《会计信息化发展规划（2021—2025年）》，规划明确提出"深入推动单位业财融合和会计职能拓展，加快推进单位会计工作数字化转型。通过会计信息的标准化和数字化建设，推动单位深入开展业财融合，充分运用各类信息技术，探索形成可扩展、可聚合、可比对的会计数据要素，提升数据治理水平。"在此背景下，我们编写了这套会计信息系统应用教材。该套教材由两本教材组成，按照应用能力层次，一为《会计信息系统应用——财务链》，二为《会计信息系统应用——供应链》。

本教材以用友 ERP-U8 V10.1 版为蓝本，以虚拟的浙江安祥商贸有限公司2022年1月份的51笔经济业务为背景，全面系统地介绍了 ERP-U8 V10.1 版总账、应收款管理、应付款管理、固定资产管理、薪资管理和 UFO 报表等子系统的应用方法和操作过程。

与同类教材相比，本教材具有以下特点：

1. 践行课程思政，落实立德树人

本教材紧盯会计信息化的发展变化，以习近平新时代中国特色社会主义思想为指导，以塑造高素质技术技能型会计信息化人才为目标，每个项目通过素质目标和拓展阅读有机融入思政元素，凸显教材育人功能，培养学生的专业精神、职业精神和工匠精神。

2. 融通岗课赛证，聚焦综合育人

本教材以财务职业岗位为主导、紧贴财务岗位需求重构课程体系，以工作过程为导向，选取实际企业典型财务岗位工作任务系统化设计教学项目，重组课程内容、重塑课堂教学模式，实施"岗课融通"；将业财一体信息化（初级+中级）职业技能等级证书标准融入课程标准，证书知识点和技能点融入课程教学内容，证书考核环境融入学习环境，实施"课证融通"；将会计、智能财税等职业技能大赛内容融入教学内容、大赛项目融入实践项目、大赛训练融入实践教学，实施"赛课融通"；将项目评价、1+X证书评价、大赛评价融入教学考核评价，形成了多元化、多维度的教学评价体系。教材有机融通"岗课赛证"，实现综合育人，推动高素质技术技能型会计信息化人才培养模式改革。

3. 紧跟时代步伐，融合业务财务

紧跟时代步伐，一方面根据最新的财税政策及会计准则编写教材内容，另一方面将财务共享、财务机器人、大数据等会计信息系统最新研究成果纳入教材；融合业务财务，以浙江安祥商贸有限公司2022年1月份的经济活动贯通全书，工作任务以企业真实的业务单据形式呈现，详细地介绍了该公司系统实施、会计信息化及期末处理等信息化工作内容，实现了财务系统与业务系统的一体化应用，同时，本教材工作任务按照账套主管、财务经理、会计、出纳、销售员、

采购员等6个岗位分工设计，实现了多岗位一体化应用。

4. 配套立体资源，助力教学改革

本教材配有省精品在线开放课程，每学期在线上平台开课，同时提供丰富的电子资源，主要包括：教案、电子课件、题库、备份账套等教学文件；全部任务的操作过程微视频，学生可以微信扫描教材中的二维码进行观看学习；实验资料、实验结果账套等，便于学生进行课后自学检验；业财一体信息化（初级+中级）职业技能等级证书标准及考证平台，助力学生考取1+X证书。立体化的教材资源，为教师开展混合式教学改革提供了有效支持。

本教材由浙江工业职业技术学院徐文杰、黄敏担任主编，施卓晨（杭州职业技术学院）、李益鸿（绍兴职业技术学院）、邵彩霞（浙江农业商贸职业技术学院）担任副主编。具体编写分工如下：徐文杰负责编写项目一，赵砚（浙江工业职业技术学院）负责编写项目二，闪辉（浙江工业职业技术学院）负责编写项目三和项目七，杨博（浙江工业职业技术学院）负责编写项目四，施卓晨负责编写项目五，黄敏负责编写项目六，邵彩霞负责编写项目八，许龙英（绍兴市中等专业学校）负责编写项目九，李益鸿负责编写项目十。本教材案例资料及原始单据由赵砚、许龙英整理完成。徐文杰负责拟定全书大纲，并对全书进行总纂、修改和定稿。

本教材在编写过程中参考了国内相关教材、著作、论文，在此对相关作者表示衷心的感谢；同时也得到了新道科技股份有限公司的鼎力帮助和大力支持，在此我们深表谢意！

本教材配有电子课件等教师用配套教学资源，凡使用本教材的教师均可登录机械工业出版社教育服务网 www.cmpedu.com 下载。咨询可致电：010-88379375，服务QQ：945379158。

由于编者水平有限，书中难免有疏漏和错误之处，敬请读者多提宝贵意见，以便日后修改完善。

编　者

二维码索引 Qr Code Index

序号	名称	二维码	页码	序号	名称	二维码	页码
1	安装前准备工作		005	10	设置部门档案		039
2	安装 IIS 及相关组件		006	11	设置人员类别		040
3	安装 SQL 数据库		007	12	设置人员档案		040
4	安装用友 U8 V10.1 版		014	13	设置供应商/客户分类		042
5	项目一技能测试		020	14	设置供应商/客户档案		043
6	增加用户		022	15	设置存货分类		046
7	建立账套		025	16	设置计量单位		046
8	设置用户权限		030	17	设置存货档案		047
9	项目二技能测试		036	18	指定科目		052

序号	名称	二维码	页码	序号	名称	二维码	页码
19	增加会计科目		053	29	总账系统选项设置		072
20	修改会计科目		054	30	总账系统期初余额录入		073
21	设置凭证类别		054	31	总账系统期初对账		075
22	设置项目目录		055	32	总账系统期初余额试算平衡		075
23	设置结算方式		057	33	总账系统填制凭证		081
24	设置付款条件		058	34	出纳签字		087
25	设置本单位开户银行		058	35	审核凭证		088
26	设置单据格式		059	36	记账		089
27	设置单据编号		061	37	总账系统查询凭证		091
28	项目三技能测试		067	38	修改记账凭证		091

序号	名称	二维码	页码	序号	名称	二维码	页码
39	设置常用凭证		092	49	有代垫运费的普通销售业务		115
40	删除记账凭证		093	50	当即收款的销售业务		117
41	项目四技能测试		100	51	预收货款业务		120
42	应收款管理系统选项设置		104	52	普通销售业务——江南赋餐饮		122
43	应收款管理系统科目设置		105	53	普通销售业务——河南纯中纯		122
44	坏账准备设置		106	54	普通销售业务——深圳安吉		122
45	应收款管理系统账龄区间与逾期账龄区间设置		107	55	收到商业承兑汇票		125
46	应收款管理系统报警级别设置		107	56	收到银行承兑汇票		127
47	应收款管理系统期初余额录入		107	57	票据贴现		128
48	普通销售业务——上海东航		114	58	应收款管理系统票据结算		129

序号	名称	二维码	页码	序号	名称	二维码	页码
59	应收冲应收		131	69	应付款管理系统选项设置		149
60	预收冲应收		132	70	应付款管理系统科目设置		150
61	坏账的发生		135	71	应付款管理系统账龄区间与逾期账龄区间设置		150
62	坏账的收回		136	72	应付款管理系统报警级别设置		151
63	坏账的计提		138	73	应付款管理系统期初余额录入		151
64	应收款管理系统发票查询		139	74	普通采购业务——东阳泰达		158
65	查询应收账款科目余额表		140	75	冲回暂估业务		160
66	欠款分析		140	76	含运费的采购业务		163
67	取消预收冲应收		141	77	普通采购业务——德杨食品		166
68	项目五技能测试		146	78	采购退货业务		166

序号	名称	二维码	页码	序号	名称	二维码	页码
79	应付款管理系统票据结算		170	89	固定资产系统选项设置		190
80	开出商业承兑汇票		172	90	设置部门对应折旧科目		191
81	应付冲应付		175	91	设置固定资产类别		191
82	预付冲应付		176	92	设置固定资产增减方式		192
83	应付款管理系统发票查询		178	93	录入原始卡片		193
84	付款账龄分析		179	94	固定资产增加		196
85	查询科目明细账		179	95	录入本月工作量		197
86	取消应付冲应付		180	96	计提本月固定资产折旧		198
87	项目六技能测试		185	97	固定资产减少		199
88	固定资产系统初始化		189	98	批量制单		200

序号	名称	二维码	页码	序号	名称	二维码	页码
99	固定资产系统月末对账		202	109	设置计算公式		218
100	固定资产系统月末结账		202	110	设置代扣个人所得税		218
101	固定资产系统记账凭证的修改		202	111	录入期初工资数据		219
102	固定资产卡片查询		203	112	录入工资数据		222
103	折旧分配表查询		204	113	工资分摊设置		223
104	固定资产原值一览表查询		206	114	统计分析		226
105	项目七技能测试		211	115	项目八技能测试		231
106	建立工资账套		216	116	银行对账		234
107	设置薪资管理人员档案		217	117	计提本月未交增值税		240
108	设置工资项目		217	118	计提本月应交城市维护建设税		242

序号	名称	二维码	页码	序号	名称	二维码	页码
119	计提本月应交教育费附加		242	126	分配股利		251
120	计提本月应交地方教育费附加		242	127	应付款管理、应收款管理、固定资产、薪资管理系统月末结账		253
121	期间损益——利润总额		245	128	总账系统月末结账		255
122	计提本月应交企业所得税		247	129	项目九技能测试		260
123	结转企业所得税		248	130	利用报表模板生成报表		262
124	结转净利润		249	131	自定义报表		266
125	计提法定盈余公积		251	132	项目十技能测试		271

目录 Contents

前　言
二维码索引

项目一　应用环境搭建　001

任务一　了解企业情况 / 001
任务二　安装财务软件 / 004
拓展阅读　"财务机器人"是否会替代财务会计岗位？/ 017
知识导图 / 018
项目实训　应用环境搭建 / 018

项目二　企业建账　021

任务一　增加用户 / 021
任务二　建立账套 / 023
任务三　设置用户权限 / 029
任务四　备份/恢复账套 / 031
拓展阅读　警示！做"两套账"被罚 6 900 万元！/ 034
考证导航 / 034
知识导图 / 035
项目实训　企业建账 / 035

项目三　基础档案设置　037

任务一　机构人员设置 / 037
任务二　客商信息设置 / 041
任务三　存货信息设置 / 044
任务四　财务信息设置 / 048
任务五　收付结算设置 / 056
任务六　单据设置 / 059
拓展阅读　小问题意识：千里之堤，溃于蚁穴 / 061
考证导航 / 062
知识导图 / 063
项目实训　基础档案设置 / 063

项目四　总账日常管理　　068

　　任务一　系统初始化 / 068

　　任务二　日常业务处理 / 075

　　任务三　数据查询与其他处理 / 089

　　拓展阅读　金亚科技财务造假案 / 095

　　考证导航 / 096

　　知识导图 / 097

　　项目实训　总账日常管理 / 098

项目五　应收款管理　　101

　　任务一　系统初始化 / 101

　　任务二　日常单据处理 / 109

　　任务三　票据处理 / 123

　　任务四　转账处理 / 130

　　任务五　坏账处理 / 134

　　任务六　数据查询与其他处理 / 139

　　拓展阅读　加强应收资产管理，有效防范损失风险 / 142

　　考证导航 / 143

　　知识导图 / 144

　　项目实训　应收款管理 / 144

项目六　应付款管理　　147

　　任务一　系统初始化 / 147

　　任务二　日常单据处理 / 152

　　任务三　票据处理 / 169

　　任务四　转账处理 / 174

　　任务五　数据查询与其他处理 / 178

　　拓展阅读　应付账款处理不当，容易引发税务风险 / 181

　　考证导航 / 182

　　知识导图 / 182

　　项目实训　应付款管理 / 183

项目七　固定资产管理　　186

　　任务一　系统初始化 / 186

　　任务二　日常业务处理 / 194

　　任务三　数据查询与其他处理 / 202

　　拓展阅读　固定资产加速折旧税收优惠政策 / 207

考证导航 / 208
知识导图 / 208
项目实训　固定资产管理 / 209

项目八　薪资管理　　212

任务一　系统初始化 / 212
任务二　日常业务处理 / 219
任务三　数据查询与其他处理 / 225
拓展阅读　依法纳税是每个公民应尽的义务 / 227
考证导航 / 227
知识导图 / 228
项目实训　薪资管理 / 229

项目九　期末处理　　232

任务一　银行对账 / 232
任务二　总账期末处理 / 239
任务三　月末结账处理 / 252
拓展阅读　推进"会计数字化"转型，繁荣"会计信息化"研究 / 257
考证导航 / 258
知识导图 / 259
项目实训　期末处理 / 259

项目十　UFO 报表管理　　261

任务一　利用报表模板生成报表 / 261
任务二　利用自定义功能生成报表 / 265
拓展阅读　千亿市值白马股：A 股史上规模最大的财务造假舞弊案
　　　　——康美财务造假案 / 269
考证导航 / 269
知识导图 / 270
项目实训　UFO 报表管理 / 271

参考文献　　272

项目一

应用环境搭建

知识目标
- 了解企业的基本情况。
- 理解企业会计核算的具体要求。
- 掌握用友 U8 财务软件的安装方法。

技能目标
- 能按照企业会计制度规定进行会计核算。
- 能正确选择商品化会计软件，并能搭建会计信息系统运行环境。
- 能熟练部署企业会计信息系统，并能进行简单的系统维护。

素质目标
- 培养学生从信息技术发展的角度去理解会计的发展。
- 培养学生会计信息化的思维。
- 培养学生在解决现实问题过程中的创新能力。

任务一　了解企业情况

一、企业基本情况

（一）公司注册资料

公司注册名称：浙江安祥商贸有限公司（简称安祥商贸）

公司注册地址及电话：杭州市纳文路 729 号，电话：0571-88009354

公司统一社会信用代码：91330101M505277347

公司邮箱地址：anxiangshangmao@163.com

公司注册资本：500 000 元

公司法定代表人：张伟，兼任公司总经理

公司经营范围：主要从事饮料、矿泉水、休闲食品等批发、零售

（二）公司银行资料

基本存款账户：中国工商银行杭州市美馨路支行

账号：1426 3537 3172 8338 244

（三）公司税务资料

国家税务总局杭州市西湖区税务局：纳税人识别号同公司统一社会信用代码

缴款账户：国家税务总局杭州市西湖区支库

账号：1426 8063 1397 9283 683

二、会计核算要求

（一）会计科目设置

"应付账款"科目下设"一般应付账款"和"暂估应付账款"两个二级科目，其中，"一般应付账款"科目设置为受控于应付系统，"暂估应付账款"科目设置为不受控于应付系统。

"预收账款"科目下设"定金"和"预收款项"两个二级科目，其中，"定金"设置为不受控于应收系统，"预收款项"设置为受控于应收系统。

（二）辅助核算要求

日记账：库存现金日记账、银行存款日记账

银行账：银行存款及其明细账

客户往来：应收票据、应收账款、预收账款

供应商往来：应付票据、应付账款、预付账款、其他应付款——其他单位往来

个人往来：其他应收款——个人往来

数量核算：商品采购、库存商品、发出商品、受托代销商品

项目核算：可供出售金融资产

（三）会计凭证的基本规定

录入或生成记账凭证均由指定的会计人员操作，含有"库存现金"和"银行存款"科目的记账凭证均需出纳签字。采用通用记账凭证格式。对于记账凭证的修改，只采用红字冲销法。

所有新增业务按发生日期逐笔记录，暂估业务除外。

（四）货币资金业务的处理

公司采用的结算方式包括现金结算、支票结算、托收承付、委托收款、银行汇票、商业汇票、电汇等。收、付款业务由财务部门根据有关凭证进行处理，在系统中没有对应结算方式的，其结算方式为"其他"。

（五）坏账损失的处理

除应收账款外，其他的应收款项不计提坏账准备。每年年末计提坏账准备，提取比例为0.5%（月末视同年末）。

（六）固定资产业务的处理

公司固定资产包括房屋及建筑物、运输工具、办公设备，均为在用状态；采用平均年限法（一）按月计提折旧；新增固定资产卡片编码采用连续编号方式。

（七）薪酬业务的处理

按照国家有关规定，公司代扣代缴个人所得税，其费用扣除标准为 5 000 元 / 月。假定公司员工除工资外，当年未取得劳务报酬所得、稿酬所得和特许权使用费所得。假定公司员工享受子女教育、赡养老人两项附加扣除共计 2 000 元 / 月，无其他专项附加扣除事项。

公司按有关规定计算缴纳社会保险费和住房公积金。社会保险费和住房公积金以基本工资和岗位工资作为计提基数。"五险一金"计提比例见表 1–1。

表 1–1 "五险一金"计提比例

项　　目	企业承担（%）	个人承担（%）	小计（%）
基本养老保险	14	8	22
基本医疗保险	8	2	10
失业保险	1.5	0.5	2
工伤保险	0.6		0.6
生育保险	1.2		1.2
小计	25.3	10.5	35.8
住房公积金	12	12	24
合计	37.3	22.5	59.8

各类社会保险及住房公积金当月计提，次月缴纳。根据国家有关规定，公司代扣由个人承担的社会保险费和住房公积金。

工会经费按工资总额的 2% 计提，职工教育经费按工资总额的 2.5% 计提，职工福利费按实际发生数列支，不按比例计提。

由公司预扣预缴的个人所得税通过"应交税费"科目进行核算。职工个人负担的社保及公积金通过"其他应付款"科目进行核算。工资分摊勾选"合并科目相同、辅助项相同的分录"。

（八）存货业务的处理

公司存货主要是饮料、矿泉水以及休闲食品，按分类进行存放。各类存货按照实际成本核算，采用永续盘存制；对库存商品采用"数量进价金额核算法"，发出存货成本采用"先进先出法"进行核算，采购入库存货对方科目全部使用"在途物资"科目。

（九）税费的处理

公司为增值税一般纳税人，增值税税率为 13%，按月缴纳；按当期应交增值税的 7% 计算城市维护建设税、3% 计算教育费附加和 2% 计算地方教育费附加；企业所得税采用应付税款法，税率为 25%，按月预计，按季预缴，全年汇算清缴。缴纳税款按银行开具的原始凭证编制记账凭证。

（十）财产清查的处理

公司每年年末对存货及固定资产进行清查，根据盘点结果编制"盘点表"，并与账面数据进行比较，由库存管理员审核后进行处理。

（十一）损益类账户的结转

每月末将各损益类账户余额转入本年利润账户，结转时按收入和支出分别生成记账凭证。

（十二）利润分配

根据公司章程，公司税后利润按以下顺序及规定分配：①弥补亏损；②按 10% 提取法定盈余公积；③按 30% 向投资者分配利润。

三、企业会计信息系统

浙江安祥商贸有限公司于 2021 年年底确定了单位实现财务工作信息化的管理目标，经过几个月的慎重考察和选型，2022 年 1 月最终购买了用友公司 U8 财务软件（V10.1 版）（以下简称 U8），包含总账、应收款管理、应付款管理、固定资产、薪资管理和 UFO 报表等子系统，实现财务核算工作的信息化。

任务二　安装财务软件

工作任务

U8 已经交付，负责公司信息化工作的管理员需在本单位部署安装该软件。

知识储备

1. 会计信息系统

会计信息系统（Accounting Information System，AIS）是企业管理信息系统中的一个子系统，是组织处理会计业务，对会计数据进行采集、存储、加工、传输并输出大量会计信息，为企业提供财务会计信息并管理控制企业经济活动的系统。

2. 用友 ERP-U8 软件（V10.1）

用友 ERP-U8 是一套企业级的解决方案，可满足不同的制造、商务、运营模式下的企业经营管理，U8 全面集成了财务、生产制造及供应链的成熟应用，延伸客户管理至客户关系管理（CRM），并对于零售、分销领域实现了全面整合。同时通过实现人力资源管理（HR），办公自动化（OA），保证行政办公事务、人力管理和业务管理的有效结合。用友 ERP-U8 是以集成的信息管理为基础，以规范企业运营、改善经营成果为目标，最终实现从企业日常运营、人力资源管理到办公事务处理等全方位的产品解决方案。

用友 ERP–U8 V10.1 版本包括以下内容：企业门户、财务会计、管理会计、供应链管理、生产制造、分销管理、零售管理、决策支持、人力资源管理、办公自动化、集团应用、企业应用集成。

3. U8 安装

安装用友 ERP–U8 V10.1 版，主要包括四个环节：安装前准备工作；安装 IIS 及相关组件；安装 SQL 数据库；安装用友 U8 V10.1 版。安装成功后，系统会在 SQL 数据库中创建"UFSystem"库。

岗位说明

以公司系统维护员身份部署和安装用友 U8 V10.1 版。

任务实施

1. 安装前准备工作

（1）检查电脑操作系统是否是 Win 7 或 Win 10 专业版 32 位 /64 位版本。如果不是，请重装系统或在教学资源包中下载一键转换工具进行系统版本转换。

安装前准备工作

（2）将安全卫士、杀毒软件等安全管理软件关闭或卸载，安装成功后再启用或安装。

（3）用户权限设置为最低，即对安装不做限制，如图 1–1 所示。Windows 10 操作系统中的设置方法：在"控制面板"窗口，单击"用户账户"，再单击"用户账户"，单击"更改用户账户控制设置"，将权限拉到最低，单击"确定"。

图 1–1　权限设置

（4）电脑名不能使用"–"等特殊字符。Windows 10 操作系统中的设置方法：右键单击桌面上的"电脑"图标，单击"重命名这台电脑"，可更改电脑名称，如图 1–2 所示。

图 1-2　更改电脑名称

（5）将短日期格式设置为"yyyy-MM-dd"。Windows 10 操作系统中的设置方法：在"控制面板"窗口，单击"时钟和区域"，再单击"更改时间、日期或数字格式"，在弹出的窗口中设置短日期格式，如图 1-3 所示，最后单击"确定"。

（6）上述准备工作全部完成后，需重新启动电脑，使当前设置生效。

2. 安装 IIS 及相关组件

用友 U8 是基于 IIS 和 .NET 平台的 B/S 架构和 C/S 架构并行的，所以在安装用友 U8 前需要安装 IIS 及相关组件。

（1）打开"控制面板"，单击"程序"，再单击"启用或关闭 Windons 功能"，勾选"Internet Information Services"和"Internet Information Services 可承载的 Web 核心"，如图 1-4 所示。

图 1-3　日期格式设置

安装 IIS 及相关组件

勾选完毕后，单击"确定"，系统会自动安装 IIS 及相关组件。

（2）安装完成后，重新启动电脑，并需要连接网络。

（3）打开"控制面板"，单击"程序"，再单击"启用或关闭 Windons 功能"，勾选".NET Framework 3.5（包括 .NET 2.0 和 3.0）"，如图 1-5 所示。勾选完毕后，单击"确定"，系统会自动下载安装 .NET Framework 3.5 及相关组件。

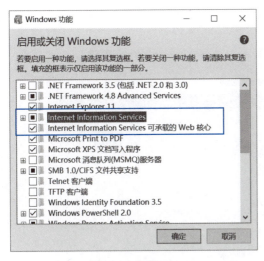

图 1-4　安装 IIS　　　　　　　　　图 1-5　安装 .NET

3. 安装 SQL 数据库

（1）双击打开 SQL Server 2008 R2（64 位）光盘映像文件，找到程序安装包中的 setup.exe 文件，选中单击鼠标右键，以管理员身份运行。

（2）在"SQL Server 安装中心"窗口，单击左侧"安装"选项，再单击"全新安装或向现有安装添加功能"，如图 1-6 所示。

安装 SQL 数据库

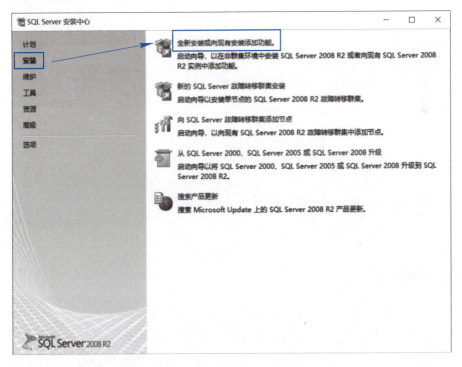

图 1-6　全新安装或向现有安装添加功能

（3）进入"安装程序支持规则"，如图 1-7 所示。

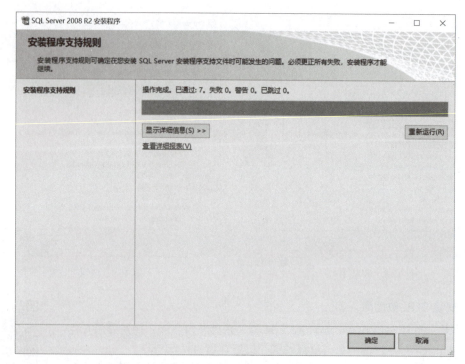

图 1-7　安装程序支持规则

（4）单击"确定"，进入"安装程序支持文件"窗口，如图 1-8 所示，再单击"确定"，系统自动安装程序支持文件。

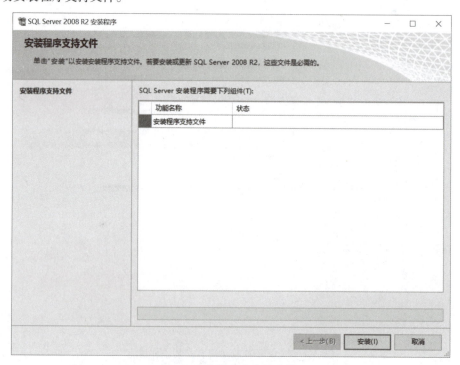

图 1-8　安装程序支持文件

（5）单击"安装"，进入"产品密钥"窗口，产品密钥系统自动生成，如图1-9所示。

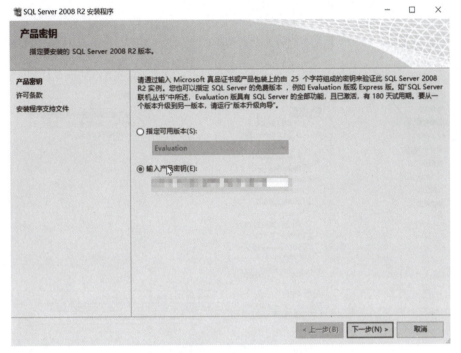

图1-9　产品密钥

（6）单击"下一步"，进入"许可条款"窗口，勾选"我接受许可条款"，如图1-10所示。

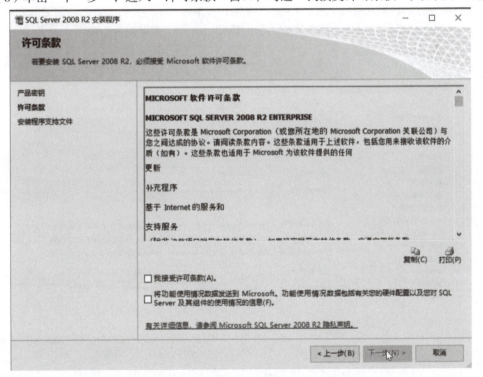

图1-10　许可条款

（7）单击"下一步"，进入"设置角色"窗口，勾选第一个"SQL Server 功能安装"，再单击"下一步"，进入"功能选择"窗口，如图1-11所示。

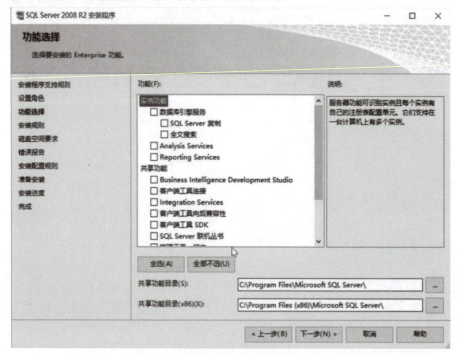

图1-11　功能选择

（8）在"功能选择"窗口，单击"全选"按钮，再单击"下一步"，进入"安装规则"窗口。
（9）在"安装规则"窗口，单击"下一步"按钮，进入"实例配置"窗口，如图1-12所示。

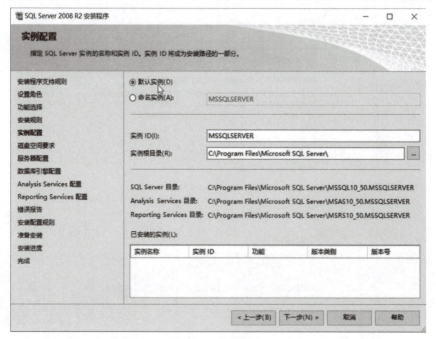

图1-12　实例配置

（10）在"实例配置"窗口，单击"下一步"按钮，进入"磁盘空间要求"窗口，再单击"下一步"按钮，进入"服务器配置"窗口，将"SQL Server 代理"和"SQL Server Browser"的启动类型改为"自动"，如图 1-13 所示。

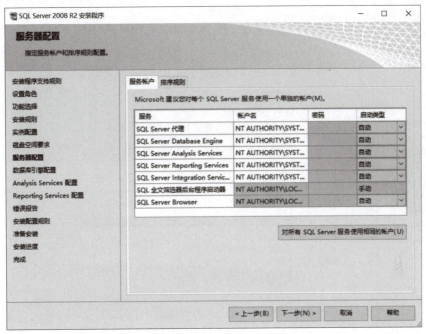

图 1-13 服务器配置

（11）在"服务器配置"窗口，单击"对所有 SQL Server 服务使用相同的账户（U）"按钮，在弹出的对话框中，"账户名"选择"NT AUTHORITY\SYSTEM"，密码为空，单击"确定"，如图 1-14 所示。

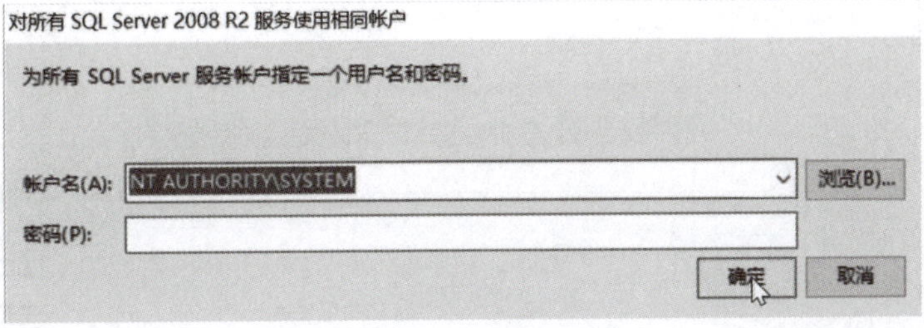

图 1-14 指定账户名

（12）单击"下一步"按钮，进入"数据库引擎配置"窗口，"身份验证"模式选择"混合模式"，输入并确认密码"sa123"，单击"添加当前用户"按钮，如图 1-15 所示。

（13）单击"下一步"按钮，进入"Analysis Services 配置"窗口，单击"添加当前用户"按钮，如图 1-16 所示。

（14）单击"下一步"按钮，进入"Reporting Services 配置"窗口，选择"安装本机模式默认配置"，如图 1-17 所示。

（15）单击"下一步"按钮，进入"错误报告"窗口，再单击"下一步"按钮，进入"安装配置规则"窗口，如图 1-18 所示。

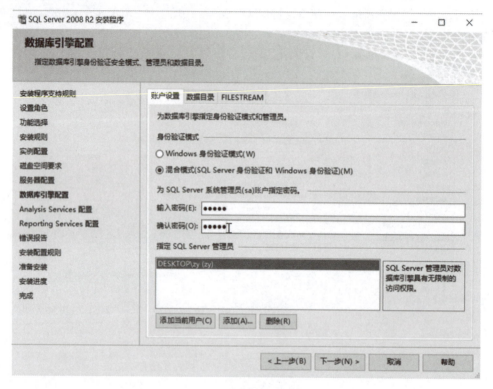

图 1-15　数据库引擎配置

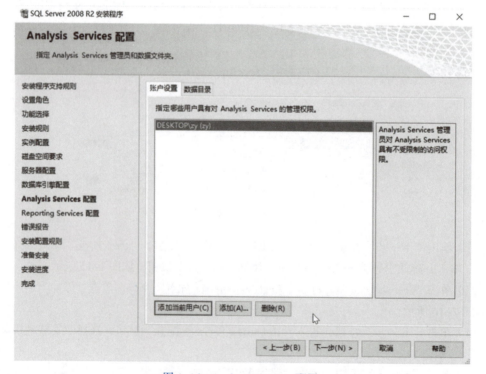

图 1-16　Analysis Services 配置

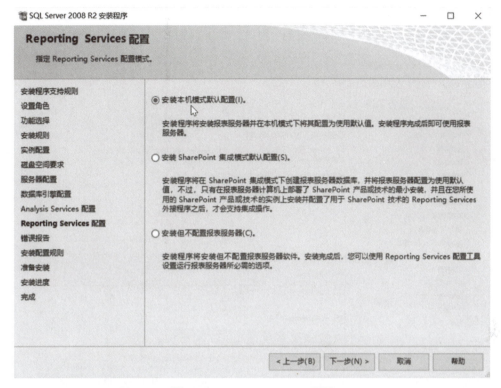

图 1-17　Reporting Services 配置

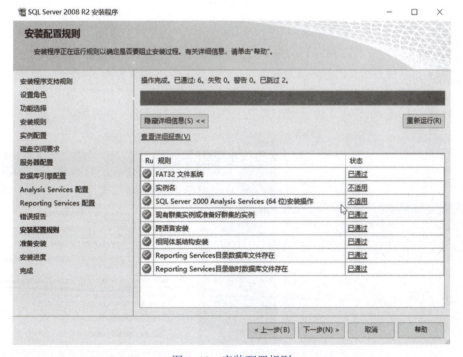

图 1-18　安装配置规则

（16）单击"下一步"按钮，进入"准备安装"窗口，再单击"安装"按钮，进入"安装进度"窗口。

（17）安装完毕，系统自动进入"完成"窗口，如图1-19所示，单击"关闭"按钮。

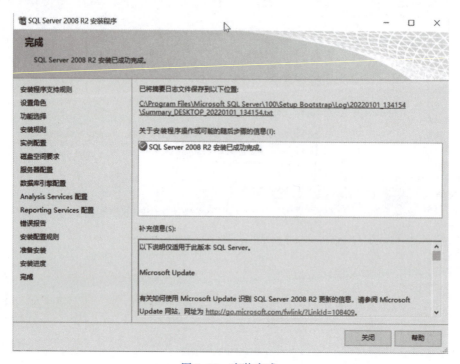

图1-19　安装完成

安装用友
U8 V10.1 版

4. 安装用友 U8 V10.1 版

（1）打开用友 U8 V10.1 版安装包，找到 SetupShell.exe 文件，选中单击鼠标右键，以管理员身份运行，进入"安装入口"界面，如图1-20所示。

（2）单击"安装 U8 V10.1"选项，进入"欢迎"窗口。单击"下一步"按钮，进入"许可证协议"窗口，选择"我接受许可证协议中的条款"，如图1-21所示。

图1-20　U8 V10.1 安装入口

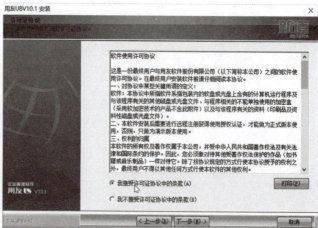

图1-21　许可证协议

（3）单击"下一步"按钮，进入"客户信息"窗口，在"公司名称"栏输入"浙江安祥商贸有限公司"。

（4）单击"下一步"按钮，进入"选择目的地位置"窗口，再单击"下一步"按钮，进入"安装类型"窗口，选择"全产品"，取消"繁体中文"和"英语"，如图1-22所示。

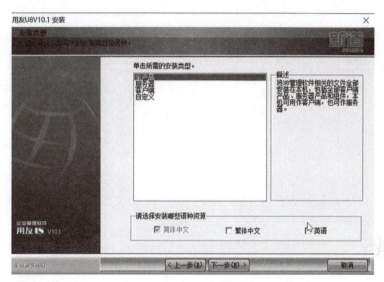

图1-22　安装类型

（5）单击"下一步"按钮，进入"环境检测"窗口，再单击"检测"按钮，弹出"系统环境检查"窗口，如图1-23所示。

（6）单击相应的"未安装"缺省组件的超链接，打开安装文件夹，双击默认安装程序，进行Silverlight组件安装，如图1-24所示。

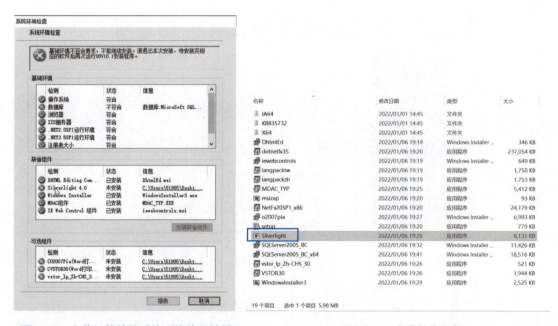

图1-23　安装组件前的系统环境检查结果　　　　　　图1-24　安装缺省组件

（7）再到用友 U8 V10.1 版安装包中，找到 3rdProgram 文件并打开，找到 SQL Server2005 向后兼容包（64 位），双击进行兼容包安装，如图 1-25 所示。

（8）组件安装完毕，单击"取消"按钮，单击"否"，再单击"下一步"，再次进行环境检测，如图 1-26 所示。

图 1-25　安装 2005 兼容包　　　　图 1-26　安装组件后的系统环境检查结果

（9）环境检测通过后，单击"确定"按钮，再单击"安装"，进入"安装状态"，如图 1-27 所示。

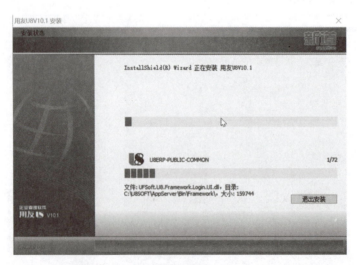

图 1-27　安装进度

（10）安装完成后，需重新启动电脑。

（11）重新启动电脑后，系统会提示进行数据源配置，在数据库中输入"电脑名或127.0.0.1"，SA 口令输入安装时设置的口令"sa123"，输入完毕单击"测试连接"，测试成功如图 1-28 所示。

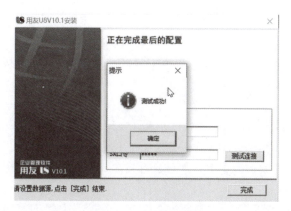

图 1-28　数据源配置

（12）单击"确定"按钮，再单击"安装"按钮，系统提示是否进行初始化，这里暂不进行初始化，后期到系统管理窗口"系统"菜单下，再初始化数据库。

（13）用友 U8 V10.1 版安装完毕后，为方便后期操作，可以将"系统管理"和"企业应用平台"直接拖至桌面，创建桌面快捷图标。

（14）双击桌面上的"系统管理"，单击"系统"菜单下的"初始化数据库"，打开"初始化数据库实例"窗口，输入 SA 口令"sa123"，单击"确认"，如图 1-29 所示。

图 1-29　初始化数据库

（15）至此，用友 U8 V10.1 版完成全部安装，可以正常使用了。

📖 拓展阅读

"财务机器人"是否会替代财务会计岗位？

互联网技术正以前所未有的速度蓬勃发展，随着云计算、大数据、物联网等新兴信息技术兴起，人工智能与财务结合，催生了"财务机器人"的问世。"财务机器人"解决了财务工作中高度重复的手工操作，如录入信息、合并数据、汇总统计、管理监控等，可以大大缩短工作完成时间。

行业专家表示:"我们预计到 2025 年,基础财务都会被机器人替代。"财务岗位将被重新定位,基础岗位财务人员将被快速取代!未来,机器人处理基础业务+人力员工审计/检查的人机交互和服务交付新模式将被广泛应用于企业。财务人员必须与时俱进,及时更新自己的知识结构,为将来可能会出现的财务机器人大面积应用做好准备。

➲ 思考

1. 未来"财务机器人"真的会替代财务人员吗?

2. "财务机器人"或其他 AI(人工智能)技术实际上替代的是什么?

3. 作为当代财务专业的大学生,如何应对"财务机器人"或其他 AI(人工智能)技术带来的挑战?

知识导图

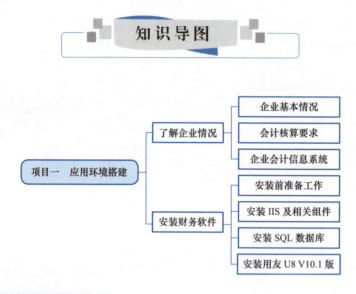

项目实训 应用环境搭建

↙ 实训资料

1. 企业基本情况

(1)公司注册资料。

公司注册名称:浙江昌澳鞋业商贸有限公司(简称昌澳公司)

公司注册地址及电话:杭州市达芬路 813 号,电话:0571-82856988

公司统一社会信用代码:91371501M126251739

公司邮箱地址:hztej@163.com

公司注册资本:500 000 元

公司法定代表人:林天中,兼任公司总经理

公司经营范围:主要从事皮鞋批发零售业务

(2)公司银行资料。

基本存款账户:中国工商银行杭州市亿玉路支行,账号:8525 1976 5229 4454 053

一般存款账户：中国银行杭州市振兴支行（美元户），账号：6227 0055 3698 7986 321

2. 会计核算要求

（1）会计科目设置。"应付账款"科目下设"一般应付账款"和"暂估应付账款"两个二级科目，其中，"一般应付账款"科目设置为受控于应付系统，"暂估应付账款"科目设置为不受控于应付系统。

（2）辅助核算要求。

日记账：库存现金日记账、银行存款——建行存款（人民币）、银行存款——中行存款（美元）。

银行账：银行存款——建行存款（人民币）、银行存款——中行存款（美元）。

客户往来：应收票据——银行承兑汇票、应收票据——商业承兑汇票、应收账款——人民币、应收账款——美元、预收账款——人民币、预收账款——美元。

供应商往来：应付票据、应付账款——一般应付账款、应付账款——暂估应付账款、预付账款。

个人往来：其他应收款——个人往来。

（3）会计凭证的基本规定。

录入或生成记账凭证均由指定的会计人员操作，含有"库存现金"和"银行存款"科目的记账凭证均需出纳签字。采用单一格式的复式记账凭证。

对于记账凭证的修改，只采用红字冲销法。为保证财务与业务数据的一致性，能在业务系统生成的记账凭证不得在总账系统直接录入。

（4）结算方式。公司采用的结算方式包括现金、支票、委托收款、汇兑、商业汇票、电汇等。在系统中没有对应结算方式时，其结算方式为"其他"。

（5）外币业务的处理。公司按业务发生日的浮动汇率记账，根据期末汇率按月计算汇兑损益。

（6）坏账损失的处理。公司除应收账款外，其他预付及应收款项不计提坏账准备。每年年末，按应收账款余额百分比法计提坏账准备，提取比例为0.5%。

（7）固定资产业务的处理。固定资产包括房屋及建筑物、办公设备和交通运输设备，均为在用状态；采用平均年限法（一）按月计提折旧；同期增加多个固定资产时，不采用合并制单。

（8）薪酬业务的处理。按照国家有关规定，公司代扣代缴个人所得税，其费用扣除标准为5 000元/月。假定公司员工除工资外，当年未取得劳务报酬所得、稿酬所得和特许权使用费所得。假定公司员工享受子女教育、赡养老人两项附加扣除共计2 000元/月，无其他专项附加扣除事项。

公司按有关规定计算缴纳社会保险费和住房公积金。基本社会保险及住房公积金以应付工资作为计提基数。计提比例如下：基本养老保险为20%，其中企业承担12%，个人承担8%；基本医疗保险为10%，其中企业承担8%，个人承担2%；失业保险为3%，其中企业承担2%，个人承担1%；工伤保险为0.5%，全部由企业承担；生育保险为0.85%，全部由企业承担。住房公积金为20%，其中企业承担10%，个人承担10%。

公司职工福利费和职工教育经费不预提，按实际发生金额列支。工会经费按应付工资额的2%计提。工会经费按月划拨给工会专户。各类社会保险费当月计提，次月缴纳。

工资分摊制单合并科目相同、辅助项相同的分录。

（9）存货业务的处理。存货按分类进行存放。各类存货按照实际成本核算，采用永续盘存制；发出存货成本采用"先进先出法"按仓库进行核算。

（10）税费的处理。公司为增值税一般纳税人，增值税税率为13%，按月缴纳；按当期应交增值税的7%计算城市维护建设税、3%计算教育费附加和2%计算地方教育费附加；企业所得税采用应付税款法，税率为25%，按月预计，按季预缴，全年汇算清缴。

缴纳税款按银行开具的原始凭证编制记账凭证。

（11）财产清查的处理。公司每年年末对存货及固定资产进行清查，根据盘点结果编制"盘点表"，并与账面数据进行比较，由库存管理员审核后进行处理。

（12）损益类账户的结转。每月末将各损益类账户余额转入本年利润账户，结转时按收入和支出分别生成记账凭证。

（13）利润分配。根据公司章程，公司税后利润按以下顺序及规定分配：弥补亏损；按 10% 提取法定盈余公积；按 30% 向投资者分配利润。

3. 会计信息系统

浙江昌澳鞋业商贸有限公司于 2022 年 1 月确定了本年实现财务工作信息化的管理目标，经过 2 个月的慎重考察和选型，3 月份最终购买了用友公司 U8 财务软件（V10.1 版），包含总账、固定资产、薪资管理、应收款管理、应付款管理和 UFO 报表等子系统。U8 已经交付，公司准备 4 月份开始使用 U8，实现财务核算工作的信息化。目前，公司系统维护员正在部署 U8 安装有关事宜。

4. 用友 U8 V10.1 版安装包

用友 ERP−U8 V10.1 版安装包主要包括 SQL Server 2008 R2 和用友 ERP−U8 V10.1 版两个安装文件。安装用友 ERP−U8 V10.1 版，主要包括四个环节：安装前准备工作；安装 IIS 及相关组件；安装 SQL 数据库；安装用友 U8 V10.1 版。

↙ 实训任务

（1）安装前准备工作。

（2）安装 IIS 及相关组件。

（3）安装 SQL 数据库。

（4）安装用友 U8 V10.1 版。

（5）数据库连接测试。

（6）创建桌面快捷方式。

项目一技能测试

项目二 企业建账

知识目标
- 了解企业信息化实施流程。
- 理解系统管理在整个系统中的作用。
- 掌握系统管理相关事项的具体规定。

技能目标
- 能正确进行角色和用户的新增、修改、删除。
- 能根据企业财务分工情况,在会计信息系统中进行用户权限设置。
- 能建立企业电子账套,并能修改、备份、引入。

素质目标
- 培养学生依法建账的良好会计职业道德。
- 培养学生严肃认真,严谨细致的工作作风。
- 培养学生的风险防范意识,切实保障企业会计数据的安全与完整。

任务一 增加用户

工作任务

根据浙江安祥商贸有限公司岗位分工和内部控制要求,结合 U8 的特性,需要在 U8 中新增以下用户,具体用户信息见表 2-1。

表 2-1 用户信息表

编号	姓名	认证方式	口令	所属部门	角色	职务
101	张伟	用户+口令(传统)	空	总经理办公室	账套主管	总经理
104	韩寒	用户+口令(传统)	空	财务部	普通用户	财务经理
105	林彬	用户+口令(传统)	空	财务部	普通用户	会计
106	钟灵	用户+口令(传统)	空	财务部	普通用户	出纳

知识储备

1. 系统管理

U8 系统管理功能的使用者为企业的信息管理人员、系统管理员（admin）和账套主管。

运行用友 U8，必须先打开系统管理进行注册登录。如果是第一次使用 U8，只能以系统管理员（admin）的身份注册系统管理，建立账套并指定账套主管后，才能以账套主管的身份进入系统管理。

系统管理员指定账套主管，负责整个系统的安全和维护工作，负责账套管理、角色和用户设置及相应的权限设置。账套主管负责账套的维护工作和所选年度内账套的管理及该账套操作员权限的设置。系统管理员和账套主管权限的主要区别见表 2-2。

表 2-2　系统管理员和账套主管权限的主要区别

菜单	系统管理员	账套主管
系统	设置 SQL Server 口令及升级数据、注销功能	注销功能
账套	建立、引入、输出账套，但无法修改账套信息	修改账套信息
年度		可清空、引入、输出年度账
权限	设置和修改账套主管，增加和修改角色和用户，增加和修改用户权限	增加和修改所负责账套的用户权限，但不能增加用户
视图	能刷新、阅读系统和上机日志，清除异常任务，清除单据锁定	能刷新、阅读上机日志

2. 角色

角色是指在企业管理中拥有某一项职能的组织，这个组织可以是实际的部门，也可以是由拥有一类职能的人构成的虚拟组织。在设置了角色后，就可以定义角色的权限，当用户归属某一角色后，就相当于拥有了该角色的权限。设置角色的方便之处在于可以根据职能统一进行权限的划分，方便授予。角色管理包括角色的增加、删除、修改等维护工作。

3. 用户

用户是指有权限登录系统、对应用系统进行操作的人员，也称为操作员。U8 中有两种用户类型：普通用户和管理员用户。普通用户是指能够登录 U8 企业应用平台进行各类业务处理的用户。管理员用户只能登录 U8 系统管理进行操作。用户管理主要完成用户的增加、删除、修改等维护工作。

岗位说明

以系统管理员 admin 身份增加用户。

任务实施

（1）打开桌面上的"系统管理"窗口（或者执行"开始 / 所有程序 / 用友 U8 V10.1/ 系统服务"命令，打开用友 U8 系统管理窗口）。

增加用户

（2）在"系统管理"窗口中，选择"系统 / 注册"命令，打开"登录"对话框，"登录到"选择"DESKTOP"（当前使用的计算机名），操作员输入"admin"，密码为空，"账套"选择"default"，如图 2-1 所示。

（3）在"系统管理"窗口中，单击"权限 / 用户"命令，打开"用户管理"窗口,单击"增加"按钮。根据表 2-1 的资料输入张伟的相关信息,完成后单击"增加",如图 2-2 所示。按此方法继续增加其他操作员。

图 2-1 登录系统管理

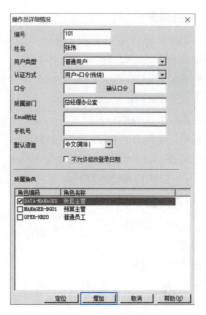

图 2-2 增加操作员

特别提醒

◆ 只有系统管理员有权修改操作员信息。

◆ 一个角色可以拥有多个用户,一个用户可以分属于多个不同的角色。

◆ 操作员编号在系统中必须唯一,操作员的信息一旦保存,操作员编号不能修改,操作员的姓名、口令及所属部门可以修改。

任务二 建立账套

工作任务

根据公司会计信息化工作的要求,需要在 U8 中建立浙江安祥商贸有限公司的账套,账套参数信息如下:

1. 账套信息

账套号:001

账套名称:浙江安祥商贸有限公司

账套路径：采用系统默认路径
启用会计期：2022 年 1 月

2. 单位信息

单位名称：浙江安祥商贸有限公司
单位简称：安祥商贸
单位地址：杭州市纳文路 729 号
法人代表：张伟
邮政编码：310000
联系电话/传真：0571-88009354
电子邮件：anxiangshangmao@163.com
税号：91330101M505277347

3. 核算类型

本币代码：RMB
本币名称：人民币
企业类型：商业
行业性质：2007 年新会计制度科目
账套主管：张伟
按行业性质预置科目。

4. 基础信息

对存货、客户和供应商进行分类，无外币核算。

5. 分类编码方案

科目编码级次：4-2-2-2
客户分类编码级次：2-2
供应商分类编码级次：2-2
存货分类编码级次：2-2-3
部门编码级次：1-2
结算方式编码级次：1-2
其他保持系统默认设置。

6. 数据精度

存货数量、存货单价、开票单价、件数、换算率等均采用系统默认的 2 位。

7. 系统启用

启用总账、应收款管理、应付款管理、固定资产、薪资管理系统，启用日期为 2022 年 1 月 1 日。

知识储备

1. 账套

账套是指存放会计核算对象的所有会计业务数据文件的总称，账套中包含的文件有会计科目、记账凭证、会计账簿、会计报表等。在 U8 中，可以为多个企业（或企业内多个独立核算的部门）分别建立账套，且各账套的数据之间相互独立、互不影响，系统最多允许建立 999

个企业账套。

2. 系统启用

系统启用是指设定 U8 中各子系统开始使用的日期。只有启用的子系统才可以登录。系统启用有两种方法：一种是在系统管理中创建账套时由系统管理员 admin 直接启用；另一种是在"企业应用平台"中，由账套主管在"基础设置/基本信息"里面启用。

岗位说明

以系统管理员 admin 身份建立账套。

任务实施

（1）以系统管理员 admin 身份登录系统管理，选择"账套"菜单下的"建立"命令，打开"创建账套—建账方式"窗口，如图 2-3 所示。

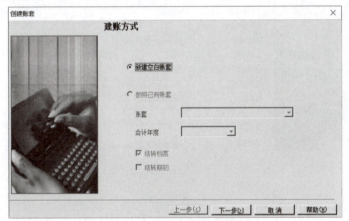

建立账套

图 2-3　建账方式

（2）单击"下一步"，打开"创建账套—账套信息"窗口。账套号输入"001"，账套名称输入"浙江安祥商贸有限公司"，启用会计期输入"2022 年 1 月"，其他默认，结果如图 2-4 所示。

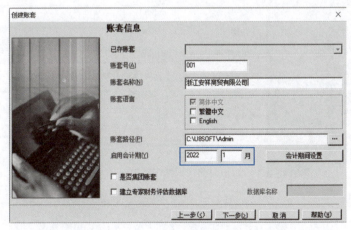

图 2-4　账套信息

> **特别提醒**
>
> ◇ 新建账套号不能与已存账套号重复。
> ◇ 账套路径为存储账套数据的路径，可以修改。
> ◇ 启用会计期为启用 U8 处理会计业务的日期，启用会计期不能在电脑系统日期之后。

（3）输入完成后，单击"下一步"，打开"创建账套—单位信息"窗口，根据实际资料依次输入本单位基本信息，单位名称为必输项，结果如图 2-5 所示。

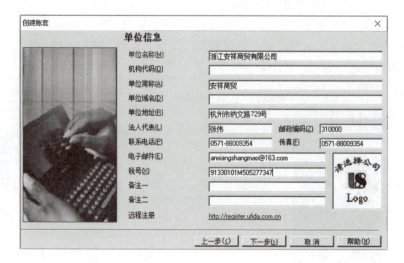

图 2-5　单位信息

（4）输入完成后，单击"下一步"，打开"创建账套—核算类型"窗口，企业类型选择"商业"，账套主管选择"[101]张伟"，勾选"按行业性质预置科目"，结果如图 2-6 所示。

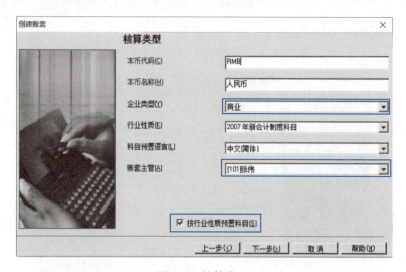

图 2-6　核算类型

> **特别提醒**
>
> ◇ 账套主管可以在此确定，也可以在操作员权限设置功能中修改。
>
> ◇ 勾选"按行业性质预置科目"，则系统将预置所属行业的总账科目，后续到"企业应用平台"添加明细科目即可。

（5）选择完成后，单击"下一步"，打开"创建账套—基础信息"窗口，存货、客户和供应商分类，无外币核算，如图2-7所示。

图 2-7　基础信息

（6）选择完成后，单击"下一步"，打开"创建账套—开始"窗口，如图2-8所示，单击"完成"，系统提示"可以创建账套了吗？"，单击"是"，系统开始建账。

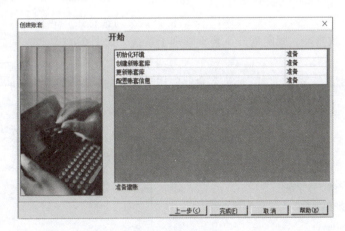

图 2-8　开始建账

（7）建账完成，系统弹出"编码方案"对话框，根据实际资料对相关编码级次进行调整，其他默认，如图2-9所示。

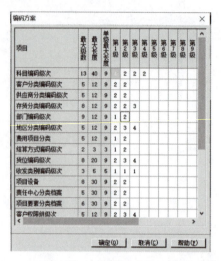

图 2-9　编码方案

> **特别提醒**
>
> ◆ 会计科目一级编码"4"为灰色，不得修改，其他均可修改，需从后往前删除。
> ◆ 部门编码举例："行政部门"下设"财务部"，部门一级编码由一位数字组成，二级编码由两位数字组成，可将"行政部门"编码为1，"财务部"编码为101。

（8）单击"确定"，再单击"取消"，系统弹出"数据精度"对话框，数据精度采用默认2位小数，如图2-10所示。

（9）单击"确定"，"数据精度"设置完成后，系统弹出"创建账套"对话框，提示建账成功，并询问是否启用系统，如图2-11所示。

（10）单击"是"，进入"系统启用"对话框，依次勾选总账、应收款管理、应付款管理、固定资产、薪资管理子系统，如图2-12所示。

图 2-10　数据精度

（11）单击"退出"，系统弹出"请进入企业应用平台进行业务操作！"对话框，单击"确定"。

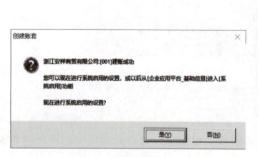

图 2-11　系统启用提示框

图 2-12　启用系统

特别提醒

◆ 以上"编码方案""数据精度"和"系统启用"设置工作,也可以账套主管的身份进入"企业应用平台"→"基础档案"→"基本信息"中进行设置。

◆ 需要对账套某些信息进行查看或修改,只能以账套主管的身份登录系统管理,进行账套的查看和修改,系统管理员无权修改。

任务三 设置用户权限

工作任务

按照浙江安祥商贸有限公司岗位职责及内控要求,需要在 U8 中进行用户权限分配,用户权限分配见表 2–3。

表 2–3 用户权限分配

编 号	姓 名	所属部门	操作权限分配
101	张伟	总经理办公室	账套初始化设置权限
104	韩寒	财务部	记账凭证的审核、查询、对账,总账结账,编制 UFO 报表
105	林彬	财务部	总账(填制、查询凭证、账表、期末处理、记账)、应收款和应付款管理(不含收付款单填制、选择收款和付款权限)、固定资产、薪资管理的所有权限
106	钟灵	财务部	收付款单填制、选择收款和付款权限、出纳签字及出纳管理的所有权限

知识储备

用户权限分配是按照会计内部控制制度中不相容职务分工牵制的原理,对已设置好的用户所进行的权利分配。目的是实行必要的财务分工,满足内部控制的要求。账套新建完成后,就需要及时对用户的权限进行分配。新增加的用户必须被授权后才能拥有对系统的操作权利。用友 U8 的用户权限设置,可以通过功能级权限管理、数据级权限管理和金额级权限管理三个层面来进行。

1. 功能级权限管理

功能级权限管理提供了包括各功能模块相关业务的操作权限。系统提供了 51 个子系统的功能权限的分配。用户权限设置可以由系统管理员或账套主管进行。

2. 数据级权限管理

数据级权限可以通过两个方面进行权限控制,一个是字段级权限控制,另一个是记录级权限控制。

3. 金额级权限管理

金额级权限主要用于完善内部金额控制，实现对具体金额数量划分级别，对不同岗位和职位的操作员进行金额级别控制，限制他们制单时可以使用的金额数量，不涉及内部系统控制的不在管理范围内。

岗位说明

以系统管理员 admin 身份进行财务分工。

任务实施

设置用户权限

（1）以系统管理员 admin 身份登录系统管理，选择"权限"菜单下的"权限"命令，打开"操作员权限"窗口，如图 2-13 所示。

（2）账套主管在建账时已经指定，无须再进行权限分配。先选择要分配权限的 001 账套及对应年度区间（2022 年），左边显示本账套所有角色和用户名。

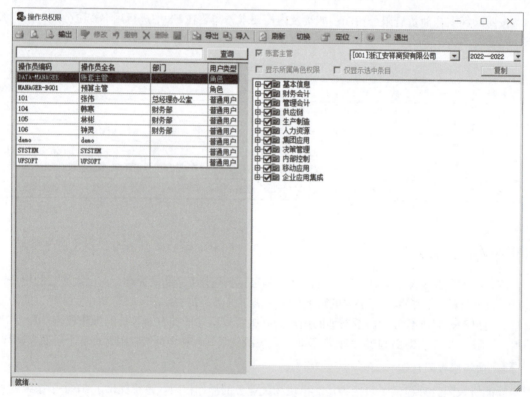

图 2-13　操作员权限

（3）选择操作员"104 韩寒"，单击工具栏的"修改"按钮，单击"+"展开功能级权限目录树，根据表 2-3 的分工，单击相应权限前面的"□"，进行分工授权，完成后，单击"保存"按钮，保存授权结果，如图 2-14 所示。按照上述方法，依次进行其他操作员的财务分工。

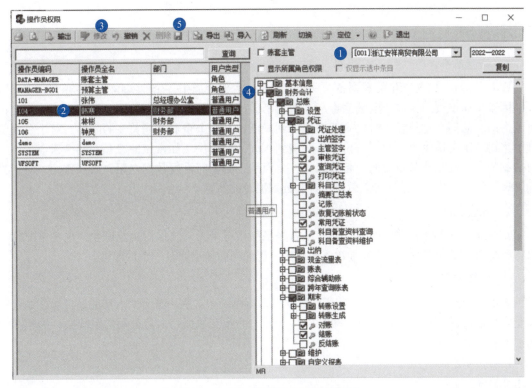

图 2-14 "104 韩寒"权限设置结果

特别提醒

◆ 如果对某个角色分配了权限，则在增加新用户时，该用户自动拥有此角色具有的权限。

◆ 功能级权限的分配在系统管理中的权限分配中设置，数据级权限和金额级权限在"企业门户"→"基础信息"→"数据权限"中进行分配。

◆ 对于数据级权限和金额级权限的设置，必须是在系统管理的功能级权限分配之后才能进行。

任务四 备份/恢复账套

工作任务

将账套数据输出至"E:\001 浙江安祥商贸有限公司\项目二 企业建账"文件夹，并尝试将备份账套再引入 U8 中。

知识储备

1. 账套备份

账套备份是将 U8 产生的数据备份到硬盘和其他存储介质中。企业实际运营中存在很多不可预知因素（如地震、火灾、电脑病毒、人为的错误操作等），任何一种情况发生对系统安全都是致命的。如何在意外发生时将企业损失降到最低，是每个企业共同关注的问题。对于企业管理员来讲，定时地将企业数据备份出来存储到不同的介质中（如常见的光盘、网络云盘等），对数据的安全性是非常重要的。备份数据一方面用于必要时恢复数据之用；另一方面，对于异地管理的公司，此种方法还可以解决审计和数据汇总的问题。

2. 账套删除

如果企业初始化建账时错误过多，或者是某些情况下无须再保留企业账套，这种情况就可以将系统内的账套删除。用户在输出界面选中"删除当前输出账套"栏目即可。

3. 账套恢复

账套恢复是指将 U8 以外的某些账套数据引入本系统中。利用账套引入功能，可以在系统数据受损坏的情况下恢复备份数据；也可以将分公司的账套数据引入总公司的系统中，为集团公司财务管理提供方便。

岗位说明

以系统管理员 admin 身份建立账套。

任务实施

1. 备份账套

（1）首先在 E 盘新建 "001 浙江安祥商贸有限公司" 文件夹，再在该文件夹下新建 "项目二　企业建账" 文件夹。

（2）以系统管理员 admin 身份登录系统管理，选择 "账套" 菜单下的 "输出"，打开 "账套输出" 窗口。

（3）"账套号"下拉列表中选择 "[001] 浙江安祥商贸有限公司"，"输出文件位置"选择 "E:\001 浙江安祥商贸有限公司\项目二　企业建账"，如图 2-15 所示。

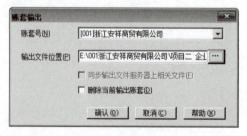

图 2-15　账套输出

（4）单击 "确认" 按钮，系统自动进行账套数据输出；输出完成后系统弹出 "输出成功！" 提示框，单击 "确定" 按钮完成账套输出。

特别提醒

◆ 只有系统管理员 admin 有权进行账套输出。账套输出成功后在输出的文件夹里面生成 UFDATA.BAK 和 UFErpAct.Lst 两个文件。

◆ 如果将"删除当前输出账套"同时选中，在输出完成后系统会确认是否将数据源从当前系统中删除。但是，正在使用的账套可以进行账套输出，而不允许进行账套删除。

2．恢复账套

（1）以系统管理员 admin 身份登录系统管理，选择"账套"菜单下的"引入"，打开"请选择账套备份文件"窗口。

（2）选择所要引入的账套数据备份文件，如图 2-16 所示。

（3）单击"确定"按钮，系统弹出"系统管理"提示框，单击"确定"按钮，打开"请选择账套引入的目录"窗口，默认存储路径。直接单击"确定"按钮，系统提示"账套[001] 引入成功！"。单击"确定"按钮，完成引入工作。

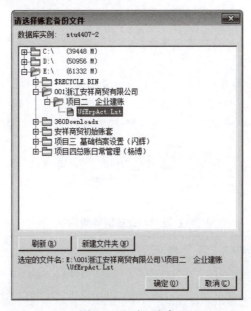

图 2-16　引入账套

特别提醒

◆ 只有系统管理员 admin 有权进行账套引入。

◆ 以下情况可能需要进行账套引入：①当前账套数据遭到破坏；②母公司定期对子公司账套数据进行分析、汇总。

> **拓展阅读**
>
> 警示！做"两套账"被罚 6 900 万元！
>
> 2020 年 5 月 9 日，南宁市税务局发布通告，一公司采用设立两套账的方式隐瞒销售收入，被追缴税款 3 000 多万元及两倍罚款 6 900 多万元！
>
> 该公司 2013—2018 年销售钢材收入共计 275 722 295.67 元，在此期间已向税务机关申报销售收入 85 639 708.12 元，以账外经营方式隐瞒钢材销售收入共计 190 082 587.55 元，共计少缴增值税 30 055 891.45 元。
>
> 根据《中华人民共和国税收征收管理法》第六十三条第一款的规定，该公司的上述行为构成逃税行为。该公司偷税金额为增值税 30 055 891.45 元、城市维护建设税 2 103 912.40 元、企业所得税 2 679 047.31 元、印花税 91 347.38 元，合计 34 930 198.54 元，对该公司处以少缴税款两倍罚款，罚款金额为 69 860 397.08 元。
>
> 除了面临巨额罚款和滞纳金，相关的财务人员和法人又将会面临什么样的惩罚呢？根据《中华人民共和国会计法》相关规定：私设会计账簿的，可以对单位处三千元以上五万元以下的罚款；对其直接负责的主管人员和其他直接责任人员，可以处二千元以上二万元以下的罚款。如构成犯罪的，将会依法追究刑事责任。受刑事处罚的：终身禁止从业！
>
> **➲ 启示**
>
> 作为财务工作人员要具有职业操守，不丧失道德底线；要知法守法，不违法抗法；要尊重事实，不捏造商业幻想；要记录真实账户，不做两套假账户；要依法申报，不逃税骗税。

1+X 证书职业技能等级标准

项 目	任 务	证书（等级）	工作领域	工作任务	职业技能要求
项目二 企业建账	任务一 增加用户 任务三 设置用户权限	业财一体信息化应用（初级）	1. 业财一体信息化平台基础设置与维护	1.1 用户角色权限设置与维护	1.1.1 能根据《企业财务通则》与《企业会计信息化工作规范》，在信息化平台上正确进行角色增加、修改、删除等设置
					1.1.2 能根据《企业财务通则》与《企业会计信息化工作规范》，在信息化平台上对角色进行查询、新增、编辑、删除等权限设置
					1.1.3 能依据企业组织分工情况，在信息化平台上对用户权限进行查询、增加、修改等维护，确保用户与其权限匹配
					1.1.4 能依据企业组织分工情况，在信息化平台上进行角色与用户关联、匹配，进行用户批量权限设置

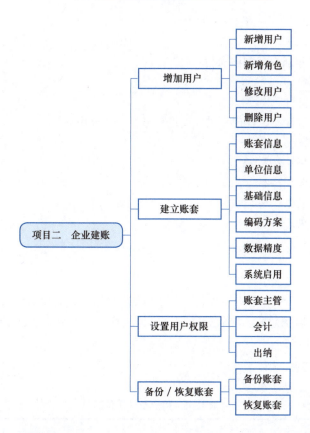

项目实训　企业建账

实训资料

1. 账套参数信息

（1）账套信息。
账套号：666
账套名称：浙江昌澳鞋业商贸有限公司
账套路径：采用系统默认路径
启用会计期：2022 年 4 月

（2）单位信息。
单位名称：浙江昌澳鞋业商贸有限公司
单位简称：昌澳公司
单位地址：杭州市达芬路 813 号
法人代表：林天中
联系电话 / 传真：0571-82856988
电子邮件：hztej@163.com

公司统一社会信用代码：91371501M126251739

（3）核算类型。

本币代码：RMB

本币名称：人民币

企业类型：商业

行业性质：2007年新会计制度科目

账套主管：林天中

按行业性质预置科目。

（4）基础信息。对存货、客户和供应商进行分类，无外币核算。

（5）分类编码方案。

科目编码级次：4-2-2-2

客户分类编码级次：2-2

供应商分类编码级次：2-2

存货分类编码级次：2-2-3

部门编码级次：2-2

结算方式编码级次：1-2

其他保持系统默认设置。

（6）数据精度。存货数量、存货单价、开票单价、件数、换算率等均采用系统默认的2位。

（7）系统启用。启用总账、应收款管理、应付款管理、固定资产、薪资管理系统，启用日期为2022年4月1日。

2. 用户及分工信息

用户及分工信息见表2-4。

表2-4 用户及分工信息

编码	姓名	隶属部门	职务	操作分工
A01	林天中	总经理办公室	总经理	账套初始化设置权限
W01	赵飞	财务部	财务经理	记账凭证的审核、查询、对账，总账结账，编制UFO报表
W02	胡树青	财务部	会计	总账（填制、查询凭证、账表、期末处理、记账）、应收款和应付款管理（不含收付款单填制、选择收款和付款权限）、固定资产、薪资管理的所有权限
W03	李杰	财务部	出纳	收付款单填制、选择收款和付款权限、票据的登记、出纳签字、银行对账

↙ 实训任务

（1）增加用户。

（2）建立账套。

（3）权限用户设置。

（4）备份/恢复账套。

项目二技能测试

项目三 基础档案设置

知识目标
- 理解基础档案设置在整个系统中的作用。
- 掌握基础档案设置相关事项的具体含义和基本规定。

技能目标
- 能够熟练操作基础档案的录入与维护。
- 能够准确进行数据权限设置。
- 能够准确进行单据格式设置和单据编号设置。

素质目标
- 培养学生热爱会计工作,忠于职守、尽职尽责的敬业精神。
- 培养学生严肃认真、严谨细致的工作作风。
- 培养学生用信息化思维解决问题的能力。

任务一 机构人员设置

工作任务

1. 设置部门档案

根据表 3-1 增加部门档案。

2. 设置人员类别

根据表 3-2 增加人员类别。

表 3-1　部门档案

部门编码	部门名称
1	行政管理部门
101	总经理办公室
102	财务部
103	人力资源部
104	资产管理部
2	仓储部
201	仓管部
202	质检部
3	采购部
4	销售部

表 3-2　人员类别

人员类别编码	人员类别名称
101	正式工
1011	企管人员
1012	销售人员
1013	采购人员
1014	仓储人员
102	合同工
103	实习生

3. 设置人员档案

根据表 3-3 增加人员档案。

表 3-3　人员档案

编码	姓名	行政部门	雇佣状态	人员类别	性别	是否操作员	是否业务员
101	张伟	总经理办公室	在职	企管人员	男	是	是
102	赵凯	人力资源部	在职	企管人员	男		是
103	王秀	资产管理部	在职	企管人员	女		是
104	韩寒	财务部	在职	企管人员	男	是	是
105	林彬	财务部	在职	企管人员	男	是	是
106	钟灵	财务部	在职	企管人员	女	是	是
201	陈萱	仓管部	在职	仓储人员	男		是
301	李玲	采购部	在职	采购人员	女		是
401	陈路	销售部	在职	销售人员	男		是

知识储备

1. 部门档案

部门档案主要用于设置企业各个部门的信息，该部门既是会计科目设置中进行部门核算的部门名称，也是进行个人核算的所属部门。

2. 人员类别

人员类别是按照企业的某种特定的方式将职工分成若干类型，人员类别的设置有助于薪资管理系统中工资费用的计算和分配。在录入"人员档案"前，必须先设置"人员类别"。

3. 人员档案

人员档案主要用于本单位职员个人的信息资料登记，是在建立好部门档案的基础上分部门进行添加的。对于与企业有账务往来的人员，如需要预借差旅费的销售人员等，需要在"是否业务员"前打钩。

岗位说明

以账套主管"101 张伟"的身份进行机构人员的设置。

任务实施

1. 设置部门档案

（1）选择"开始"→"程序"→"用友 ERP-U8"→"企业应用平台"，打开"登录"对话框。录入操作员"101"，选择"[001]（default）浙江安祥商贸有限公司"，操作日期"2022 年 1 月 1 日"，如图 3-1 所示。单击"登录"，进入企业应用平台。

设置部门档案

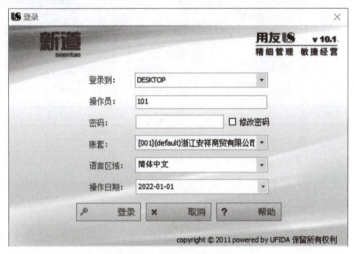

图 3-1　登录企业应用平台

（2）选择"基础设置"→"基础档案"→"机构人员"→"部门档案"，进入"部门档案"页面。单击"增加"按钮，录入"部门编码"为"1"，"部门名称"为"行政管理部门"，单击"保存"按钮。以此方法录入其他部门档案，如图 3-2 所示。

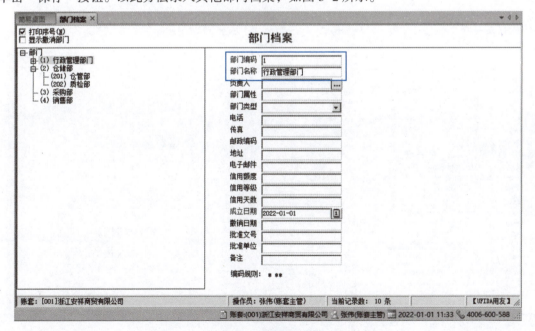

图 3-2　设置部门档案

2. 设置人员类别

设置人员类别

选择"基础设置"→"基础档案"→"机构人员"→"人员类别",进入"人员类别"页面。选中"正式工",单击"增加"按钮,在弹出的窗口中录入"档案编码"为"1011","档案名称"为"企管人员"(企业管理人员),单击"确定",如图3-3所示。以此方法录入其他所有的人员类别。

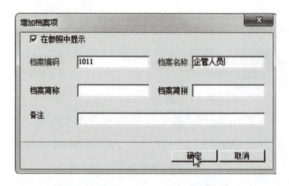

图3-3 设置人员类别

3. 设置人员档案

设置人员档案

选择"基础设置"→"基础档案"→"机构人员"→"人员档案",进入"人员档案"页面。单击"增加"按钮,在弹出的窗口中录入"人员编码"为"101","人员姓名"为"张伟","性别"为"男","人员类别"为"企管人员","行政部门"为"总经理办公室",在"是否业务员"前打钩,单击"保存",如图3-4所示。以此方法录入其他所有的人员档案。

图3-4 设置人员档案

任务二 客商信息设置

工作任务

1. 设置供应商分类与客户分类

根据表 3-4 设置供应商与客户分类。

表 3-4 供应商与客户分类

供应商/客户	分类编码	分类名称
供应商	01	国内
	02	国外
客户	01	国内
	02	国外

2. 设置供应商档案

根据表 3-5 设置供应商档案。

表 3-5 供应商档案

编码	供应商名称	供应商简称	分类	地址、电话、税号	开户银行、账号
0101	黑龙江舒达饮品有限公司	舒达饮品	01	吉林省长春市二道区荣环路2期 0431-89619597 91230101M446087501	中国招商银行长春市二道区支行 6228748373636951
0102	北京恒康天成贸易有限公司	恒康天成	01	北京市东城区王府路A区37号 010-38393870 91110106M920120014	中国招商银行北京市东城区支行 6228746535837365
0103	北京东阳泰达商贸有限公司	东阳泰达	01	北京市海淀区中关村科技城二楼8号 010-38397640 91110106M920120015	中国招商银行北京市海淀区支行 6228746535386374
0104	上海市松江区大爽食品有限公司	大爽食品	01	上海市松江区齐彩大道路78号 021-58372674 91310101M472413771	中国招商银行上海市松江区支行 6228393743836273
0105	南京市江宁区永泉食品商行	永泉食品	01	江苏省南京市江宁区东齐鲁B区876号 025-58670948 91320101M186508948	中国招商银行南京市江宁区支行 6228393743826686
0106	上海德杨食品有限公司	德杨食品	01	上海市闵行区合川路387号 021-58372674 91310101M472413772	中国招商银行上海市闵行区支行 6228393746351549
0107	浙江百世汇通有限公司	百世汇通	01	浙江省杭州市欧景路431号 0571-70515424 91330101M744567483	中国工商银行杭州市昇林路支行 4818254183579592

3. 设置客户档案

根据表 3-6 设置客户档案。

表 3-6　客户档案

编码	客户名称	客户简称	分类	地址、电话、税号	开户银行、账号
0101	上海东航饮用水有限公司	上海东航	01	上海市黄浦区西郊路 54 号 021-58373870 91310101M472413773	中国招商银行上海市黄浦区支行 6228393746373664
0102	深圳安吉饮水产业集团有限公司	深圳安吉	01	广东省深圳市宝安区石岩街道 0755-29816999 91440301M151254040	中国招商银行深圳市宝安区支行 6228393746379866
0103	江南赋餐饮管理有限公司	江南赋	01	北京市朝阳区华光南路 15 号楼 010-28376460 91110106M920120018	中国招商银行北京市朝阳区支行 6228393746373731
0104	河南纯中纯饮品有限公司	河南纯中纯	01	河南省固始县中原路 345 号 0376-38377640 91410502M896958289	中国招商银行河南省固始县支行 6228748373639876
0105	黑龙江舒达饮品有限公司	舒达饮品	01	吉林省长春市二道区荣环路 2 期 0431-89619597 91230101M446087501	中国招商银行长春市二道区支行 6228748373636951

知识储备

1. 供应商分类

需要对供应商进行分类管理的单位，可以建立供应商分类体系，将供应商按行业、地区等进行划分。

2. 客户分类

需要对客户进行分类管理的单位，可以建立客户分类体系。

3. 供应商档案

建立供应商档案主要是为企业的采购管理、库存管理、应付款管理服务的。在填制采购入库单、采购发票和进行采购结算、应付款结算和有关供货单位统计时，都会用到供应商档案，因此必须先设立供应商档案，以便减少工作差错。

4. 客户档案

客户档案主要是对客户信息的设置和管理，包括基本信息、联系人、信用及其他等。

岗位说明

以账套主管 "101 张伟" 的身份进行客商信息设置。

任务实施

设置供应商/客户分类

1. 设置供应商/客户分类

选择 "基础设置" → "基础档案" → "客商信息" → "供应商分类"，进入 "供应商分类" 页面，单击 "增加" 按钮，录入 "分类编码" 为 "01"，"分类名称" 为 "国内"，单击 "保存"。以此方法录入所有的供应商分类以及客户分类，如图 3-5 所示。

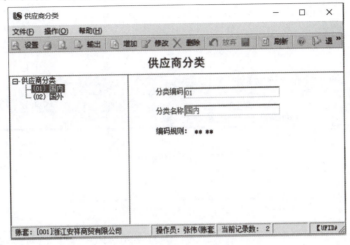

图 3-5　设置供应商 / 客户分类

2. 设置供应商 / 客户档案

（1）选择"基础设置"→"基础档案"→"客商信息"→"供应商档案"，进入"供应商档案"页面，单击"增加"按钮，在弹出窗口的"基本"选项卡中录入"供应商编码"为"0101"，"供应商名称"为"黑龙江舒达饮品有限公司"，"供应商简称"为"舒达饮品"，选择"所属分类"为"01- 国内"，"币种"为"人民币"，"税号"为"91230101M446087501"，如图 3-6 所示。

设置供应商 / 客户档案

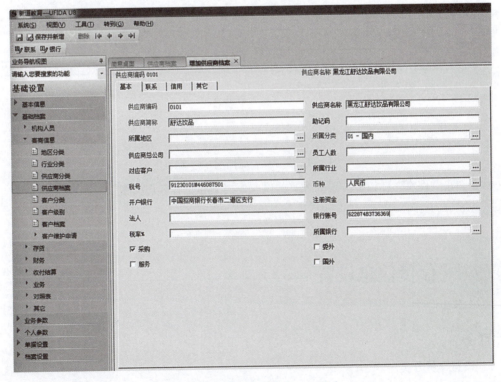

图 3-6　设置供应商档案——基本

（2）单击"银行"，进入"供应商银行档案"页面，单击"增加"按钮，录入"开户银行"为"中国招商银行长春市二道区支行"，"银行账号"为"6228748373636951"，"默认值"为"是"，如图3-7所示。

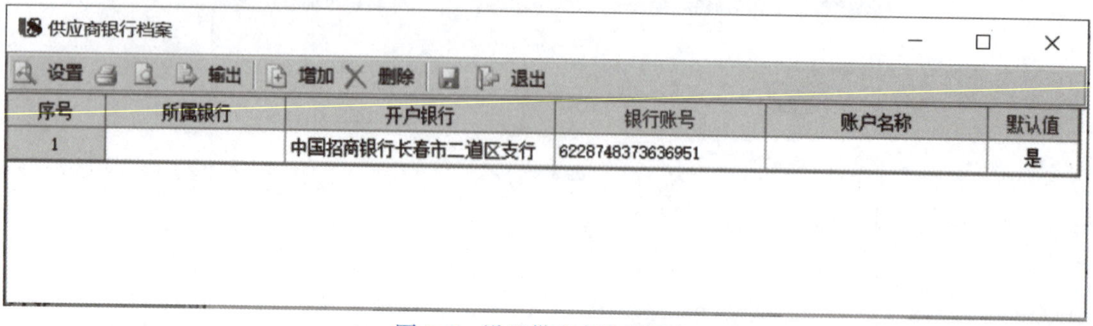

图3-7　设置供应商银行档案

（3）在"联系"选项卡中录入"电话"为"0431-89619597"，"地址"为"吉林省长春市二道区荣环路2期"，如图3-8所示。

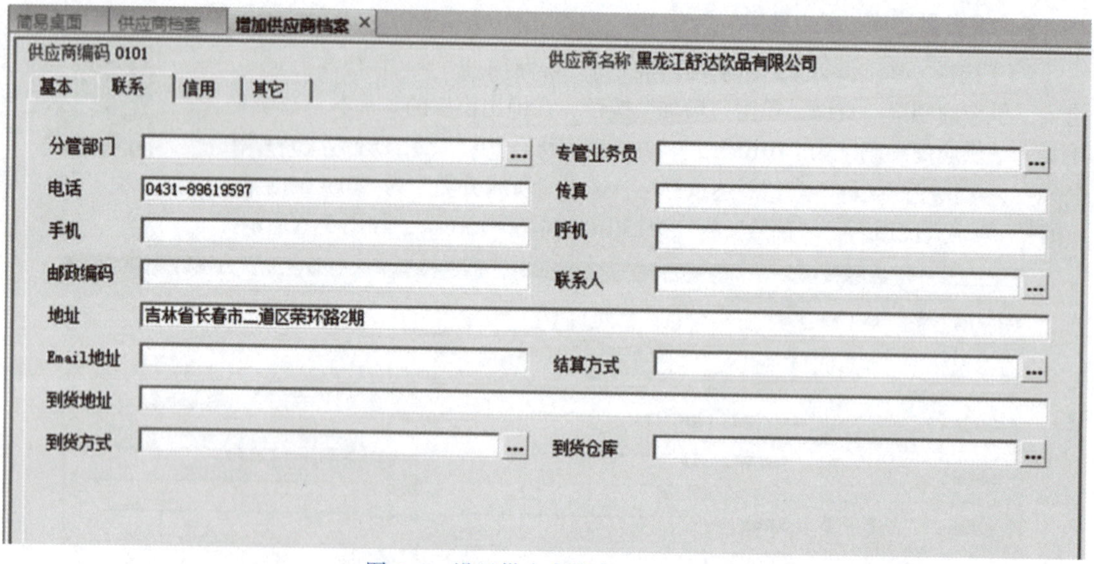

图3-8　设置供应商档案——联系

（4）单击"保存"。以此方法录入其他供应商档案和所有客户档案。

任务三　存货信息设置

工作任务

1. 设置存货分类

根据表3-7设置存货分类。

表 3-7 存货分类

分 类 编 码	分 类 名 称
01	矿泉水
02	受托代销商品
03	休闲食品
04	应税劳务

2. 设置计量单位

根据表 3-8 设置计量单位组及计量单位。

表 3-8 计量单位组及计量单位

计量单位编码	计量单位名称	计量单位组编码	计量单位组名称	计量单位组类别
0101	袋	01	自然单位组	无换算率
0102	箱	01	自然单位组	无换算率
0201	公里	01	自然单位组	无换算率
0202	次	01	自然单位组	无换算率

3. 设置存货档案

根据表 3-9 设置存货档案。

表 3-9 存货档案

存 货 编 码	存 货 名 称	计 量 单 位	税 率	存 货 属 性
0101	世罕泉天然苏打水	箱	13%	内销、外销、外购、委外
0102	5100 水	箱	13%	内销、外销、外购、委外
0103	崂山矿泉水	箱	13%	内销、外销、外购、委外
0201	冰露纯净水	箱	13%	内销、外销、外购、委外
0202	阿尔山矿泉水	箱	13%	内销、外销、外购、委外
0301	渝记椒派手磨豆干	袋	13%	内销、外销、外购、委外
0302	真知棒糖果	袋	13%	内销、外销、外购、委外
0303	琥珀牛羊五香辣味	袋	13%	内销、外销、外购、委外
0304	西瓜头泡泡糖	袋	13%	内销、外销、外购、委外
0305	奥利奥夹心饼干	袋	13%	内销、外销、外购、委外
0401	运输费	公里	9%	内销、外销、外购、委外、应税劳务
0402	代销手续费	次	6%	内销、外销、外购、应税劳务

知识储备

1. 存货分类

存货分类用于设置存货分类编码、名称及所属经济分类,最多可分 8 级,编码总长不能超过 12 位,每级级长可自由定义。

2. 计量单位

计量单位主要用于设置对应存货的计量单位组和计量单位信息。每个计量单位组中有一个主计量单位、多个辅助计量单位。计量单位组分无换算率、浮动换算率、固定换算率三种类别。无换算率计量单位组下的所有计量单位都以单独形式存在，各计量单位互不相干，相互间不能进行换算，因此单位之间不需要输入换算率，系统默认为主计量单位。浮动换算率计量单位组中只能包含两个计量单位，这两个单位间的换算率是不固定的。固定换算率计量单位组下可以包含两个以上的计量单位，每一个辅助计量单位对主计量单位的换算率都是固定的，都需要录入。

3. 存货档案

存货档案是指具体的存货信息，其中的数据是其他系统核算的依据和基础。

岗位说明

以账套主管"101 张伟"的身份进行存货信息设置。

任务实施

设置存货分类

1. 设置存货分类

选择"基础设置"→"基础档案"→"存货"→"存货分类"，进入"存货分类"页面。录入"分类编码"为"01"，"分类名称"为"矿泉水"，单击"保存"。以此方法录入其他存货分类，如图3-9所示。

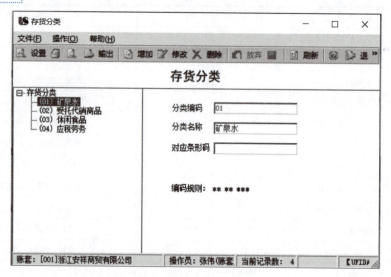

图3-9 设置存货分类

设置计量单位

2. 设置计量单位

（1）选择"基础设置"→"基础档案"→"存货"→"计量单位组"，进入"计量单位组"页面。单击"分组"，在弹出窗口中录入"计量单位组编码"为"01"，"计量单位组名称"为"自然单位组"，选择"计量单位组类别"为"无换算率"，单击保存，如图3-10所示。

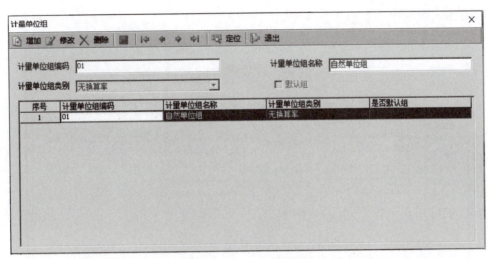

图 3-10　设置计量单位组

（2）在"计量单位"页面中，选中左侧栏的"（01）自然单位组＜无换算率＞"，单击"单位"，在弹出的窗口中录入"计量单位编码"为"0101"，"计量单位名称"为"袋"，单击"保存"。以此方法录入其他计量单位，如图 3-11 所示。

图 3-11　设置计量单位

3. 设置存货档案

选择"基础设置"→"基础档案"→"存货"→"存货档案"，单击"增加"，录入"存货编码"为"0101"，"存货名称"为"世罕泉天然苏打水"，选择"所属分类码"为"01"，"计量单位组"为"01"，"主计量单位"为"箱"，选择"存货属性"为"内销""外销""外购""委外"，单击"保存"，如图 3-12 所示。

设置存货档案

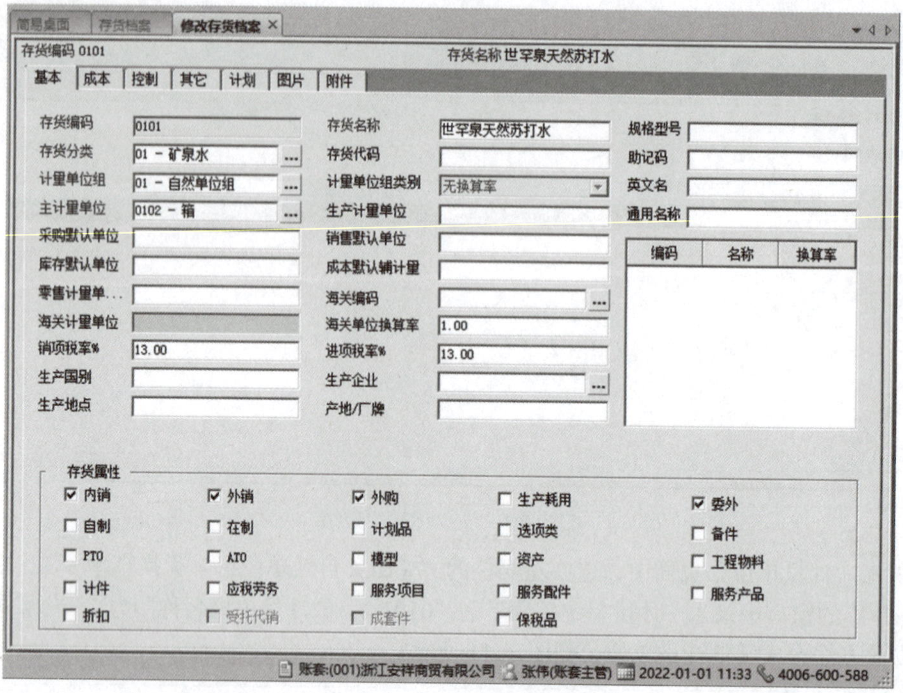

图 3-12　设置存货档案

任务四　财务信息设置

工作任务

1. 指定会计科目

指定"1001 库存现金"为现金科目,"1002 银行存款"为银行科目。

2. 增加会计科目

根据表 3-10 增加会计科目。

表 3-10　会计科目表

科目编码	科目名称	辅助账类型	余额方向
100201	工行存款		借
101201	存出投资款		借
101202	银行汇票存款		借
112101	银行承兑汇票	客户往来:受控于应收系统	借
112102	商业承兑汇票	客户往来:受控于应收系统	借
122101	个人往来	个人往来	借
122102	单位往来		借

（续）

科目编码	科目名称	辅助账类型	余额方向
140201	世罕泉天然苏打水	数量核算：箱	借
140202	5100水	数量核算：箱	借
140203	崂山矿泉水	数量核算：箱	借
140204	冰露纯净水	数量核算：箱	借
140205	阿尔山矿泉水	数量核算：箱	借
140206	渝记椒派手磨豆干	数量核算：袋	借
140207	真知棒糖果	数量核算：袋	借
140208	琥珀牛羊五香辣味	数量核算：袋	借
140209	西瓜头泡泡糖	数量核算：袋	借
140210	奥利奥夹心饼干	数量核算：袋	借
140211	运输费	数量核算：公里	借
140212	代销手续费	数量核算：次	借
140501	世罕泉天然苏打水	数量核算：箱	借
140502	5100水	数量核算：箱	借
140503	崂山矿泉水	数量核算：箱	借
140504	冰露纯净水	数量核算：箱	借
140505	阿尔山矿泉水	数量核算：箱	借
140506	渝记椒派手磨豆干	数量核算：袋	借
140507	真知棒糖果	数量核算：袋	借
140508	琥珀牛羊五香辣味	数量核算：袋	借
140509	西瓜头泡泡糖	数量核算：袋	借
140510	奥利奥夹心饼干	数量核算：袋	借
140511	运输费	数量核算：公里	借
140512	代销手续费	数量核算：次	借
150301	成本	项目核算	借
150302	公允价值变动	项目核算	借
190101	待处理流动资产损溢		借
190102	待处理非流动资产损溢		借
220101	银行承兑汇票	供应商往来：受控于应付系统	贷
220102	商业承兑汇票	供应商往来：受控于应付系统	贷
220201	暂估应付账款	供应商往来：不受控于应付系统	贷
220202	一般应付账款	供应商往来：受控于应付系统	贷
220301	定金	客户往来：不受控于应收系统	贷
220302	预收款项	客户往来：受控于应收系统	贷
221101	工资		贷
221102	职工福利		贷
221103	养老保险		贷
221104	医疗保险		贷
221105	失业保险		贷
221106	工伤保险		贷
221107	职工教育经费		贷
221108	住房公积金		贷
221109	工会经费		贷

（续）

科目编码	科目名称	辅助账类型	余额方向
221110	生育保险		贷
222101	应交增值税		贷
22210101	进项税额		贷
22210102	进项税额转出		贷
22210103	销项税额		贷
22210104	已交税金		贷
22210105	出口退税		贷
22210106	转出未交增值税		贷
222102	未交增值税		贷
222103	应交企业所得税		贷
222104	应交个人所得税		贷
222105	应交城市维护建设税		贷
222106	应交教育费附加		贷
222107	应交地方教育费附加		贷
224101	住房公积金		贷
224102	养老保险		贷
224103	医疗保险		贷
224104	失业保险		贷
250201	面值		贷
250202	利息调整		贷
4003	其他综合收益		贷
410101	法定盈余公积		贷
410102	任意盈余公积		贷
410401	提取法定盈余公积		贷
410402	提取任意盈余公积		贷
410403	应付现金股利或利润		贷
410404	转作股本股利		贷
410405	盈余公积补亏		贷
410406	未分配利润		贷
600101	世罕泉天然苏打水	数量核算：箱	贷
600102	5100水	数量核算：箱	贷
600103	崂山矿泉水	数量核算：箱	贷
600104	冰露纯净水	数量核算：箱	贷
600105	阿尔山矿泉水	数量核算：箱	贷
600106	渝记椒派手磨豆干	数量核算：袋	贷
600107	真知棒糖果	数量核算：袋	贷
600108	琥珀牛羊五香辣味	数量核算：袋	贷
600109	西瓜头泡泡糖	数量核算：袋	贷
600110	奥利奥夹心饼干	数量核算：袋	贷
600111	运输费	数量核算：公里	贷
600112	代销手续费	数量核算：次	贷
605101	租赁收入		贷
605102	劳务收入		贷

(续)

科目编码	科目名称	辅助账类型	余额方向
640101	世罕泉天然苏打水	数量核算：箱	借
640102	5100水	数量核算：箱	借
640103	崂山矿泉水	数量核算：箱	借
640104	冰露纯净水	数量核算：箱	借
640105	阿尔山矿泉水	数量核算：箱	借
640106	渝记椒派手磨豆干	数量核算：袋	借
640107	真知棒糖果	数量核算：袋	借
640108	琥珀牛羊五香辣味	数量核算：袋	借
640109	西瓜头泡泡糖	数量核算：袋	借
640110	奥利奥夹心饼干	数量核算：袋	借
640111	运输费	数量核算：公里	借
640112	代销手续费	数量核算：次	借
660101	包装费		借
660102	广告费		借
660103	运杂费		借
660104	职工薪酬		借
660105	业务招待费		借
660106	折旧费		借
660107	委托代销收费		借
660108	差旅费		借
660109	其他		借
660201	职工薪酬		借
660202	办公费		借
660203	差旅费		借
660204	招待费		借
660205	折旧费		借
660206	存货盘点		借
6702	信用减值损失		借

3. 修改会计科目

根据表3-11修改相应科目的辅助账类型。

表3-11 会计科目表

科目编码	科目名称	辅助账类型	余额方向
1122	应收账款	客户往来：受控于应收系统	借
1123	预付账款	供应商往来：受控于应付系统	借

4. 设置凭证类别

根据表3-12设置凭证类别。

表3-12 凭证类别

类别字	类别名称	限制类型	限制科目	调整期
记	记账凭证	无限制		

5. 设置项目目录

根据表3-13逐步设置"1503可供出售金融资产"辅助核算项目目录。

表 3-13 项目目录

项 目 大 类	金融资产项目
核 算 科 目	150301 成本
	150302 公允价值变动
项 目 分 类	1 股票
项 目 目 录	11 北京长城

知识储备

1. 会计科目

会计科目用于分门别类地反映企业经营业务，是填制凭证、登记账簿以及编制报表的基础。软件中预置了现行会计制度规定的一级会计科目和部分二级科目，企业可以根据实际情况补充修改明细科目。同时可以对会计科目进行辅助核算，如"应收账款"科目按客户设置明细科目，所以可以将辅助核算设置成"客户往来"。其他辅助核算功能还有部门核算、个人往来核算、供应商往来核算和项目核算等。

2. 凭证类别

进行业务处理前，企业应根据核算和管理的需要选择不同的凭证的类别。凭证主要包括五种类别：①记账凭证（通用格式）；②收款凭证、付款凭证、转账凭证；③现金凭证、银行凭证、转账凭证；④现金收款凭证、现金付款凭证、银行收款凭证、银行付款凭证、转账凭证；⑤自定义凭证类别。选择适当的凭证类别后，完成"限制类型"和"限制科目"的设定，如收款凭证的借方必有"库存现金"或"银行存款"科目。

3. 项目目录

企业将需要单独计算成本或收入的一类对象视为项目。我们可以将具有相同特性的一类项目定义成一个项目大类。为了便于管理，对每个项目大类可以进行明细分类，在最末级的明细分类下再建立具体的项目档案。使用项目核算与管理的步骤是：定义项目大类、指定核算科目、定义项目分类、定义项目目录。

岗位说明

以账套主管"101 张伟"的身份进行财务设置。

任务实施

1. 指定科目

选择"基础设置"→"基础档案"→"财务"→"会计科目"，进入"会计科目"页面。选择"编辑"菜单下的"指定科目"命令，弹出"指定科目"窗口。选择"现金科目"，将"待选科目"中的"1001 库存现金"选入"已选科目"框内，如图 3-13 所示。同样地，选择"银行科目"，将待选科目中的"1002 银行存款"选入"已选科目"框内，单击"确定"按钮保存。

指定科目

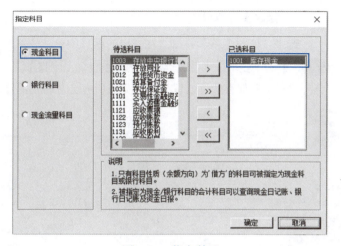

图 3-13　指定科目

特别提醒

◇ 应分别对"现金科目"和"银行科目"进行指定。

2. 增加会计科目

进入"会计科目"页面。单击"增加",在弹出的窗口中录入"科目编码"为"100201","科目名称"为"工行存款","账页格式"为"金额式",如图 3-14 所示,单击"确定"保存数据。以此方法增加其他的明细科目。

增加会计科目

图 3-14　增加会计科目

3. 修改会计科目

修改会计科目

选中"应收账款"科目,在弹出的窗口中单击"修改"按钮,在"辅助核算"下的"客户往来"前打钩,受控系统为"应收系统",如图 3-15 所示,单击"确定"保存数据。以此方法完成所有会计科目的修改。

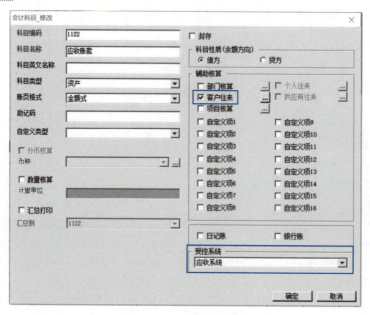

图 3-15 修改会计科目

4. 设置凭证类别

设置凭证类别

(1)选择"基础设置"→"基础档案"→"财务"→"凭证类别",在弹出的"凭证类别预置"对话框中选择"记账凭证",如图 3-16 所示,然后单击"确定"按钮。

(2)在"凭证类别"界面单击"增加"按钮,输入"类别字"为"记","类别名称"为"记账凭证","限制类型"为"无限制",如图 3-17 所示。

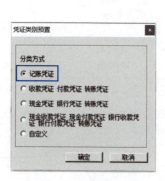

图 3-16 选择凭证类别

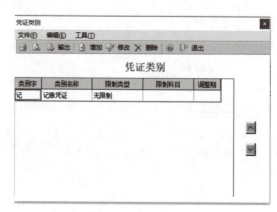

图 3-17 设置凭证类别

5. 设置项目目录

（1）选择"基础设置"→"基础档案"→"财务"→"项目目录"，进入"项目档案"页面。单击"增加"按钮，输入新项目大类名称为"金融资产项目"，如图3-18所示，单击"下一步"按钮，其他设置均采用系统默认值，最后单击"完成"按钮返回"项目档案"窗口。

设置项目目录

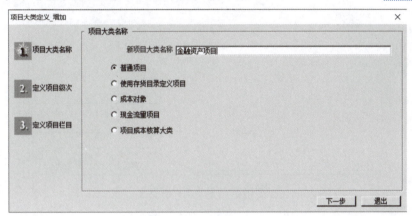

图3-18 新增项目大类

（2）在"项目档案"页面选择"核算科目"选项卡，选择"项目大类"为"金融资产项目"，单击"》"按钮，将左侧所有科目"成本""公允价值变动"移到右侧，最后单击"确定"按钮，如图3-19所示。

图3-19 设置核算科目

（3）在"项目档案"页面选择"项目分类定义"选项卡，单击右下方"增加"按钮，输入"分类编码"为"1"，"分类名称"为"股票"，然后单击"确定"按钮，如图3-20所示。

（4）在"项目档案"页面选择"项目目录"选项卡，单击右下方"增加"按钮，进入"项目目录维护"窗口，单击"增加"按钮，输入"项目编号"为"11"，"项目名称"为"北京长城"，如图3-21所示。

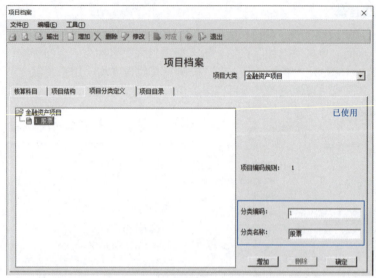

图 3-20　定义项目分类

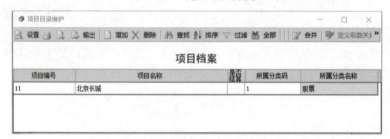

图 3-21　定义项目目录

（5）连续单击"退出"按钮，退出"项目目录维护"和"项目档案"窗口。

任务五　收付结算设置

工作任务

1. 设置常用结算方式

根据表 3-14 设置常用结算方式（收、付款业务由财务部门根据有关凭证进行处理，在系统中没有对应结算方式的，其结算方式为"其他"）。

表 3-14　常用结算方式

结算方式编码	结算方式名称	结算方式编码	结算方式名称
1	现金	402	商业承兑汇票
2	支票	5	电汇
201	现金支票	6	同城特约委托收款
202	转账支票	7	委托收款
3	银行汇票	8	托收承付
4	商业汇票	9	其他
401	银行承兑汇票		

2. 设置付款条件

根据表 3-15 设置付款条件。

表 3-15 付款条件

编码	付款条件名称	信用天数	优惠天数 1	优惠率 1	优惠天数 2	优惠率 2	优惠天数 3	优惠率 3
01	1/10,n/10	10	10	1	0	0	0	0
02	2/10,1/20,n/30	30	10	2	20	1	30	0

3. 设置本单位开户银行

根据表 3-16 设置本单位开户银行。

表 3-16 本单位开户银行

编码	银行账号	开户银行	币种	所属银行
01	1426353731728338244	中国工商银行杭州市美馨路支行	人民币	中国工商银行

知识储备

系统中需要设置的"结算方式"与财务结算方式基本一致，主要包括现金结算、支票结算等。"结算方式编码"和"结算方式名称"为必填项；通过设置"是否票据管理"可以实现对结算方式进行票据管理。结算方式的编码规则最多为 2 级。结算方式一旦被引用，便不能进行修改和删除操作。在"收付结算"栏目下，还可以根据企业核算要求，进行付款条件、银行档案、本单位开户银行、收付款协议档案等信息的录入。

岗位说明

以账套主管"101 张伟"的身份进行收付结算设置。

任务实施

1. 设置结算方式

选择"基础设置"→"基础档案"→"收付结算"→"结算方式"，进入"结算方式"页面。录入"结算方式编码"为"1"，"结算方式名称"为"现金"，单击"保存"。以此方法录入其他结算方式，如图 3-22 所示。

设置结算方式

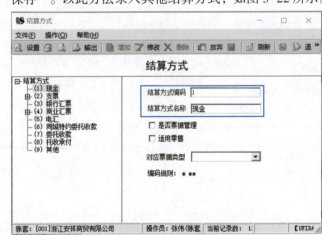

图 3-22 设置结算方式

设置付款条件

2. 设置付款条件

选择"基础设置"→"基础档案"→"收付结算"→"付款条件",进入"付款条件"页面。录入"付款条件编码"为"01","信用天数"为"10","优惠天数1"为"10","优惠率1"为"1",单击"保存"。以此方法录入其他付款条件,如图3-23所示。

序号	付款条件编码	付款条件名称	信用天数	优惠天数1	优惠率1	优惠天数2	优惠率2	优惠天数3	优惠率3	优惠天数4	优惠率4
1	01	1/10, n/10	10	10	1.0000	0	0.0000	0	0.0000	0	0.0000
2	02	2/10, 1/20, n/30	30	10	2.0000	20	1.0000	0	0.0000	0	0.0000

图3-23 设置付款条件

3. 设置本单位开户银行

选择"基础设置"→"基础档案"→"收付结算"→"本单位开户银行",进入"增加本单位开户银行"页面。录入"编码"为"01","银行账号"为"1426353731728338244","币种"为"人民币","开户银行"为"中国工商银行杭州市美馨路支行","所属银行编码"为"01",单击"保存",如图3-24所示。

设置本单位开户银行

图3-24 设置本单位开户银行

任务六 单据设置

工作任务

（1）将销售管理系统中销售专用发票表头项目中的"销售类型"改为非必输项，将其表体项目中的"数量"改为非必输项；为其表体增加"退补标志"项。

（2）将销售管理系统中销售普通发票表头项目中的"销售类型"改为非必输项。

（3）将销售专用发票、销售普通发票和采购专用发票、采购普通发票编号设置为可以"手工改动，重号时自动重取"。

（4）将应收款管理系统和应付款管理系统中收款单和付款单编号设置为可以"手工改动，重号时自动重取"。

知识储备

在 U8 中，为描述和处理各种现实业务而设置的采购发票、销售订单、收款单、付款单、出入库单等称为单据。单据设置主要包括单据格式设置和单据编号设置。单据格式设置分为显示单据格式设置和打印单据格式设置。单据格式设置在 U8 中具有重要作用，很多非常规业务都需要进行单据格式设置，如销售定金业务、现款结算业务、发货签回业务以及代管采购业务等。

岗位说明

以账套主管"101 张伟"的身份进行单据设置。

任务实施

1. 设置单据格式

选择"基础设置"→"单据设置"→"单据格式设置"，打开左侧栏"单据类型"→"销售管理"→"销售专用发票"→"显示"中的"销售专用发票显示模板"，如图 3-25 所示；鼠标右击表头部分，选择"表头项目"，选中"销售类型"，取消"必输"，如图 3-26 所示，单击"确定"。以此方法修改所要求的单据格式设置。

设置单据格式

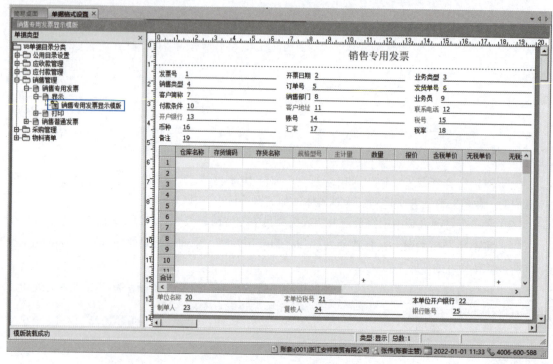

图 3-25 显示单据模板

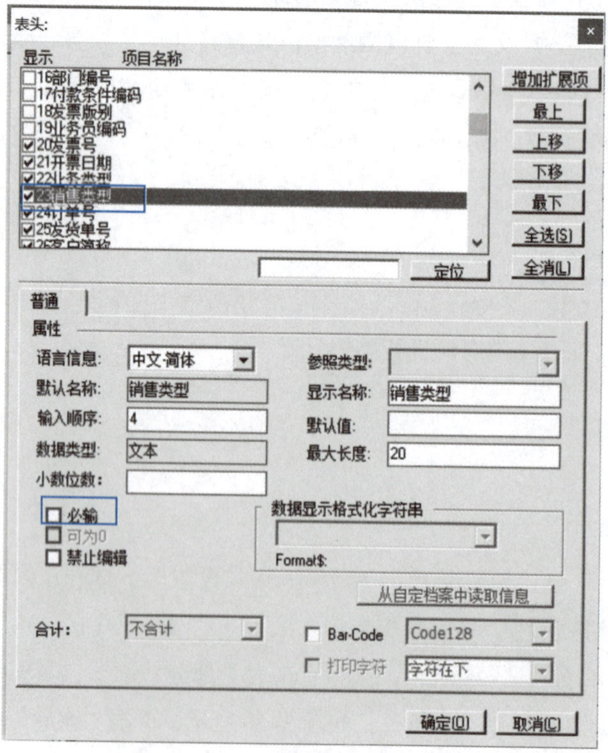

图 3-26 设置单据格式

2. 设置单据编号

选择"基础设置"→"单据设置"→"单据编号设置",在弹出的窗口中选中左侧栏"单据类型"下"销售管理"中的"销售专用发票",单击"修改"按钮,在"手工改动,重号时自动重取"前打钩,如图3-27所示,单击保存。以此方法修改所要求的单据编号设置。

设置单据编号

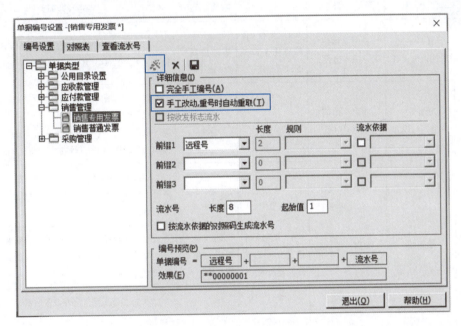

图 3-27　设置单据编号

📖 拓展阅读

小问题意识:千里之堤,溃于蚁穴

《韩非子·喻老》中有一句话:"千里之堤,溃于蚁穴。"意思是千里长堤可因小小的蚂蚁洞而毁于一旦,比喻对细微之事疏忽大意,往往会酿成大灾祸,造成严重损失。很多"小问题",其实就是一个个小的蚁穴,在日常生活工作中,人们最容易忽视的就是一些小问题。许多时候人并不是被大事打倒,而是败在一些不起眼的小问题上。

⊃ 启示

基础设置包括基础资料、公共设置以及业务初始化等内容,是各业务应用的公共平台,是各领域的应用基础。基础设置各选项包括整个会计信息化系统的重要信息,这些设置关系到所有业务和流程的处理,因此有着重要的作用。我们一定要重视基础设置的工作,注重细节,为后续工作打好坚实的基础。

考证导航

1+X 证书职业技能等级标准

项 目	任 务	证书（等级）	工作领域	工作任务	职业技能要求
项目三 基础档案设置	任务一 机构人员设置	业财一体信息化应用（初级）	1. 业财一体信息化平台基础设置与维护	1.2 企业基础档案设置与维护	1.2.1 能根据梳理完毕的企业基础档案信息，在信息化平台上对部门档案、职员档案等进行维护
	任务三 存货信息设置	业财一体信息化应用（初级）	1. 业财一体信息化平台基础设置与维护	1.2 企业基础档案设置与维护	1.2.1 能依据梳理完毕的企业基础档案信息，在信息化平台上对部门档案、职员档案、客户分类、供应商分类、客户档案、供应商档案、存货档案、仓库档案等进行维护
	任务四 财务信息设置	业财一体信息化应用（初级）	1. 业财一体信息化平台基础设置与维护	1.2 企业基础档案设置与维护	1.2.2 能根据给定的科目设置信息，在信息化平台上准确设置会计科目，并能熟练进行会计科目的增加、修改等操作 1.2.3 能够根据给定的辅助核算要求及凭证类别要求，在信息化平台上准确进行辅助项目设置、凭证类别设置 1.2.4 能够根据《企业财务通则》，依据给定的相关资料，在信息化平台上准确指定现金科目和银行存款科目等
	任务五 收付结算设置	业财一体信息化应用（初级）	1. 业财一体信息化平台基础设置与维护	1.2 企业基础档案设置与维护	1.2.4 能够根据《企业财务通则》，依据给定的相关资料，在信息化平台上准确设置结算方式
	任务六 单据设置	业财一体信息化应用（初级）	1. 业财一体信息化平台基础设置与维护	1.3 标准单据设置与维护	1.3.1 能根据《企业财务通则》，依据给定的业务资料，在信息化平台上准确地对应收类单据、应付类单据进行格式设置 1.3.2 能根据《企业财务通则》，依据给定的业务资料，在信息化平台上准确地对销售类、采购类单据进行格式设置 1.3.3 能根据《企业财务通则》，依据给定的业务资料，在信息化平台上准确地对库存类、存货类单据进行格式设置 1.3.4 能根据《企业财务通则》，依据给定的业务资料，在信息化平台上准确地进行单据编号设置，确保填制、生成的各类单据的统一性、规范性

项目三 基础档案设置

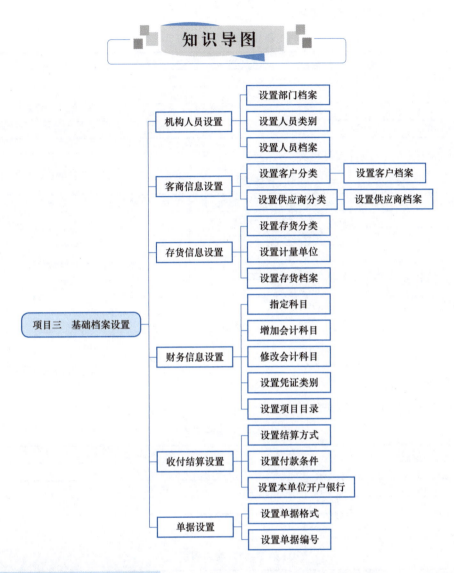

项目实训 基础档案设置

实训资料

1. 机构人员设置

（1）根据表 3-17 设置部门档案。

表 3-17 部门档案

部门编码	部门名称
01	总经理办公室
02	财务部
03	销售部
04	采购部
05	仓管部

（2）根据表 3-18 设置人员类别。

表 3-18　人员类别

分 类 编 码	分 类 名 称
1011	管理人员
1012	销售人员
1013	采购人员
1014	库管人员

（3）根据表 3-19 设置人员档案。

表 3-19　人员档案

人员编码	人员名称	所属部门	人员类别	性　别	是否业务员	业务或费用部门
001	林天中	总经理办公室	管理人员	男	是	总经理办公室
002	赵飞	财务部	管理人员	男	是	财务部
003	胡树青	财务部	管理人员	女	是	财务部
004	李杰	财务部	管理人员	女	是	财务部
005	张秀	销售部	销售人员	女	是	销售部
006	李扬	销售部	销售人员	男	是	销售部
007	张乐	采购部	采购人员	女	是	采购部
008	孙立	采购部	采购人员	男	是	采购部
009	赵楠	仓管部	管理人员	女	是	仓管部

2．客商信息设置

（1）根据表 3-20 设置客户分类。

表 3-20　客户分类

客户分类编码	客户分类
01	商贸公司
02	代销公司
03	零售商店

（2）根据表 3-21 设置客户档案。

表 3-21　客户档案

客户编码	客户名称	客户简称	所属分类	统一社会信用代码	地址电话	开户银行	账号
001	济南银座商贸有限公司	银座商贸	01	91370101M429705288	济南市高月路 116 号 0531-47038104	工行济南市恒驰路支行	1615221308913299908
002	济南华日商贸有限公司	华日商贸	01	91370101M827475701	济南市金迅路 413 号 0531-78762110	工行济南市博林路支行	5647237365862183243
003	香港莎莎商贸有限公司	莎莎商贸	01	91810000M493567454	香港特别行政区恒驰路 079 号 00852-34271286	工行香港特别行政区诺阳路支行	1298254895796990631
004	聊城金鼎百货有限公司	金鼎百货	02	91371501M795045276	聊城市欧景路 482 号 0635-75662203	工行聊城市晟为路支行	4314932027820665064
005	山东宏达商贸有限公司	宏达商贸	01	91370101M713663903	济南市索妙路 872 号 0531-14667996	工行济南市华波路支行	4599209386464048780
006	银足鞋店	银足	03	91371501M613587204	聊城市博林路 837 号 0635-10031240	工行聊城市斯天路支行	2598352391626702392

（3）根据表 3-22 设置供应商分类。

表 3-22 供应商分类

供应商分类编码	供应商分类
01	高端品牌类
02	中端品牌类
03	其他

（4）根据表 3-23 设置供应商档案。

表 3-23 供应商档案

供应商编码	供应商名称	供应商简称	所属分类	统一社会信用代码	地址、电话	开户银行	账号
001	新百丽鞋业有限公司	新百丽	01	91440304M389495060	深圳福田区诺策路 076 号 0755-60240101	工行深圳福田区飞帅路支行	0167530965479937297
002	威海金猴集团鞋业有限公司	威海金猴	02	91371082M584901149	威海荣成市纳文路 171 号 0631-44559899	工行威海荣成市香骏路支行	1202691741669993115
003	青岛金羊鞋业有限公司	青岛金羊	02	91370201M012421066	青岛市雅泽路 609 号 0532-34543702	工行青岛市达芬路支行	7488880914853984937

3. 存货信息设置

（1）根据表 3-24 设置计量单位。

表 3-24 计量单位

计量单位组编码	计量单位组名称	计量单位组类别	计量单位编码	计量单位名称
01	无换算单位	无换算率	0101	双
01	无换算单位	无换算率	0102	次
01	无换算单位	无换算率	0103	公里

（2）根据表 3-25 设置存货档案。

表 3-25 存货档案

分类编码	所属类别	存货编码	存货名称	计量单位	税率（％）	存货属性
01	品牌女鞋	0101	百丽女鞋	双	13	外购，内销，外销
01	品牌女鞋	0102	他她女鞋	双	13	外购，内销，外销
01	品牌女鞋	0103	金羊女鞋	双	13	外购，内销，外销
01	品牌女鞋	0104	金猴女单鞋	双	13	外购，内销，外销
01	品牌女鞋	0105	金猴女棉鞋	双	13	外购，内销，外销
02	品牌男鞋	0201	百丽男鞋	双	13	外购，内销，外销
02	品牌男鞋	0202	他她男鞋	双	13	外购，内销，外销
02	品牌男鞋	0203	金羊男鞋	双	13	外购，内销，外销
02	品牌男鞋	0204	金猴男单鞋	双	13	外购，内销，外销
02	品牌男鞋	0205	金猴男棉鞋	双	13	外购，内销，外销
03	应税劳务	0301	运输费	公里	9	外购，内销，外销，应税劳务
03	应税劳务	0302	代销手续费	次	6	外购，内销，外销，应税劳务

4. 财务信息设置

（1）凭证类别采用通用记账凭证。

（2）根据表 3-26 设置会计科目。

表 3-26　会计科目

科目编码	科目名称	辅助核算	方向
1001	库存现金	现金日记	借
1002	银行存款	银行日记	借
100201	建行存款	银行日记	借
100202	中行存款	银行日记	借
1012	其他货币资金		借
101201	存出投资款		借
112101	商业承兑汇票	客户往来	借
112102	银行承兑汇票	客户往来	借
1122	应收账款	客户往来	借
112201	人民币		借
112202	美元		借
1123	预付账款	供应商往来	借
1221	其他应收款		借
1231	坏账准备		贷
1401	材料采购		借
1403	原材料		借
1411	周转材料		借
1404	材料成本差异		借
1405	库存商品		借
1408	委托加工物资		借
1601	固定资产		借
1602	累计折旧		贷
1604	在建工程		借
1701	无形资产		借
2001	短期借款		贷
220101	商业承兑汇票	供应商往来	贷
220102	银行承兑汇票	供应商往来	贷
2202	应付账款	供应商往来	贷
220201	一般应付款		贷
220202	暂估应付款		贷
2203	预收账款	客户往来	贷
2211	应付职工薪酬		贷
221101	短期薪酬		贷
22110101	工资		贷
22110102	住房公积金		贷
22110103	医疗保险		贷
22110104	生育保险		贷
22110105	工伤保险		贷
221102	离职后福利		贷
22110201	养老保险		贷
22110202	失业保险		贷
2221	应交税费		贷
222101	应交增值税		贷
22210101	进项税额		贷
22210105	销项税额		贷

（续）

科目编码	科目名称	辅助核算	方向
222102	应交所得税		贷
222103	应交个人所得税		贷
222104	未交增值税		贷
222107	应交城建税		贷
222108	应交教育费附加		贷
222109	应交地方教育费附加		贷
2231	应付利息		贷
223101	借款利息		贷
2241	其他应付款		贷
4001	实收资本		贷
4002	资本公积		贷
4101	盈余公积		贷
410101	法定盈余公积		贷
4103	本年利润		贷
4104	利润分配		贷
410401	未分配利润		贷
410402	提取法定盈余公积		贷
6001	主营业务收入		贷
6051	其他业务收入		贷
6401	主营业务成本		借
6402	其他业务成本		借
6403	税金及附加		借
6601	销售费用		借
6602	管理费用		借
6603	财务费用		借

5. 结算方式

根据表 3-27 设置结算方式。

表 3-27 结算方式

编号	结算方式名称
1	现金结算
2	支票结算
201	现金支票结算
202	转账支票结算
3	商业汇票
301	银行承兑汇票
302	商业承兑汇票
4	汇兑
5	委托收款
6	电汇
7	其他

↳ **实训任务**

（1）设置机构人员。

（2）设置客商信息。

（3）设置存货信息。

（4）设置财务信息。

（5）设置结算方式。

项目三技能测试

项目 四

总账日常管理

知识目标

- ➢ 了解总账系统日常业务操作流程。
- ➢ 理解总账系统在整个系统中的作用。
- ➢ 掌握总账系统相关事项的具体规定。

技能目标

- ➢ 能选择正确的操作员进入总账系统进行操作。
- ➢ 能完成期初总账系统的初始化工作。
- ➢ 能完成总账系统日常填制凭证、审核凭证、出纳签字以及修改凭证等操作。
- ➢ 能完成凭证记账、凭证查询工作。

素质目标

- ➢ 培养学生诚信为本、不做假账的职业道德。
- ➢ 培养学生严肃认真、严谨细致的工作作风。
- ➢ 培养学生合理合法的职业判断能力。
- ➢ 培养学生用信息化思维解决问题的能力。

任务一 系统初始化

工作任务

根据浙江安祥商贸有限公司岗位分工和财务制度要求，使用 U8，完成该公司 2022 年 1 月份总账系统参数设置、期初余额录入等初始化工作。

根据浙江安祥商贸有限公司财务制度对会计凭证的编制规定，整理总账系统参数设置。

浙江安祥商贸有限公司财务制度对会计凭证的编制规定如下：含有"库存现金"和"银行存款"科目的记账凭证均需出纳签字。不允许修改、作废他人填制的凭证。为保证财务与业务数据的一致性，能在应收、应付系统生成的记账凭证不得在总账系统直接录入。数量、价格均保留两位小数。部门、个人和项目档案按编码排序。

根据表 4-1 完成总账系统参数设置。

表 4-1 总账系统参数设置表

系统名称	选项卡	系统参数	参数取值
总账	凭证	制单序时控制	否
		可以使用应收受控科目	否
		可以使用应付受控科目	否
		可以使用存货受控科目	是
	权限	出纳凭证必须经由出纳签字	是
		允许修改、作废他人填制的凭证	否
	会计日历	数量小数位	2
		价格小数位	2
	其他	部门、个人和项目的排序方式	按编码排序

根据表 4-2 至表 4-9 完成总账系统期初余额录入。

表 4-2 总账系统期初余额表

科目编码	科目名称	方向	辅助核算	对账系统	期初余额（元）
1001	库存现金	借			26 180.00
1002	银行存款	借			545 544.24
100201	工行存款	借			545 544.24
1012	其他货币资金	借			120 000.00
101201	存出投资款	借			120 000.00
1122	应收账款	借	客户往来	应收系统	46 200.00
1123	预付账款	借	供应商往来	应付系统	10 620.00
1221	其他应收款	借	个人往来		2 000.00
122101	个人往来	借	个人往来		2 000.00
1405	库存商品	借			185 220.00
140501	世罕泉天然苏打水	借			31 500.00
140502	5100 水	借			15 720.00
140503	崂山矿泉水	借			1 200.00
140504	冰露纯净水	借			12 000.00
140505	阿尔山矿泉水	借			46 400.00
140506	渝记椒派手磨豆干	借			9 600.00
140507	真知棒糖果	借			30 000.00
140508	琥珀牛羊五香辣味	借			16 800.00
140509	西瓜头泡泡糖	借			12 000.00
140510	奥利奥夹心饼干	借			10 000.00
1601	固定资产	借			6 164 550.00
1602	累计折旧	贷			264 277.30
2201	应付票据	贷	供应商往来	应付系统	3 000.00
220102	商业承兑汇票	贷	供应商往来	应付系统	3 000.00
2202	应付账款	贷	供应商往来	应付系统	26 585.00

（续）

科目编码	科目名称	方向	辅助核算	对账系统	期初余额（元）
220201	暂估应付账款	贷	供应商往来	应付系统	26 585.00
2203	预收账款	贷	客户往来	应收系统	10 000.00
220302	预收款项	贷	客户往来	应收系统	10 000.00
2211	应付职工薪酬	贷			51 216.05
221101	工资	贷			20 078.28
221103	养老保险	贷			13 166.08
221104	医疗保险	贷			6 583.04
221105	失业保险	贷			658.30
221106	工伤保险	贷			658.30
221107	职工教育经费	贷			329.15
221108	住房公积金	贷			7 899.65
221109	工会经费	贷			1 316.61
221110	生育保险	贷			526.64
2221	应交税费	贷			59 633.54
22210101	进项税额	贷			−13 284.68
22210103	销项税额	贷			52 216.68
22210106	转出未交增值税	贷			−38 932.00
222102	未交增值税	贷			38 932.00
222103	应交企业所得税	贷			14 725.00
222104	应交个人所得税	贷			1 305.00
222105	应交城市维护建设税	贷			2 725.24
222106	应交教育费附加	贷			1 167.96
222107	应交地方教育费附加	贷			778.34
2241	其他应付款	贷			14 614.35
224101	住房公积金	贷			7 899.65
224102	养老保险	贷			5 266.43
224103	医疗保险	贷			1 316.61
224104	失业保险	贷			131.66
4001	实收资本	贷			500 000.00
4101	盈余公积	贷			684 738.00
410101	法定盈余公积	贷			684 738.00
4104	利润分配	贷			5 486 250.00
410406	未分配利润	贷			5 486 250.00

表4-3　应收账款（1122）期初余额

日期	凭证号	客户	业务员	摘要	方向	金额（元）	票号	票据日期
2021-12-19	20	深圳安吉	陈路	期初余额	借	45 200.00	84513136	2021-12-19
2021-12-19	20	深圳安吉	陈路	期初余额	借	1 000.00		2021-12-19

表4-4　预付账款（1123）期初余额

日期	凭证号	供应商	业务员	摘要	方向	金额（元）	票号	票据日期
2021-12-30	32	永泉食品	李玲	期初余额	借	10 620.00	01352478	2021-12-30

表4-5　其他应收款——个人往来（122101）期初余额

日期	凭证号	部门	个人	摘要	方向	金额（元）	票号	票据日期
2021-12-25	25	销售部	陈路	期初余额	借	2 000.00		2021-12-25

表 4-6　库存商品（1405）明细科目的期初库存量

明细科目	方向	单位	数量
世罕泉天然苏打水（140501）	借	箱	300
5100 水（140502）	借	箱	262
崂山矿泉水（140503）	借	箱	80
冰露纯净水（140504）	借	箱	1 500
阿尔山矿泉水（140505）	借	箱	1 160
渝记椒派手磨豆干（140506）	借	袋	1 200
真知棒糖果（140507）	借	袋	1 500
琥珀牛羊五香辣味（140508）	借	袋	1 200
西瓜头泡泡糖（140509）	借	袋	1 500
奥利奥夹心饼干（140510）	借	袋	1 200

注：其中月末暂估应付账款对应的商品为：琥珀牛羊五香辣味 1 000 袋、奥利奥夹心饼干 1 200 袋。

表 4-7　应付票据——商业承兑汇票（220102）期初余额

日期	凭证号	供应商	业务员	摘要	方向	金额（元）	票号	票据日期
2021-12-02	2	德杨食品	李玲	期初余额	贷	3 000.00	66214527	2021-12-02

表 4-8　应付账款——暂估应付账款（220201）期初余额

日期	凭证号	供应商	业务员	摘要	方向	金额（元）	票号	票据日期
2021-12-31	42	大爽食品	李玲	期初余额	贷	26 585.00		2021-12-28

表 4-9　预收账款——预收款项（220302）期初余额

日期	凭证号	客户	业务员	摘要	方向	金额（元）	票号	票据日期
2021-12-15	18	上海东航	陈路	期初余额	贷	10 000.00	66394297	2021-12-15

知识储备

1. 总账系统

总账系统又叫账务处理系统，是会计信息系统的重要组成部分。它以记账凭证为原始数据，通过对记账凭证的输入和处理，完成记账、结账以及对账工作，输出各种总分类账、日记账、明细账和有关辅助账。它反映了从取得和填制记账凭证，并生成账簿的全过程，各种业务都可以在总账系统中进行制单及记账处理。

2. 总账参数设置

通用财务软件为了最大范围地满足不同用户的信息化应用需求，通过内置大量的参数来提供各种解决方案。因此，各系统在进行具体操作前，都需要根据企业自身实际，对系统内已预设的各项参数进行选择和设置，使之适合本企业的财务制度和账务流程。为了明确各项参数的适用对象，软件一般对参数进行分门别类的管理。总账系统的参数设置，在"企业应用平台"的"业务工作"页签中，通过"财务会计"→"总账"→"设置"→"选项"命令进行。

3. 受控科目

受控科目是指受到其他系统控制的科目。比如"应收账款"是应收系统的受控科目，软件默认"应收账款"科目就不能在总账系统里填制凭证时使用，而必须在应收系统里生成凭证后传递到总账系统。如果在总账系统中也需同时使用受控科目，就需要调整总账参数，允许使用受控科目。

4. 总账期初余额

为了保持账簿资料的连续性，在进行日常业务操作前，需要将截止到总账启用日的各账户年初余额、累计发生额和期末余额录入新账套中。年初启用总账和年中启用总账需要准备的期初数据是不同的：如果是年初建账，那么只需准备各账户上年的期末余额作为新一年的年初余额，且年初余额和月初余额是相同的；如果是年中建账，那么不仅要准备各账户上月的期末余额，还需要整理各账户从本年度年初到上月末的累计发生额。

岗位说明

以账套主管"101 张伟"的身份进行总账系统初始设置。

任务实施

以账套主管"101 张伟"的身份，于 2022 年 1 月 1 日进入企业应用平台。

总账系统
选项设置

1. 选项设置

（1）在"企业应用平台"的"业务工作"页签中，执行"财务会计"→"总账"→"设置"→"选项"命令。

（2）在打开的"选项"窗口，单击"凭证"选项卡，单击下方"编辑"按钮，根据资料要求完成设置，如图 4-1 所示。

（3）单击"权限"选项卡，根据资料要求完成设置，如图 4-2 所示。

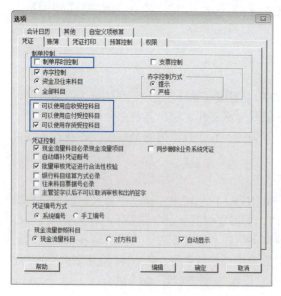

图 4-1　参数设置——凭证

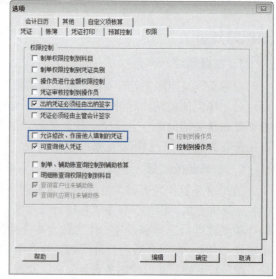

图 4-2　参数设置——权限

（4）单击"会计日历"选项卡，根据资料要求完成设置，如图 4-3 所示。

（5）单击"其他"选项卡，根据资料要求完成设置，如图 4-4 所示。

全部选项卡参数修改完毕后，单击下方"确定"按钮，退出窗口。

项目四 总账日常管理 073

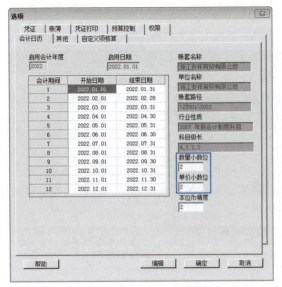

图 4-3 参数设置——会计日历

图 4-4 参数设置——其他

2. 期初余额录入

（1）在"业务工作"页签，执行"财务会计"→"总账"→"设置"→"期初余额"命令，打开"期初余额录入"窗口。

（2）双击"库存现金"的"期初余额"单元格，输入"26180"。用同样的方法，直接录入"银行存款——工行存款"等白色单元格的期初余额，如图 4-5 所示。

总账系统期初余额录入

图 4-5 期初余额录入——直接录入

特别提醒

◇ 科目的期初余额录入栏有 3 种底色：白色表示该科目为末级科目，期初余额直接录入即可；灰色表示该科目为非末级科目，系统会自动求和计算出期初余额；黄色表示该科目具有辅助核算，录入期初余额时需要双击该栏目，在弹出的新窗口录入辅助核算的相关内容。

（3）双击“应收账款”的“期初余额”单元格，进入“辅助期初余额”页面，单击“往来明细”按钮，打开“期初往来明细”页面，根据表 4-3 应收账款期初余额填写相关信息，如图 4-6 所示。

日期	凭证号	客户	业务员	摘要	方向	金额	票号	票据日期	年度
2021-12-19	20	深圳安吉	陈璐	应收货款	借	45,200.00			2022
2021-12-19	20	深圳安吉	陈璐	代垫运费	借	1,000.00			2022

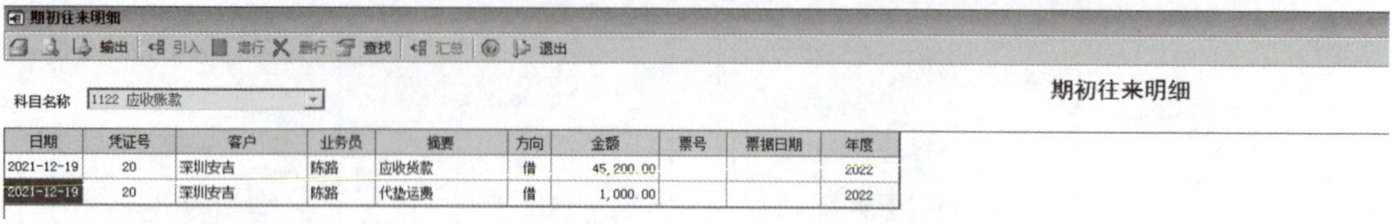

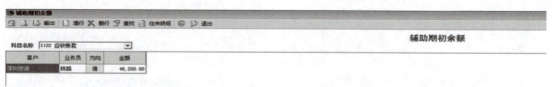

图 4-6　期初余额录入——期初往来明细

（4）单击“汇总”按钮，系统自动将数据汇总至“辅助期初余额”页面，如图 4-7 所示。单击“退出”按钮退出当前页面至“期初余额”页面，可以看到系统自动加总了“应收账款”期初余额为 46 200 元。

客户	业务员	方向	金额
深圳安吉	陈璐	借	46,200.00

图 4-7　期初余额录入——辅助期初余额

（5）按照同样的方法，录入“预付账款”“其他应收款”“应付票据”“应付账款”“预收账款”等辅助核算科目黄色单元格的期初余额。

（6）单击“库存商品——世罕泉天然苏打水”的“期初余额”单元格，输入“31 500”；单击下面一行，输入世罕泉天然苏打水的数量为“300”箱。用同样的方法录入“库存商品”下明细科目的期初余额，如图 4-8 所示。

科目名称	方向	币别/计量	期初余额
库存商品	借		185,220.00
世罕泉天然苏打水	借		31,500.00
	借	箱	300.00
5100水	借		15,720.00
	借	箱	262.00
崂山矿泉水	借		1,200.00
	借	箱	80.00
冰露纯净水	借		12,000.00
	借	箱	1,500.00
阿尔山矿泉水	借		46,400.00
	借	箱	1,160.00
渝记椒派手磨豆干	借		9,600.00
	借	袋	1,200.00
真知棒糖果	借		30,000.00
	借	袋	1,500.00
琥珀牛羊五香辣味	借		16,800.00
	借	袋	1,200.00
西瓜头泡泡糖	借		12,000.00
	借	袋	1,500.00
奥利奥夹心饼干	借		10,000.00
	借	袋	1,200.00
运输费	借		
	借	公里	
代销手续费	借		
	借	次	

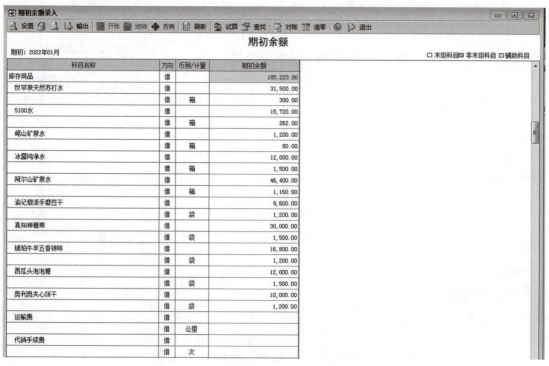

图 4-8　期初余额录入——数量金额辅助科目

3. 期初对账

单击"期初余额"页面的"对账"按钮,在弹出的页面单击"开始"后,系统自动对账,如图4-9所示。

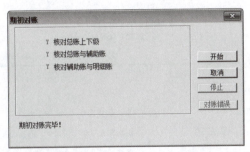

总账系统期初对账

图4-9　期初余额录入——期初对账

4. 试算平衡

单击"期初余额"页面的"试算"按钮,系统自动试算后弹出"期初试算平衡表",如图4-10所示。若不平衡,则需要返回期初余额进行核对,直至平衡为止。

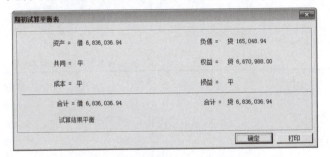

总账系统期初余额试算平衡

图4-10　期初余额录入——试算平衡

> **特别提醒**
>
> ◇ 此处的期初余额试算平衡只是针对一级会计科目的期初余额进行运算的,如果明细科目的数量或金额有错误是检查不出来的,所以当我们录入数量和外币等辅助核算项目时,还需要自行认真检查。

任务二　日常业务处理

工作任务

(1)根据财务准则要求,使用U8,完成浙江安祥商贸有限公司2022年1月份原始凭证的总账系统日常业务处理。

总账系统相关业务的原始凭证如图 4-11 ～图 4-24 所示。

中国工商银行 凭证 教学专用

电子缴税付款凭证

缴税日期： 2022 年 01 月 03 日　　凭证字号：20220010

纳税人全称及纳税人识别号：浙江安祥商贸有限公司　91330101M505277347

付款人全称：浙江安祥商贸有限公司

付款人账号：1426353731728338244　　征收机关名称：国家税务总局杭州市西湖区税务局

付款人开户行：工商银行杭州市美馨路支行　　收款国库（银行）名称：国家税务总局杭州市西湖区支库

小写(合计)金额： ¥53,657.00 元　　缴款书交易流水号：37696231

大写(合计)金额：伍万叁仟陆佰伍拾柒元整　　税票号码： 790264123660620373

税（费）种名称	所属日期	实缴金额（单位：元）
增值税	2021.12.01 - 2021.12.31	¥38,932.00
企业所得税	2021.12.01 - 2021.12.31	¥14,725.00
	-	
	-	
	-	

工商银行杭州市美馨路支行 电子回单专用章

第　次打印　　打印时间： 2022 年 01 月 03 日

客户回单联　　验证码：053807　　复核：　　记账：

图 4-11　电子缴税付款凭证 1

中国工商银行 凭证 教学专用

电子缴税付款凭证

缴税日期： 2022 年 01 月 03 日　　凭证字号：20220154

纳税人全称及纳税人识别号：浙江安祥商贸有限公司　91330101M505277347

付款人全称：浙江安祥商贸有限公司

付款人账号：1426353731728338244　　征收机关名称：国家税务总局杭州市西湖区税务局

付款人开户行：工商银行杭州市美馨路支行　　收款国库（银行）名称：国家税务总局杭州市西湖区支库

小写(合计)金额： ¥5,976.84 元　　缴款书交易流水号：64453053

大写(合计)金额：伍仟玖佰柒拾陆元捌角肆分　　税票号码： 067732340580928987

税（费）种名称	所属日期	实缴金额（单位：元）
城市维护建设税	2021.12.01 - 2021.12.31	¥2,725.24
教育费附加	2021.12.01 - 2021.12.31	¥1,167.96
个人所得税	2021.12.01 - 2021.12.31	¥1,305.00
地方教育费附加	2021.12.01 - 2021.12.31	¥778.64
	-	

工商银行杭州市美馨路支行 电子回单专用章

第　次打印　　打印时间： 2022 年 01 月 03 日

客户回单联　　验证码：331475　　复核：　　记账：

图 4-12　电子缴税付款凭证 2

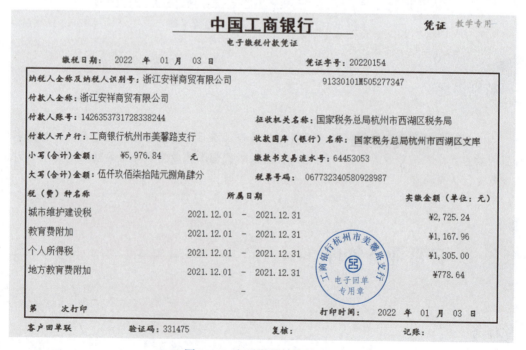

教学专用

借 款 单

2022 年 01 月 03 日

资金性质：现金

部门	销售部
借款理由	产品交付
借款金额	人民币(大写) 伍仟元整　　¥ 5,000.00
领导批示　同意　张伟	财务主管　同意　韩寒

现金付讫

部门主管：陈璐　　出纳：钟灵　　领款人：陈璐

图 4-13　借款单

中国工商银行
现金支票存根
10201110
73482978

附加信息

出票日期 2022 年 01 月 04 日

收款人：	浙江安祥商贸有限公司
金　额：	¥8,680.00
用　途：	备用金

单位主管 张伟　会计 林彬

××印务有限公司·××年印制

图 4-14　支票存根——备用金

教学专用

差 旅 费 报 销 单

部门 销售部　　2022 年 01 月 11 日

出差人			陈璐						出差事由		产品交付				
出发				到达				交通工具	交通费		出差补贴		其他费用		
月	日	时	地点	月	日	时	地点		单据张数	金额	天数	金额	项目	单据张数	金额
01	03		浙江	01	03		广州	飞机		1,500.00	3	300.00	住宿费		1,430.00
01	05		广州	01	05		浙江	火车		1,600.00			市内车费		
													邮电费		
													办公用品费		
													不买卧铺补贴		
													其他		30.00
合计										¥3,100.00		¥300.00			¥1,460.00
报销总额	人民币(大写) 肆仟捌佰陆拾元整								预借金额	¥5,000.00			补领金额		
													退还金额	¥140.00	

附件　张

主管　　审核 韩寒　　出纳 钟灵　　领款人 陈璐

图 4-15　差旅费报销单

收 款 收 据　　No.3097031　教学专用

2022 年 01 月 11 日

今收到 陈璐

交来 出差退回多余款

金额（大写） 零 拾 零 万 零 仟 壹 佰 肆 拾 零 元 零 角 零 分

现金收讫

¥ 140.00　　收款单位（公章）

第一联 存根

核准 韩寒　会计 林彬　记账 林彬　出纳 钟灵　经办人 陈璐

图 4-16　收款收据

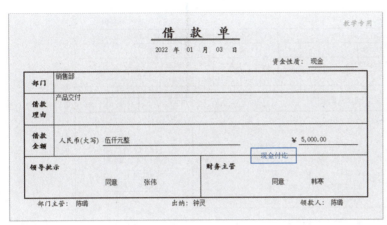

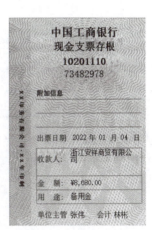

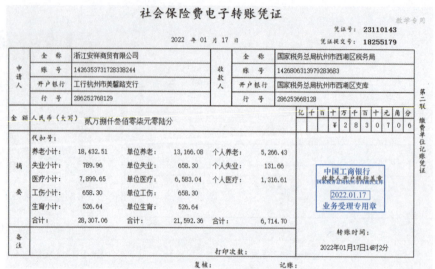

图 4-17　社会保险费电子转账凭证

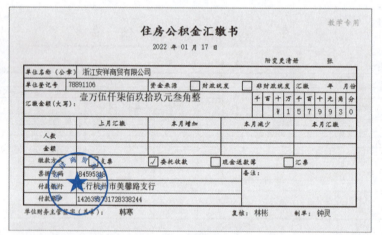

图 4-18　住房公积金汇缴书

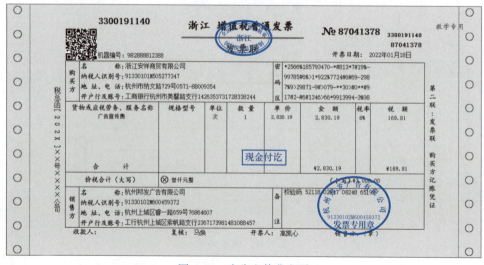

图 4-19　广告宣传费发票

中国工商银行
转账支票存根
10201120
01237027

XX印务有限公司·XX年印制

附加信息

出票日期 2022 年 01 月 19 日

收款人：	浙江安祥商贸有限公司
金 额：	¥20,078.28
用 途：	发放工资

单位主管 张伟 会计 林彬

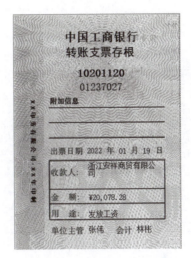

图 4-20 支票存根——工资

工行杭州市美馨路支行 计付利息(收账通知)

教学专用

2022 年 01 月 25 日

客户号 9717982454			结算账号 3940900523853991734		
单位名称： 浙江安祥商贸有限公司					
计息起讫日期	2021年12月25日	至	2022年01月25日		
正常本金/积数		利率		利息	2,974.00
逾期本金/积数		利率		利息	
欠 息/积数		利率		利息	
币 种		利息总金额	2,974.00		

客户联

银行盖章：

工行杭州市美馨路支行 2022.01.25 转讫

图 4-21 存款利息清单

教学专用

2022年01月27日 成交过户交割凭单 买

股东编号：	12350	成交证券：	北京长城
电脑编号：		成交数量：	15000
公司代号：	59387	成交价格：	7.50
申请编号：	560	成交金额：	112,500.00
申报时间：	09：50：08	标准佣金：	112.50
成交时间：	09：58：28	过户费用：	
上次余额：	120000	印花税：	600.00
本次成交：	113212.50	应付金额：	113,212.50
本次余额：	6787.50	最终余额：	
附加费用：		实付金额：	113,212.50

客户联

经办单位： 浙江银河证券营业所 客户签章： 浙江安祥商贸有限公司

浙江银河证券营业所 印花税 代收专用章

浙江安祥商贸有限公司

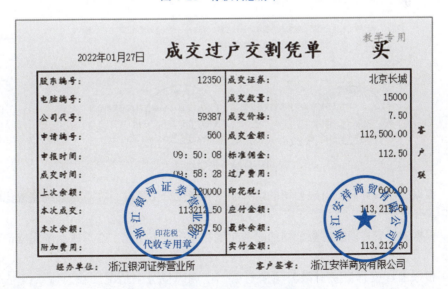

图 4-22 可供出售金融资产交割单

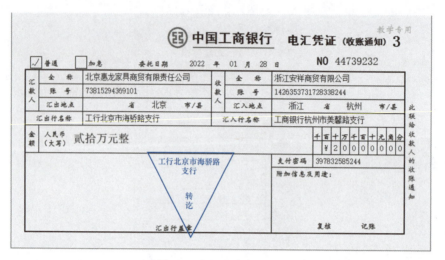

图 4-23　电汇收账通知

捐赠协议书

甲方：北京惠龙家具商贸有限责任公司

乙方：浙江安祥商贸有限公司

　　为支持浙江安祥商贸有限公司建设和发展，加强文化交流与合作，经友好协商双方达成如下一致协议：

　　第一条　甲方自愿、无偿向浙江安祥商贸有限公司捐赠人民币￥：200,000.00元（大写：贰拾万元整），于2022年1月31之前，以电汇方式将款项划拨到乙方账户。

　　乙方人民币账户信息：

　　开户行：工商银行杭州市美馨路支行

　　账　号：1426353731728338244

　　第二条　甲方捐赠的资金用于浙江安祥商贸有限公司企业的建设与发展，乙方有义务妥善管理和合理使用捐赠资金。

　　第三条　乙方收到甲方交付的捐赠款项后，应出具合法、有效的捐赠专用收据，并登记造册。

　　第四条　甲方有权利要求乙方查询捐赠资金的使用、管理情况，对于甲方的查询，乙方应当如实答复。

　　第五条　本协议经甲乙双方代表签章之日起生效。本协议一式贰份，甲、乙双方各执壹份。

　　第六条　本协议未尽事宜由甲乙双方友好协商解决。

甲方(盖章)：北京惠龙家具商贸有限责任公司
授权代表(签字)：任华
签订日期：2022年1月20日

乙方(盖章)：浙江安祥商贸有限公司
授权代表(签字)：张伟
签订日期：2022年1月20日

图 4-24　捐赠协议

（2）根据浙江安祥商贸有限公司的财务制度和岗位分工情况，在总账系统完成记账凭证的出纳签字。

（3）根据浙江安祥商贸有限公司的财务制度和岗位分工情况，在总账系统完成记账凭证的审核签字。

（4）根据浙江安祥商贸有限公司的财务制度和岗位分工情况，在总账系统完成凭证的记账。

知识储备

总账系统的日常业务处理，主要包括：填制凭证、出纳签字、审核凭证、记账等。

记账凭证是登记账簿的依据，在实行电子化处理账务后，电子账簿的准确与完整完全依赖于记账凭证，因而操作员要确保记账凭证输入的准确完整。记账凭证是总账系统处理的起点，也是所有查询数据的最主要来源。

1. 填制凭证

记账凭证的内容一般包括两部分：一是凭证头部分，包括凭证类别、凭证编号、凭证日期和附件张数等；二是凭证正文部分，包括摘要、会计分录和金额等。如果输入的会计科目有辅助核算要求，则还应输入辅助核算的内容。

2. 出纳签字

会计凭证填制完成之后，如果该凭证是出纳凭证，且在系统初始设置"选项"中选择了"出纳凭证必须经由出纳签字"，则应由出纳核对签字。

出纳凭证由于涉及企业现金的收入和支出，应加强对出纳凭证的管理。出纳人员可通过"出纳签字"功能对制单员填制的带有"库存现金"或"银行存款"科目的凭证进行检查核对，主要核对出纳凭证的出纳科目金额是否正确。审查认为错误或有异议的凭证，应要求填制人员修改后再核对签字。

3. 审核凭证

审核凭证是指由具有审核权限的操作员按照会计制度规定，对制单人填制的记账凭证进行合法性检查。主要审核记账凭证是否与原始凭证相符，会计分录是否正确等。审核认为错误或有异议的凭证，应要求填制人员修改后再审核。经过审核后的记账凭证才能作为正式凭证进行记账处理。

4. 记账

记账即登记账簿，它以会计凭证为依据，将经济业务全面、系统、连续地记录到具有账户基本结构的账簿中去，是会计核算的主要方法之一。凭证经审核签字后，即可用来登记总账、明细账、日记账、部门账、往来账、项目账以及备查账等。记账工作由有记账权限的操作员发出记账指令，由电脑按照预先设计的记账程序自动进行合法性检验、科目汇总、登记账簿等操作。

岗位说明

以会计"105 林彬"的身份填制凭证。
以出纳"106 钟灵"的身份进行出纳签字。
以财务经理"104 韩寒"的身份审核凭证。
以会计"105 林彬"的身份记账。

任务实施

1. 填制凭证

（1）以会计"105 林彬"的身份于 2022 年 1 月 31 日进入企业应用平台。
（2）在"业务工作"选项卡中，选择"财务会计"→"总账"→"凭

总账系统
填制凭证

证"→"填制凭证"命令,双击,进入"填制凭证"页面,单击工具栏"+"按钮或按键盘F5 新增凭证,如图 4-25 所示。

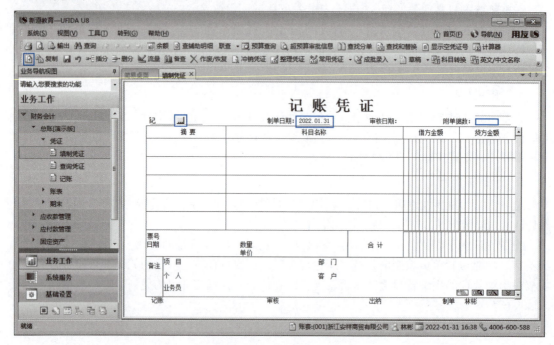

图 4-25 凭证填制窗口

(3)单击记账凭证头左侧凭证类别的参照按钮,选择"记账凭证";修改凭证日期为"2022.01.03";填写附单据数为"1"。

(4)在摘要栏录入"缴纳上月增值税";按回车键,单击科目名称栏的参照按钮,选择"应交税费——未交增值税"科目;按回车键,录入借方金额栏金额"38 932"。

(5)按回车键(自动复制上一行的摘要),修改摘要为"缴纳上月企业所得税";按回车键,单击科目名称栏的参照按钮,选择"应交税费——未交企业所得税"科目;按回车键,录入借方金额栏金额"14 752"。

(6)按回车键,修改摘要为"缴纳上月税费";按回车键,单击科目名称栏的参照按钮,选择"银行存款——工行存款"科目;按回车键,在弹出的辅助项核算框内依次输入结算方式"7"(委托收款)、票号"20220010"、发生日期"2022-01-03",如图 4-26 所示,单击"确定"按钮保存。

图 4-26 辅助项窗口

(7)按回车键,录入贷方金额栏金额"53 657"(也可直接按键盘"="键依据试算平衡录入金额);单击工具栏"保存"按钮保存凭证,如图 4-27 所示。

（8）用同样的方法，完成其他经济业务的会计凭证填制，如图 4-28～图 4-39 所示。

记 账 凭 证

记 字 0001　　制单日期：2022.01.03　　审核日期：　　　　附单据数：1

摘 要	科目名称	借方金额	贷方金额
缴纳上月增值税	应交税费/未交增值税	3893200	
缴纳上月企业所得税	应交税费/应交企业所得税	1472500	
缴纳上月税费	银行存款/工行存款		5365700
	合 计	5365700	5365700

制单 林彬

图 4-27　填制凭证 1

记 账 凭 证

记 字 0002　　制单日期：2022.01.03　　审核日期：　　　　附单据数：1

摘 要	科目名称	借方金额	贷方金额
缴纳上月城市维护建设税	应交税费/应交城市维护建设税	272524	
缴纳上月教育费附加	应交税费/应交教育费附加	116796	
缴纳上月个人所得税	应交税费/应交个人所得税	130500	
缴纳上月地方教育费附加	应交税费/应交地方教育费附加	77864	
缴纳上月税费	银行存款/工行存款		597684
	合 计	597684	597684

制单 林彬

图 4-28　填制凭证 2

记 账 凭 证

记 字 0003　　制单日期：2022.01.03　　审核日期：　　　　附单据数：1

摘 要	科目名称	借方金额	贷方金额
陈路借款	其他应收款/个人往来	500000	
陈路借款	库存现金		500000
	合 计	500000	500000

日期 2022.01.03

部 门 销售部
个 人 陈路

制单 林彬

图 4-29　填制凭证 3

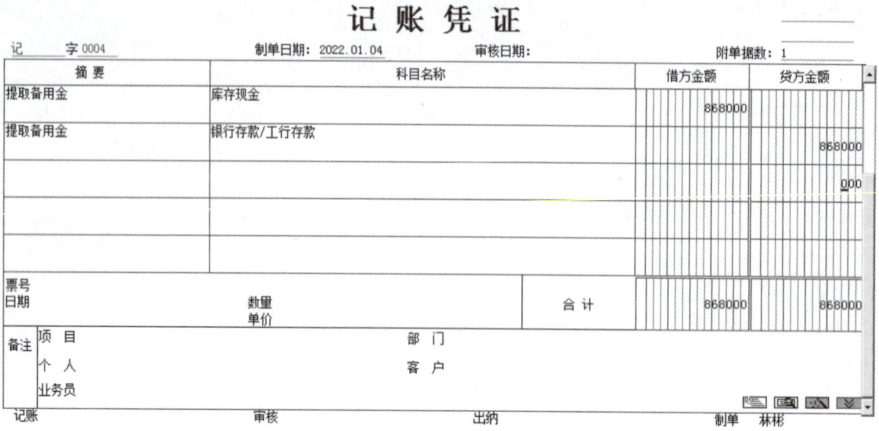

记账凭证

记 字 0004　制单日期：2022.01.04　审核日期：　附单据数：1

摘要	科目名称	借方金额	贷方金额
提取备用金	库存现金	868000	
提取备用金	银行存款/工行存款		868000
			000
票号 日期	数量 单价　合计	868000	868000

备注　项目　部门
个人　客户
业务员

记账　审核　出纳　制单 林彬

图 4-30　填制凭证 4

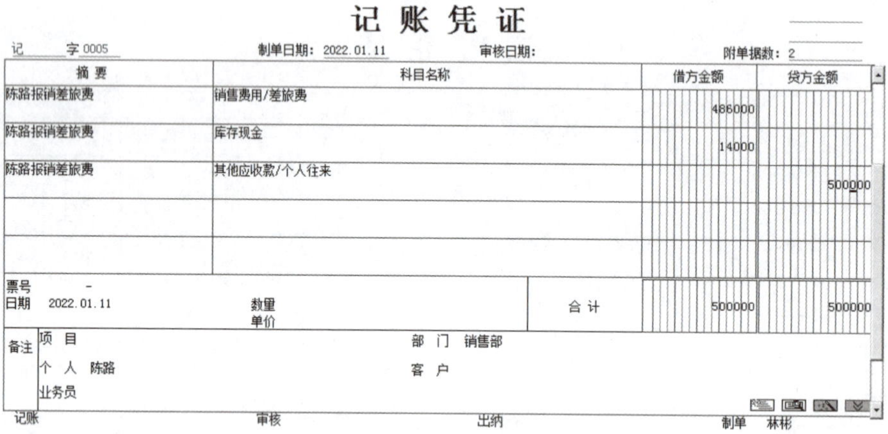

记账凭证

记 字 0005　制单日期：2022.01.11　审核日期：　附单据数：2

摘要	科目名称	借方金额	贷方金额
陈路报销差旅费	销售费用/差旅费	486000	
陈路报销差旅费	库存现金	14000	
陈路报销差旅费	其他应收款/个人往来		500000
票号 - 日期 2022.01.11	数量 单价　合计	500000	500000

备注　项目　部门 销售部
个人 陈路　客户
业务员

记账　审核　出纳　制单 林彬

图 4-31　填制凭证 5

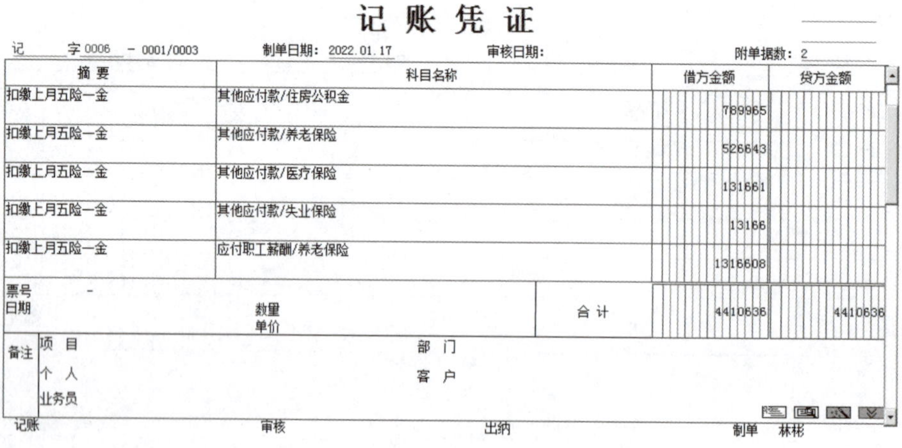

记账凭证

记 字 0006 - 0001/0003　制单日期：2022.01.17　审核日期：　附单据数：2

摘要	科目名称	借方金额	贷方金额
扣缴上月五险一金	其他应付款/住房公积金	789965	
扣缴上月五险一金	其他应付款/养老保险	526643	
扣缴上月五险一金	其他应付款/医疗保险	131661	
扣缴上月五险一金	其他应付款/失业保险	13166	
扣缴上月五险一金	应付职工薪酬/养老保险	1316608	
票号 - 日期	数量 单价　合计	4410636	4410636

备注　项目　部门
个人　客户
业务员

记账　审核　出纳　制单 林彬

图 4-32　填制凭证 6

记账凭证

记 字0006 - 0002/0003　制单日期:2022.01.17　审核日期:2022.01.31　附单据数:2

摘要	科目名称	借方金额	贷方金额
扣缴上月五险一金	应付职工薪酬/医疗保险	658304	
扣缴上月五险一金	应付职工薪酬/失业保险	65830	
扣缴上月五险一金	应付职工薪酬/工伤保险	65830	
扣缴上月五险一金	应付职工薪酬/住房公积金	789965	
扣缴上月五险一金	应付职工薪酬/生育保险	52664	
	合计	4410636	4410636

记账 林彬　审核 韩寨　出纳 钟灵　制单 林彬

图 4-33　填制凭证 7

记账凭证

记 字0006 - 0003/0003　制单日期:2022.01.17　审核日期:　附单据数:2

摘要	科目名称	借方金额	贷方金额
扣缴上月五险一金	应付职工薪酬/失业保险	65830	
扣缴上月五险一金	应付职工薪酬/工伤保险	65830	
扣缴上月五险一金	应付职工薪酬/住房公积金	789965	
扣缴上月五险一金	应付职工薪酬/生育保险	52664	
扣缴上月五险一金	银行存款/工行存款		4410636
	合计	4410636	4410636

票号 7　日期 2022.01.17

制单 林彬

图 4-34　填制凭证 8

记账凭证

记 字0007　制单日期:2022.01.18　审核日期:　附单据数:1

摘要	科目名称	借方金额	贷方金额
支付本月广告宣传费	销售费用/广告费	300000	
支付本月广告宣传费	库存现金		300000
	合计	300000	300000

制单 林彬

图 4-35　填制凭证 9

图 4-36 填制凭证 10

图 4-37 填制凭证 11

图 4-38 填制凭证 12

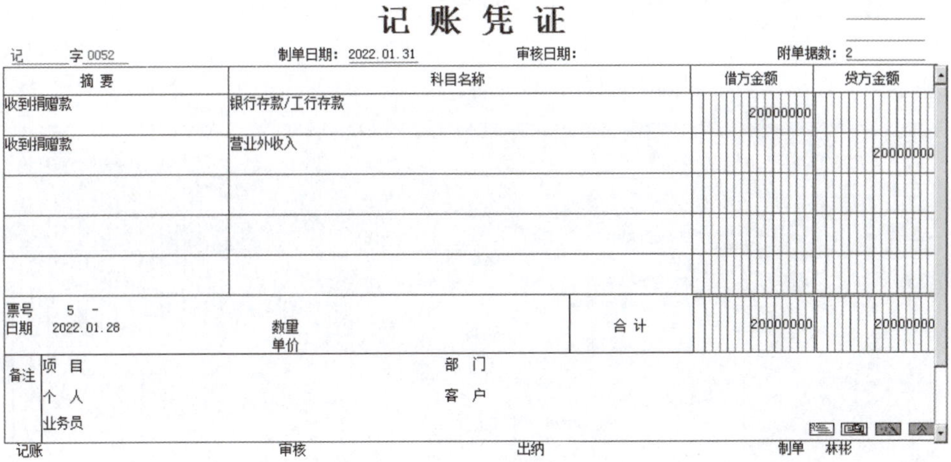

图 4–39　填制凭证 13

特别提醒

✧ 凭证填制完成后，在未审核前可直接修改。

✧ 凭证日期应满足总账选项中的设置，如果为系统默认设置（制单序时控制），则不允许凭证日期逆序。

✧ 为方便财务报表公式编制和取数汇总，银行存款利息收入一般以红字记入“财务费用”借方。

2. 出纳签字

（1）选择菜单栏“系统”→“重注册”，以出纳“106 钟灵”的身份，于 2022 年 1 月 31 日进入企业应用平台。

（2）在“业务工作”选项卡中，执行“财务会计”→“总账”→“凭证”→“出纳签字”命令，打开“出纳签字”对话框，单击“确定”按钮，打开出纳签字列表，如图 4–40 所示。

出纳签字

制单日期	凭证编号	摘要	借方金额合计	贷方金额合计	制单人	签字人	系统名	备注
2022-01-03	记 - 0001	缴纳上月税费	53,657.00	53,657.00	林彬			
2022-01-03	记 - 0002	缴纳上月税费	5,976.84	5,976.84	林彬			
2022-01-03	记 - 0003	陈路借款	5,000.00	5,000.00	林彬			
2022-01-04	记 - 0004	提取备用金	8,680.00	8,680.00	林彬			
2022-01-11	记 - 0005	陈路报销差旅费	5,000.00	5,000.00	林彬			
2022-01-17	记 - 0006	扣缴上月五险一金	44,106.36	44,106.36	林彬			
2022-01-18	记 - 0007	支付本月广告宣传费	3,000.00	3,000.00	林彬			
2022-01-19	记 - 0008	发放上月工资	20,078.28	20,078.28	林彬			
2022-01-25	记 - 0009	收到存款利息	-2,974.00	-2,974.00	林彬			

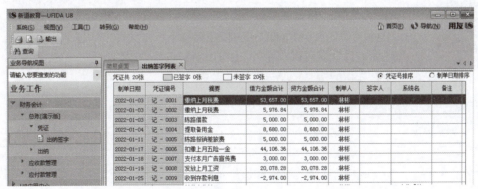

图 4–40　出纳签字列表

（3）双击出纳签字列表中需要签字的凭证行，单击工具栏“签字”按钮完成当前凭证的出纳签字。完成出纳签字的凭证，在凭证底部“出纳”位置会出现出纳人员的用户名。

（4）单击工具栏向右箭头按钮继续下一张凭证出纳签字，直到将已经填制的所有出纳凭证完成签字。也可以单击工具栏"批处理"→"成批出纳签字"，对审核无误的所有出纳凭证一次性完成签字。完成出纳签字的列表如图4-41所示。

图4-41　完成出纳签字列表

> ◇ 出纳签字的操作既可以在"凭证审核"后进行，也可以在"凭证审核"前进行。
> ◇ 要进行出纳签字的操作需同时满足两个条件：一是在总账系统的"选项"中已经设置了"出纳凭证必须经由出纳签字"；二是在会计科目中进行过正确的"指定科目"操作。

3. 审核凭证

（1）选择菜单栏"系统"→"重注册"，以财务经理"104 韩寒"的身份，于2022年1月31日进入企业应用平台。

（2）在"业务工作"选项卡中，执行"财务会计"→"总账"→"凭证"→"审核凭证"命令，打开"凭证审核"对话框，单击"确定"按钮，打开凭证审核列表。

（3）双击凭证审核列表中需要审核的凭证行，单击工具栏"审核"按钮完成当前凭证的审核签字。完成审核签字的凭证，在凭证底部"审核"位置会出现审核人员的用户名。

审核凭证

（4）单击工具栏向右箭头按钮继续下一张凭证审核签字，直到将已经填制的所有凭证完成审核签字。也可以单击工具栏"批处理"→"成批审核凭证"，对审核无误的所有凭证一次性完成签字。

> ◇ 所有凭证都必须进行审核，未经审核的凭证无法进入记账环节。凭证一经审核就不能修改、删除，除非取消审核签字。
> ◇ 制单人和审核人不能是同一个人。
> ◇ 一般凭证填制后，经出纳签字和审核后就可以记账了，但是有些企业为了加强对会计人员制单的管理，规定需要主管签字。本账套在总账初始设置时未勾选主管签字。

4. 记账

（1）选择菜单栏"系统"→"重注册"，以会计"105 林彬"的身份，于 2022 年 1 月 31 日进入企业应用平台。

（2）在"业务工作"选项卡中，执行"财务会计"→"总账"→"凭证"→"记账"命令，打开"记账"对话框，如图 4-42 所示。

记账

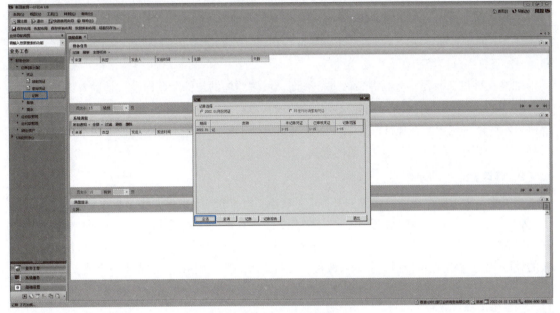

图 4-42　记账对话框

（3）单击"全选"按钮（也可手工填写"记账范围"），然后单击"确定"按钮，打开"期初试算平衡表"窗口，单击"确定"按钮，系统自动进行记账，记账完成后，系统弹出"记账完毕！"信息提示框。

特别提醒

◆ 如果期初余额试算不平衡则不允许记账，如果有未审核的凭证则不允许记账，上月未结账则本月不能记账。

◆ 如果不输入记账范围，系统默认为所有凭证。

◆ 已记账的凭证不能在"填制凭证"功能中查询，需要在"查询凭证"功能中查询。

任务三　数据查询与其他处理

工作任务

（1）假设，在记账完成后，财务经理韩寒发现 2022 年 1 月份 0007 号记账凭证填制有误，该笔分录的支付金额应该是 1 000 元。请完成错账的更正。

（2）请删除（1）中填制的 2 张错账更正凭证。

知识储备

1. 查询凭证

记账凭证一旦输入后，即可使用查询功能查找已记账凭证以及未记账凭证。单击系统主菜单"凭证"下的"查询凭证"，进入"查询凭证"功能。查询凭证也可以通过"财务会计"→"总账"→"凭证"→"填制凭证"命令进行。

如要按科目、摘要、金额等条件进行查询，可按"辅助条件"按钮输入辅助查询条件；如要按科目自定义项查询，可按"自定义项"按钮输入自定义项查询条件。输入查询凭证的条件后，屏幕显示凭证一览表。在凭证一览表中双击某张凭证，则屏幕显示此张凭证。在单张凭证界面可翻页查找或按"查询"按钮输入条件查找。

2. 修改凭证

电算化环境下错误凭证的修改主要有"无痕迹"修改和"有痕迹"修改两种方法。

（1）无痕迹修改，即不留下任何曾经修改的线索和痕迹。总账系统中，有两种情况下的错误可以无痕迹修改：一是凭证输入后，还未审核或审核未通过的凭证；二是已通过审核但还未记账的凭证。第一种情况可以通过凭证修改模块直接修改；第二种情况可以先由原审核人取消审核，再通过凭证修改模块进行修改。外部系统传递来的凭证不能在总账系统中修改，只能在生成该凭证的系统中进行修改。

（2）有痕迹修改，即留下修改的痕迹和线索。若发现已记账的凭证有错误，对此类凭证的修改要求留下审计线索。总账子系统是通过保留错误凭证和更正凭证的方式留下修改痕迹的。对已记账凭证的错误一般采用"红字冲销法"进行修改。

3. 凭证的作废与整理

电算化环境对于在日常操作过程中遇到错误凭证需要作废时，可以使用"作废/恢复"功能，将这些凭证作废。作废凭证仍保留凭证内容及编号，只显示"作废"字样。作废凭证不能修改，不能审核。在记账时，已作废的凭证将参与记账，否则月末无法结账，但系统不对作废凭证进行数据处理，即相当于一张空凭证。

如果不想保留作废凭证，可以在将凭证标记为"作废"的前提下，通过"凭证整理"功能把这些凭证彻底删除，并利用留下的空号对未记账凭证重新编号。

岗位说明

以会计"105 林彬"的身份查询记账凭证、生成和调用常用凭证、冲销错误凭证、填制正确凭证、记账、整理凭证。

以出纳"106 钟灵"的身份进行出纳签字、取消出纳签字。

以财务经理"104 韩寒"的身份进行凭证审核、取消凭证审核。

以账套主管"101 张伟"的身份反记账。

任务实施

1. 错账更正

（1）查询凭证。

1）以会计"105 林彬"的身份，于 2022 年 1 月 31 日进入企业应用平台。

2）在"业务工作"选项卡中，执行"财务会计"→"总账"→"凭证"→"查询凭证"命令，打开"凭证查询"对话框，选择凭证头尾内容"月份"为"2022 年 1 月"，录入凭证号为"0007"，如图 4-43 所示。单击"确定"按钮，在查询凭证列表中双击需查看的"记-0007"号凭证，打开记账凭证查看。

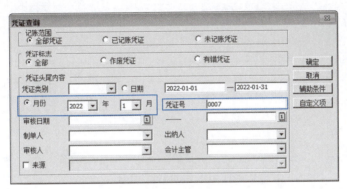

总账系统查询凭证

图 4-43　凭证查询对话框

（2）编制红字冲销凭证。

1）在打开的"查询凭证"页面，单击工具栏"冲销凭证"按钮，如图 4-44 所示。

修改记账凭证

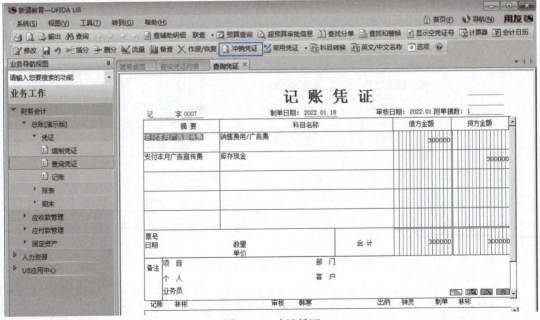

图 4-44　冲销凭证

2)生成红字冲销凭证,如图4-45所示。单击工具栏"保存"按钮,保存凭证。

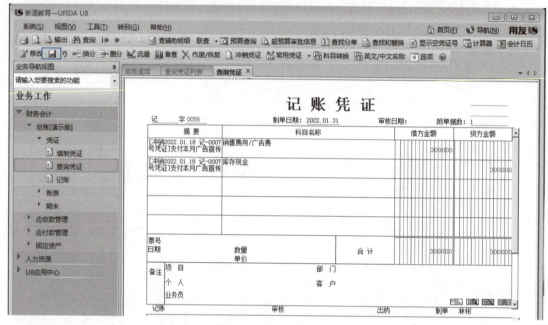

图4-45　红字冲销凭证

设置常用凭证

(3)填制蓝字正确凭证。

1)执行"业务工作"选项卡中的"财务会计"→"总账"→"凭证"→"查询凭证"命令,查看"记-0007号凭证"。

2)在"查询凭证"窗口,工具栏"常用凭证"右侧小三角,执行"生成常用凭证"命令,在弹出的"常用凭证生成"对话框中录入代号为"0001",说明为"支付广告费",如图4-46所示。单击"确认"按钮完成常用凭证设置。

3)在"业务工作"选项卡,执行"财务会计"→"总账"→"凭证"→"填制凭证"命令,进入"填制凭证"页面。执行工具栏"常用凭证"→"调用常用凭证"命令,弹出"调用常用凭证"对话框,如图4-47所示。

图4-46　常用凭证生成

图4-47　调用常用凭证

4)参照录入常用凭证代号"0001",单击"确定"按钮,打开"常用凭证"界面,如图4-48所示。单击工具栏"选入"按钮,生成的记账凭证修改借贷方金额均为"1 000"后,单击工具栏"保存"按钮保存凭证。

5)以出纳"106钟灵"的身份,于2022年1月31日进入企业应用平台,对新填制的2张记账凭证进行出纳签字。

6)以财务经理"104韩寒"的身份,于2022年1月31日进入企业应用平台,对新填制的2张记账凭证进行审核。

7）以会计"105 林彬"的身份，于 2022 年 1 月 31 日进入企业应用平台，对新填制的 2 张记账凭证进行记账。

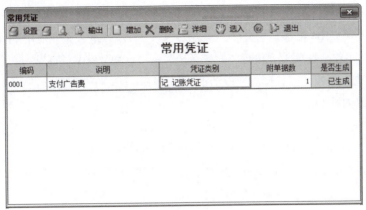

图 4-48　常用凭证对话框

2. 删除记账凭证

（1）反记账。

1）以账套主管"101 张伟"的身份，于 2022 年 1 月 31 日进入企业应用平台。

2）在"业务工作"选项卡，执行"财务会计"→"总账"→"期末"→"对账"命令，在"对账"页面直接按键盘"Ctrl+h"组合键，弹出"恢复记账前状态功能已被激活"信息提示框，如图 4-49 所示，单击"确定"按钮，再单击工具栏"退出"按钮退出"对账"页面。

删除记账凭证

3）执行"财务会计"→"总账"→"凭证"→"恢复记账前状态"命令，在"恢复记账前状态"页面选择需要恢复的方式、恢复记账范围等，单击"确定"按钮，如图 4-50 所示。

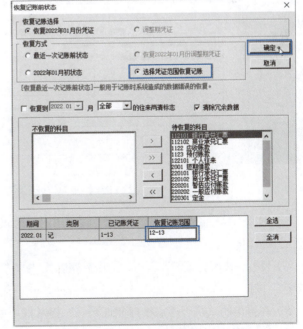

图 4-49　恢复记账前状态已被激活　　　　图 4-50　恢复记账前状态内容选择

4）在弹出的口令输入框中输入操作员口令。若操作员未设置密码，则为空。单击"确定"按钮，系统进行恢复工作。显示"恢复记账完毕"信息框，单击"确定"按钮。

（2）取消凭证审核。

1）以财务主管"104 韩寒"的身份，于 2022 年 1 月 31 日进入企业应用平台。

2）在"业务工作"选项卡，执行"财务会计"→"总账"→"凭证"→"审核凭证"命令，单击工具栏"查询"按钮，查找到需要取消审核的凭证。双击打开记账凭证，单击工具栏的"取消"按钮，取消凭证审核。

（3）取消出纳签字。

1）以出纳"106 钟灵"的身份，于 2022 年 1 月 31 日进入企业应用平台。

2）在"业务工作"选项卡，执行"财务会计"→"总账"→"凭证"→"出纳签字"命令，单击工具栏"查询"按钮，查找到需要取消签字的凭证。双击打开记账凭证，单击工具栏的"取消"按钮，取消出纳签字。

（4）删除凭证。

1）以会计"105 林彬"的身份，于 2022 年 1 月 31 日进入企业应用平台。

2）在"业务工作"选项卡，执行"财务会计"→"总账"→"凭证"→"填制凭证"命令，单击工具栏"查询"按钮，查找到需要删除的 2 张记账凭证。逐一打开记账凭证，单击工具栏的"作废/恢复"按钮，在 2 张记账凭证左上角都打上红色"作废"标记，如图 4-51 所示。

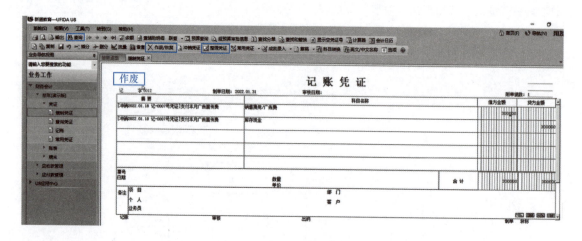

图 4-51　作废记账凭证

3）单击工具栏"整理凭证"按钮，在弹出的"期间选择"对话框中选择"2022.01"，单击"确定"按钮。

4）打开"作废凭证表"页面，双击需删除凭证的"删除？"栏，打上"Y"标记，也可单击"全选"按钮一次性全选，如图 4-52 所示，再单击"确定"按钮。

5）在弹出的"是否还需整理凭证断号"提示框中单击"是"按钮，如图 4-53 所示。系统将该 2 张凭证从数据库中彻底删除，并对剩余凭证重新连续编号。

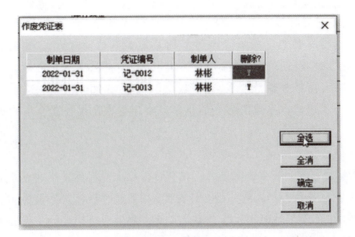

图 4-52　作废凭证表

图 4-53　整理凭证断号提示

特别提醒

◇　根据信息化环境下的会计账务处理要求，企业不得对已记账的凭证进行无痕迹的修改和删除。以上反记账的相关内容仅从学习知识的角度做简单介绍。

拓展阅读

金亚科技财务造假案

2021 年 3 月 23 日晚间，金亚科技在股转系统发布的公告显示，公司收到四川省成都市中级人民法院《刑事判决书》及相关法律文书。根据判决书显示，金亚科技犯欺诈发行股票罪，判处罚金人民币 392 万元。被告人周××，犯欺诈发行股票罪，判处有期徒刑二年；犯违规披露重要信息罪，判处有期徒刑一年六个月，并处罚金人民币 10 万元，数罪并罚，决定执行有期徒刑三年，缓刑五年，并处罚金人民币 10 万元。被告人花××、郑××犯欺诈发行股票罪，分别判处有期徒刑一年六个月，缓刑三年；其他多个责任人也被判刑。至此，从 2015 年被证监会立案开始，延续近六年的金亚科技财务造假案尘埃落定。

法院查明，在 2008 年至 2009 年 7 月期间，作为金亚科技的股东、董事长及实际控制人的周××，为使公司在 A 股顺利上市，以公司名义授意时任财务总监花××、销售经理郑××等人通过虚构客户、伪造合同、伪造银行单据、伪造材料产品收发记录、隐瞒费用支出等方式虚增利润,并要求公司其他员工予以协助配合,共同进行财务信息造假。金亚科技使用上述虚假数据,于 2009 年 10 月 30 日在深圳证券交易所正式挂牌交易,获准公开发行股票人民币普通股(股票代码:300028)3 700 万股,募集资金净额人民币 3.918 6 亿元。此举构成欺诈发行股票罪的犯罪事实,构成违规披露、不披露重要信息罪的犯罪事实。

◎ 启示

会计人员必须遵守会计职业道德要求,在会计岗位上对实际发生的经济业务进行真实、完整的会计核算。应认真执行国家统一的会计制度,依法履行会计监督职责,发生道德冲突时,应坚持准则,对法律负责,对国家和社会公众负责,敢于同违反会计法律法规和财务制度的现象做斗争,确保会计信息的真实性和完整性。

1+X 证书职业技能等级标准

项目	任务	证书(等级)	工作领域	工作任务	职业技能要求
项目四 总账日常管理	任务一 系统初始化	业财一体信息化应用(初级)	2. 业财一体信息化平台期初数据录入	2.1 财务期初数据录入	2.1.1 能依据整理完毕的期初余额表,将期初余额表中各项科目余额正确录入信息化平台
					2.1.2 能根据《企业财务通则》,在信息化平台总账模块中进行期初对账及试算平衡,并确保正确
		业财一体信息化应用(初级)	4. 业财一体信息化平台典型财务处理	4.1 总账日常业务处理	4.1.1 能根据《企业财务通则》及《企业会计准则》,审核原始凭证的真实性、合法性与合规性
					4.1.2 能根据《企业财务通则》及《企业会计准则》,在信息化平台总账模块中根据审核无误的原始凭证填制记账凭证
					4.1.3 能根据《企业财务通则》及《企业会计准则》,在信息化平台总账模块中对记账凭证进行审核,审核记账凭证中会计科目、分录金额、摘要描述的准确性及填列项目、有关人员签章的完整性等
					4.1.4 能根据《企业财务通则》及《企业会计准则》,在信息化平台总账模块中,熟练进行记账凭证的审核、反审、修改、作废等凭证处理操作
					4.1.5 能根据《企业财务通则》及《企业会计准则》,在信息化平台总账模块中,熟练、准确地完成凭证记账

（续）

项 目	任 务	证书（等级）	工作领域	工作任务	职业技能要求
项目四 总账日常管理	任务二 日常业务处理 任务三 数据查询与其他处理	业财一体信息化应用（中级）	4. 业财一体信息化平台财务处理	4.1 总账业务处理	4.1.1 能根据《企业财务通则》及《企业会计准则》，审核原始凭证的真实性、合法性、合规性、及时性、准确性、完整性
					4.1.2 能根据《企业财务通则》及《企业会计准则》，在信息化平台总账模块中依据原始凭证填制数量金额式记账凭证、项目辅助类记账凭证，并完成资金类科目现金流量的记录
					4.1.3 能依据权限分工在信息化平台总账模块中对记账凭证进行审核，审核记账凭证中所选会计科目的正确性、分录金额的准确性、填列项目的完整性、摘要描述的准确性、有关人员签章的完整性等，能对问题凭证进行标错与驳回
					4.1.4 能根据《企业财务通则》及《企业会计准则》，在信息化平台总账模块中对记账凭证进行修改、作废等业务处理
					4.1.5 能根据《企业财务通则》及《企业会计准则》，在信息化平台总账模块中完成凭证记账、反记账操作
					4.1.6 能根据《企业财务通则》及《企业会计准则》，在信息化平台总账模块中查询科目账、科目及往来余额信息、科目及往来明细信息等，为管理决策提供财务数据支持

知识导图

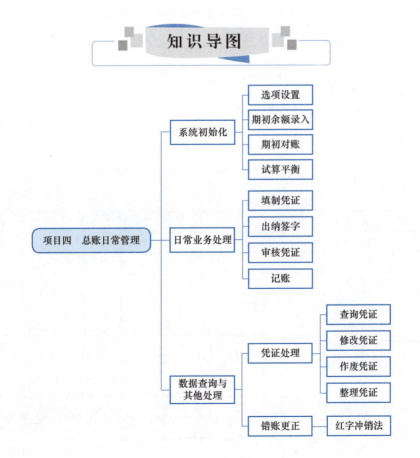

项目实训　总账日常管理

实训资料

1. 总账系统参数设置

总账系统参数设置见表4-10。

表4-10　总账系统参数设置表

系统名称	选项卡	系统参数	参数取值
总账	凭证	制单序时控制	否
		可以使用应收受控科目	否
		可以使用应付受控科目	否
		可以使用存货受控科目	是
	权限	出纳凭证必须经由出纳签字	是
		允许修改、作废他人填制的凭证	否
	会计日历	数量小数位	2
		价格小数位	2
	其他	部门、个人和项目的排序方式	按编码排序

2. 总账系统期初余额录入

总账系统各项目期初余额见表4-11～表4-15。

表4-11　总账系统科目期初余额表

科目编码	科目名称	辅助核算	方向	币别计量	期初余额（元）
1001	库存现金	日记	借		9 800.00
1002	银行存款	银行日记	借		1 169 845.85
100201	建行存款	银行日记	借		1 169 845.85
1012	其他货币资金		借		300 000.00
101201	存出投资款		借		300 000.00
1122	应收账款	客户往来	借		235 170.00
112201	人民币		借		235 170.00
1231	坏账准备		贷		1 175.85
1405	库存商品		借		622 000.00
1601	固定资产		借		815 200.00
1602	累计折旧		贷		282 946.14
2001	短期借款		贷		100 000.00
2202	应付账款	供应商往来	贷		228 700.00
220201	一般应付款		贷		128 700.00
220202	暂估应付款		贷		100 000.00
2211	应付职工薪酬		贷		69 342.00
221101	短期薪酬		贷		57 382.00
22110101	工资		贷		41 080.00
22110102	住房公积金		贷		10 400.00

（续）

科目编码	科目名称	辅助核算	方 向	币别计量	期初余额（元）
22110103	医疗保险		贷		5 200.00
22110104	生育保险		贷		442.00
22110105	工伤保险		贷		260.00
221102	离职后福利		贷		11 960.00
22110201	养老保险		贷		10 400.00
22110202	失业保险		贷		1 560.00
2221	应交税费		贷		109 705.62
222102	应交所得税		贷		80 000.00
222103	应交个人所得税		贷		585.62
222104	未交增值税		贷		26 000.00
222107	应交城建税		贷		1 820.00
222108	应交教育费附加		贷		780.00
222109	应交地方教育费附加		贷		520.00
4001	实收资本		贷		1 700 000.00
4002	资本公积		贷		80 000.00
4101	盈余公积		贷		150 000.00
410101	法定盈余公积		贷		150 000.00
4103	本年利润		贷		100 146.24
4104	利润分配		贷		330 000.00
410401	未分配利润		贷		180 000.00
410402	提取法定盈余公积		贷		150 000.00

表 4-12　采购专用发票期初余额明细

日　期	单据名称	方　向	发票号	开票单位	存货名称	数量（双）	单价（元/双）（不含税）	价税合计（元）	税　率
2022-3-12	采购专用发票	正	16542848	新百丽	百丽男鞋	120	550	74 580	13%
					百丽女鞋	120	400	54 240	13%

表 4-13　销售专用发票期初余额明细

日　期	单据名称	方　向	发票号	开票单位	存货名称	数量（双）	单价（元/双）（不含税）	价税合计（元）	税　率
2022-3-19	销售专用发票	正	35692848	华日商贸	百丽男鞋	200	900	203 400	13%
2022-3-24	销售专用发票	正	53248792	宏达商贸	金羊女鞋	50	500	28 250	13%

表 4-14　其他应收单期初余额明细

日　期	部　门	客　户	科　目	金额（元）	摘　要
2022-3-19	销售部	华日商贸	应收账款	2 300	代垫运费
2022-3-24	销售部	宏达商贸	应收账款	1 220	代垫运费

表 4-15　存货期初余额明细

存货编码	存货名称	数量（双）	单价（元/双）	金额（元）
001	百丽女鞋	200	500.00	100 000.00
002	金羊女鞋	150	300.00	45 000.00
006	百丽男鞋	50	580.00	29 000.00
008	金羊男鞋	140	320.00	44 800.00

3. 总账系统日常业务原始凭证

（1）2022年4月1日，采购部张乐预借差旅费4 000元，以现金付讫。

（2）4月7日，以银行存款缴纳企业上一季度各项税费。其中增值税26 000元、企业所得税80 000元、城市维护建设税1 820元、教育费附加780元、地方教育费附加520元、个人所得税585.62元。（电汇凭证号：20200010）

（3）4月8日，以现金支付公司总经理办公室报销业务招待费1 500元。

（4）4月10日，采购部张磊报销差旅费3 905元，现金退回借款95元。

（5）4月11日，购入东阿阿胶股票5 000股，每股成交价格46元，交易相关税费900元，作为交易性金融资产处理。

（6）4月15日，发放上月职工工资41 080元。（转账支票号56153171）

（7）4月15日，缴纳上月应交"五险一金"。均采用同城委托收款结算方式，缴付住房公积金同城委托收款凭证号51414032，缴付社保同城委托收款凭证号02726695。

（8）4月25日，出售东阿阿胶股票4 000股，每股成交价43元，交易相关费用430元。

（9）4月29日，东阿阿胶股票收盘价为每股51元。

↙ 实训任务

（1）总账系统参数设置。

（2）总账系统期初余额录入。

（3）填制凭证。

（4）出纳签字。

（5）审核凭证。

（6）记账。

项目四技能测试

项目五

应收款管理

知识目标

- 了解应收款管理系统实施流程。
- 理解应收款管理系统初始设置在整个系统中的作用以及对后续操作的影响。
- 掌握应收款管理系统的日常业务处理。

技能目标

- 能正确合理地设置应收款管理系统的参数和各项初始内容。
- 能熟练填写应收款管理系统的各类单据并审核、制单。
- 能进行应收款管理系统的逆向操作和单据查询。

素质目标

- 培养学生热爱会计工作,诚实守信、尽职尽责的敬业精神。
- 培养学生严肃认真、严谨细致的工作作风。
- 培养学生全面熟悉销售活动的业务流程,与其他部门协作分工的团队合作精神。

任务一 系统初始化

工作任务

1. 应收款管理选项设置

"常规"选项卡:设置"坏账处理方式"为"应收余额百分比法",勾选"自动计算现金折扣",其他选项保持系统默认。

"凭证"选项卡:设置"受控科目制单方式"为"明细到单据","销售科目依据"为"按存货分类",勾选"方向相反的分录合并",其他选项保持系统默认。

"权限与预警"选项卡:取消选择"控制操作员权限"选项。

2. 应收款管理系统科目设置

应收款管理系统科目设置见表 5-1。

表 5-1 应收款管理系统科目设置

科目类别	设置方式
基本科目设置	应收科目（本币）：1122 应收账款
	预收科目（本币）：220302 预收账款——预收款项
	代垫费用科目：1001 库存现金
	现金折扣科目：6603 财务费用
	税金科目：22210103 销项税额
	银行承兑科目：112101 应收票据——银行承兑汇票
	商业承兑科目：112102 应收票据——商业承兑汇票
结算方式科目设置	结算方式为现金：1001 库存现金
	结算方式为现金支票：100201 工行存款
	结算方式为转账支票：100201 工行存款
	结算方式为银行承兑汇票：100201 工行存款
	结算方式为商业承兑汇票：100201 工行存款
	结算方式为电汇：100201 工行存款
	结算方式为同城特约委托收款：100201 工行存款
	结算方式为委托收款：100201 工行存款
	结算方式为托收承付：100201 工行存款

3. 坏账设置

坏账设置见表 5-2。

表 5-2 坏账设置

控制参数	参数设置
提取比率	0.5%
坏账准备期初余额	0
坏账准备科目	1231（坏账准备）
对方科目	6702（信用减值损失）

4. 账龄区间与逾期账龄区间设置

账龄区间与逾期账龄区间设置见表 5-3。

表 5-3 账龄区间与逾期账龄区间设置

账龄区间			逾期账龄区间		
序号	起止天数	总天数	序号	起止天数	总天数
01	0～30	30	01	1～30	30
02	31～60	60	02	31～60	60
03	61～90	90	03	61～90	90
04	91～120	120	04	91～120	120
05	121 以上		05	121 以上	

5. 报警级别设置

报警级别设置见表 5-4。

表 5-4 报警级别设置

级别名称	A	B	C	D	E	F
总比率（客户欠款余额占其信用额度的比例）	10%	20%	30%	40%	50%	
起 止 比 率	0～10%	10%～20%	20%～30%	30%～40%	40%～50%	50%以上

6. 期初数据录入

期初数据见表 5-5～表 5-7。

表 5-5 预收款期初余额明细

日 期	客 户	结算方式	金额（元）	票据号	业务员	摘 要
2021-12-15	上海东航	转账支票	10 000.00	66394297	陈路	预收销售款

表 5-6 销售专用发票期初余额明细

日 期	单据名称	方 向	发 票 号	开票单位	存货名称	数量（箱）	单价（元/箱）（不含税）	价税合计（元）	税 率
2021-12-19	销售专用发票	正	84513136	深圳安吉	阿尔山矿泉水	500	80	45 200	13%

表 5-7 其他应收单期初余额明细

日 期	部 门	客 户	科 目	金额（元）	摘 要
2021-12-19	销售部	深圳安吉	应收账款	1 000	代垫运费

知识储备

1. 系统选项

系统选项是指用户在运行应收款管理系统之前所设置的账套参数，以便系统根据企业所设定的选项进行相应的处理。系统选项主要包括常规选项定义、凭证选项定义、权限与预警和核销设置等。

2. 初始设置

初始设置是指用户在应用应收款管理系统之前进行的设置，其作用是建立应收款管理的基础数据，确定使用哪些单据处理应收业务，确定需要进行账龄管理的账龄区间。有了这些功能，用户可以选择使用自己定义的单据类型，使应收业务管理更符合用户的需要。主要功能有：科目设置、单据类型设置、账期内账龄区间设置、逾期账龄区间设置、坏账准备设置和报警级别设置。

3. 期初余额

通过期初余额功能，用户可将正式启用账套前的所有应收业务数据录入系统中，作为期初建账的数据，系统即可对其进行管理，这样既保证了数据的连续性，又保证了数据的完整性。期初数据包括期初发票、期初应收单、期初预收单和期初票据。期初余额录完应与总账系统进行对账。

岗位说明

以账套主管"101 张伟"的身份进行应收款管理系统的初始设置。

任务实施

应收款管理系统
选项设置

以账套主管"101 张伟"的身份，于 2022 年 1 月 1 日登录企业应用平台，进行应收款管理系统的初始设置。

1. 选项设置

（1）在"企业应用平台"的"业务工作"页签中，执行"财务会计"→"应收款管理"→"设置"→"选项"命令，打开"账套参数设置"对话框。选择"常规"选项卡，单击"编辑"按钮，根据资料要求完成设置，如图 5-1 所示。

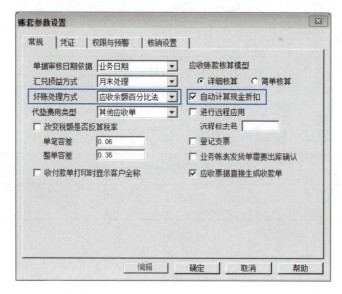

图 5-1 "常规"参数设置

（2）选择"凭证"选项卡，根据资料要求完成设置，如图 5-2 所示。

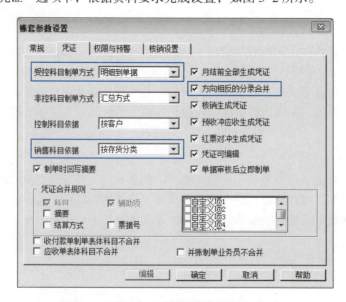

图 5-2 "凭证"参数设置

（3）选择"权限与预警"选项卡，根据资料要求完成设置，如图5-3所示。

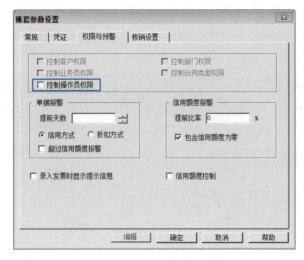

图5-3 "权限与预警"参数设置

2. 科目设置

（1）选择"设置"→"初始设置"→"设置科目"→"基本科目设置"，单击工具栏中的"增加"按钮，录入或选择应收科目"1122"及其他的基本科目，如图5-4所示。

应收款管理系统科目设置

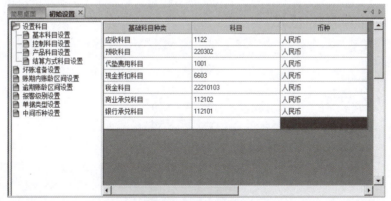

图5-4 基本科目设置

特别提醒

◇ 基本科目设置中的这些基本科目：应收账款、预收账款及应收票据，应先在总账系统中将其辅助核算内容设置为"客户往来"，并且受控系统为"应收系统"，否则在这里不能被选中。

◇ 只有在这里设置了基本科目，在生成凭证时才能直接生成凭证中的会计科目，否则凭证中将不会出现会计科目，相应的会计科目只能手工再录入。

（2）选择"设置"→"初始设置"→"设置科目"→"结算方式科目设置"，进入"结算方式科目设置"窗口。单击"结算方式"栏的下拉菜单，选择"现金"，单击币种栏，选择"人民币"，在"科目"栏录入或选择"1001"，回车。按同样方法录入其他结算方式科目，如图5-5所示。

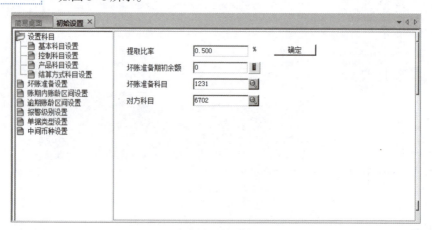

图 5-5 结算方式科目设置

3. 坏账准备设置

坏账准备设置

选择"设置"→"初始设置"→"坏账准备设置"，依据资料依次填入坏账准备提取比率、期初余额等信息，然后单击"确定"按钮，完成设置，如图5-6所示。

图 5-6 坏账准备期初设置

❖ 此处的坏账准备设置与系统参数设置中所选择的坏账处理方式相对应。如果在系统选项中默认坏账处理方式为"直接转销"，则不用进行坏账准备设置。

4. 账龄区间与逾期账龄区间设置

选择"设置"→"初始设置"→"账期内账龄区间设置",根据资料在"总天数"栏依次录入相应天数,如图5-7所示。按照同样的方法设置逾期账龄期间。

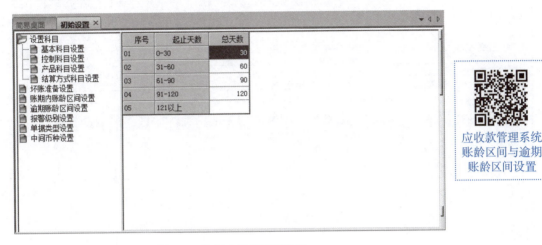

图 5-7 账期内账龄区间设置

5. 报警级别设置

选择"设置"→"初始设置"→"报警级别设置",依据资料在右窗格第1行的"总比率"栏录入"10",在"级别名称"栏录入"A",按此方法继续录入相应级别,如图5-8所示。

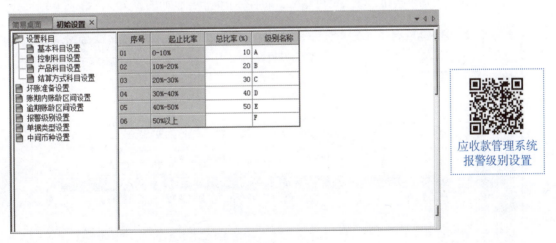

图 5-8 报警级别设置

6. 期初余额录入

选择"设置"→"期初余额",在"期初余额—查询"窗口,直接单击"确定"按钮,进入"期初余额明细表"界面。

(1)在工具栏单击"增加",在弹出的"单据类别"窗口,选择单据名称为"预收款",单据类型为"收款单",然后单击确定。在"收款单"界面左上工具栏单击"增加"按钮,输入预收款期初余额信息,如图5-9所示。

图 5-9 预收款期初余额录入

（2）在"期初余额明细表"界面的工具栏单击"增加"，在弹出的"单据类别"窗口，选择单据名称为"销售发票"，单据类型为"销售专用发票"，然后单击确定。在销售发票界面左上工具栏单击"增加"按钮，输入销售专用发票期初余额信息，如图5-10所示。

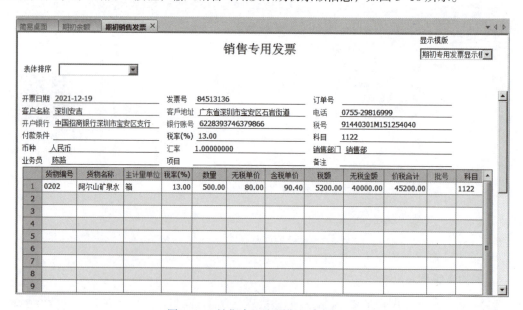

图 5-10 销售专用发票期初余额录入

（3）在"期初余额明细表"界面的工具栏单击"增加"，在弹出的"单据类别"窗口，选择单据名称为"应收单"，单据类型为"其他应收单"，然后单击确定。在应收单界面左上工具栏单击"增加"按钮，输入其他应收单期初余额信息，如图5-11所示。

项目五 应收款管理 109

图 5-11　其他应收单期初余额录入

（4）在"期初余额明细表"界面单击工具栏中的"对账"按钮，应收款管理系统与总账系统将进行对账，其结果如图 5-12 所示。

图 5-12　应收款系统与总账系统期初对账

任务二　日常单据处理

工作任务

（1）2022 年 1 月 2 日，向上海东航饮用水有限公司销售饮用水一批，相关原始单据如图 5-13 所示（合同略）。

图 5-13　销售专用发票——上海东航

（2）2022 年 1 月 5 日，向黑龙江舒达饮品有限公司销售饮用水一批，以现金代垫运费 1 500 元，相关原始单据如图 5-14 和图 5-15 所示（合同略）。

图 5-14　销售普通发票——黑龙江舒达饮品

图 5-15　付款申请单

（3）2022 年 1 月 7 日，向深圳安吉饮水产业集团有限公司销售饮用水一批，相关原始单据如图 5-16 和图 5-17 所示（合同略）。

图 5-16 销售专用发票——深圳安吉

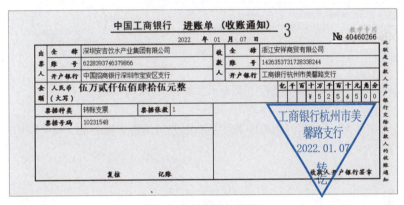

图 5-17 银行进账单

（4）2022 年 1 月 8 日，预收深圳安吉饮水产业集团有限公司货款 5 000 元，相关原始单据如图 5-18 所示。

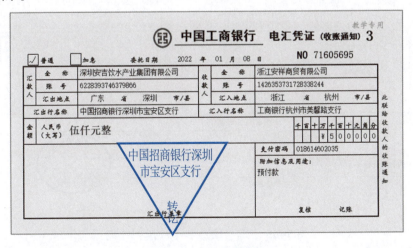

图 5-18 电汇收账通知

（5）2022年1月15日，向江南赋餐饮管理有限公司销售货物一批，相关原始单据如图5-19所示（合同略）。

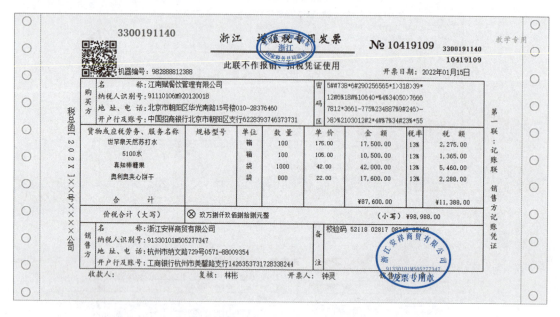

图5-19　销售专用发票——江南赋餐饮

（6）2022年1月19日，向河南纯中纯饮品有限公司销售货物一批，相关原始单据如图5-20所示（合同略）。

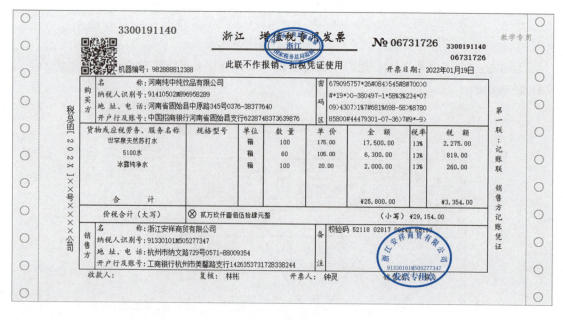

图5-20　销售专用发票——河南纯中纯

（7）2022年1月23日，向深圳安吉饮水产业集团有限公司销售阿尔山矿泉水一批，相关原始单据如图5-21所示（合同略）。

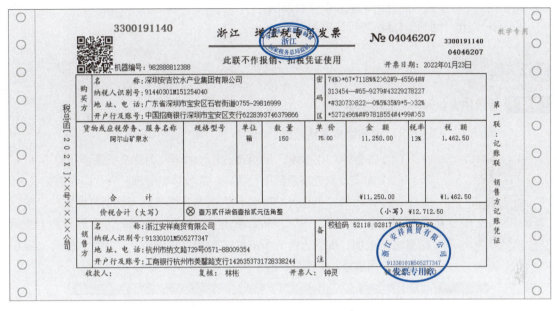

图5-21　销售专用发票——深圳安吉（阿尔山矿泉水）

知识储备

1. 应收单

应收单是企业确认应收款的依据，主要包括销售发票与其他应收单。应收单是应收款管理系统日常核算的原始单据。

如果应收款管理与销售管理系统集成使用，销售发票和代垫费用在销售管理系统中录入，在应收款管理系统中可对这些单据进行查询、核销和制单等操作。此时应收款管理系统需要录入的只限于应收单。如果没有使用销售管理系统，则所有发票和应收单均需在应收款管理系统中录入。

2. 收款单

应收款管理系统的收款单用来记录企业所收到的客户款项，款项性质包括应收款、预收款和其他费用等。其中应收款、预收款性质的收款单将与发票、应收单和付款单进行核销勾对。应收款管理系统的付款单用来记录发生销售退货时，企业退付给客户的款项。该付款单可与应收、预收性质的收款单、红字应收单和红字发票进行核销。

3. 核销

核销是指日常进行的收款核销应收款的工作，表示客户往来款项已经结清。单据核销的作用是建立收款与应收款的核销记录，监督应收款及时收取，加强往来款项的管理。明确核销关系后，可以进行精准的账龄分析，更好地管理应收款。

岗位说明

以会计"105 林彬"的身份填制和审核应收单。
以出纳"106 钟灵"的身份填制和审核收款单。
以会计"105 林彬"的身份进行核销和制单。

任务实施

业务 1 普通销售业务——上海东航

1. 填制销售专用发票

普通销售业务——
上海东航

（1）以会计"105 林彬"的身份，于 2022 年 1 月 2 日登录企业应用平台。

（2）在应收款管理系统中，执行"应收单据处理"→"应收单据录入"命令，在弹出的"单据类别"窗口，选择单据名称为"销售发票"，单据类型为"销售专用发票"，然后单击"确定"。在销售发票界面左上工具栏单击"增加"按钮，输入所有的销售信息，单击"保存"，保存已经填制好的专用发票，如图 5-22 所示。

图 5-22　填制销售专用发票

> **特别提醒**
>
> ◆ 若启用了销售管理系统，则销售发票不在应收款管理系统录入，而在销售管理系统录入，并传递给应收款管理系统，在应收款管理系统审核。
>
> ◆ 本账套未启用销售管理系统，所以各类销售发票均在应收款管理系统录入。

2. 审核销售专用发票并制单

（1）单击工具栏中"审核"按钮，系统打开"是否立即制单"窗口。

（2）单击"是"，系统打开"填制凭证"窗口，在第 2 行"科目名称"栏中参照生成或者录入"600101"，并录入数量"100"，单价"175"。依照同样的方法录入第 3 行和第 4 行的科目名称以及数量、单价信息，单击保存，如图 5-23 所示。

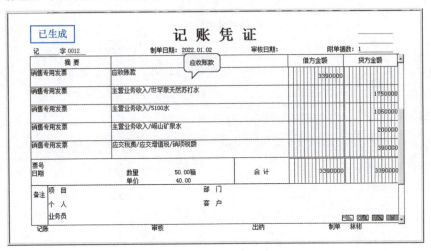

图 5-23　销售专用发票生成记账凭证

> **特别提醒**
>
> ◇ 若在凭证保存后需要修改发票，则需要删除凭证、取消发票的审核之后才可进行。
> ◇ 系统对所有处理都提供了逆向操作功能，即通过逆向操作把后续处理全部取消，才可以对前面的操作进行编辑或删除。以下操作亦是如此。

业务 2　有代垫运费的普通销售业务

1. 填制销售普通发票

（1）以会计"105 林彬"的身份，于 2022 年 1 月 5 日登录企业应用平台。

（2）在应收款管理系统中，执行"应收单据处理"→"应收单据录入"命令，在弹出的"单据类别"窗口，选择单据名称为"销售发票"，单据类型为"销售普通发票"，然后单击"确定"。在销售发票界面左上工具栏单击"增加"按钮，输入所有的销售信息，单击"保存"，保存已经填制好的普通发票，如图 5-24 所示。

2. 审核销售普通发票并制单

（1）单击工具栏中"审核"按钮，系统打开"是否立即制单"窗口。

（2）单击"是"，系统打开"填制凭证"窗口，在第 2 行"科目名称"栏中参照生成或者录入"600605"，并录入数量"500"，单价"75"。依照同样的方法录入第 3 行和第 4 行的科目名称以及数量、单价信息，单击保存，如图 5-25 所示。

有代垫运费的普通销售业务

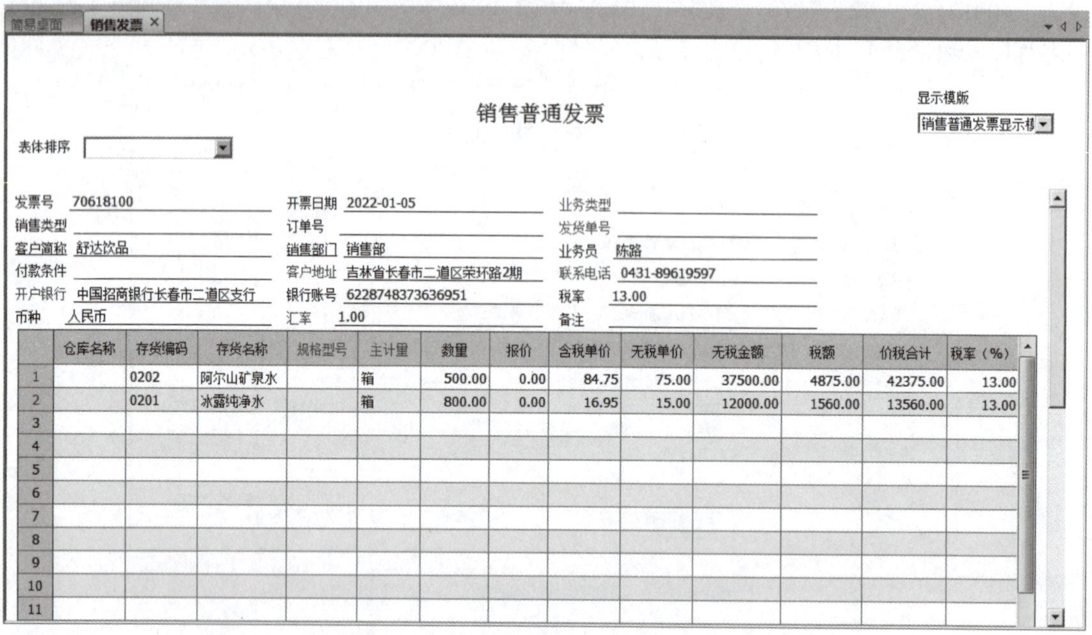

	仓库名称	存货编码	存货名称	规格型号	主计量	数量	报价	含税单价	无税单价	无税金额	税额	价税合计	税率（%）
1		0202	阿尔山矿泉水		箱	500.00	0.00	84.75	75.00	37500.00	4875.00	42375.00	13.00
2		0201	冰露纯净水		箱	800.00	0.00	16.95	15.00	12000.00	1560.00	13560.00	13.00
3													
4													
5													
6													
7													
8													
9													
10													
11													

图 5-24　填制销售普通发票

摘要	科目名称	借方金额	贷方金额
销售普通发票	应收账款	5593500	
销售普通发票	主营业务收入/阿尔山矿泉水		3750000
销售普通发票	主营业务收入/冰露纯净水		1200000
销售普通发票	应交税费/应交增值税/销项税额		643500
票号 日期　数量 500.00箱　单价 75.00	合计	5593500	5593500

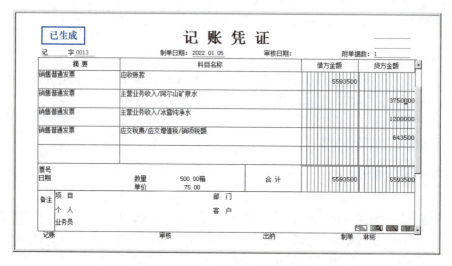

图 5-25　销售普通发票生成记账凭证

3. 填制其他应收单

（1）以会计“105 林彬”的身份，于 2022 年 1 月 5 日登录企业应用平台。

（2）在应收款管理系统中，执行“应收单据处理”→“应收单据录入”命令，在弹出的“单据类别”窗口，选择单据名称为“应收单”，单据类型为“其他应收单”，然后单击“确定”。在应收单界面左上工具栏单击“增加”按钮，输入代垫运费的信息，单击“保存”，保存已经填制好的应收单，如图 5-26 所示。

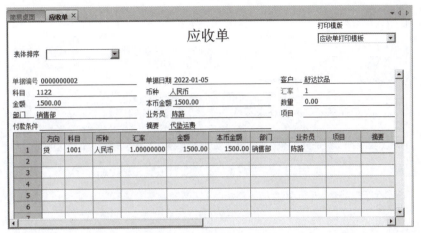

图 5-26 填制其他应收单

4. 审核其他应收单并制单

（1）单击工具栏中"审核"按钮，系统打开"是否立即制单"窗口。

（2）单击"是"，系统打开"填制凭证"窗口，单击"保存"，如图 5-27 所示。

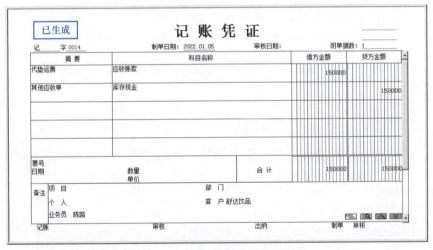

图 5-27 其他应收单生成记账凭证

业务 3　当即收款的销售业务

1. 填制并审核销售专用发票

（1）以会计"105 林彬"的身份，于 2022 年 1 月 7 日登录企业应用平台。

（2）在应收款管理系统中，执行"应收单据处理"→"应收单据录入"命令，在弹出的"单据类别"窗口，选择单据名称为"销售发票"，单据类型为"销售专用发票"，然后单击"确定"。在销售发票界面左上工具栏单击"增加"按钮，输入所有的销售信息，单击"保存"，保存已经填制好的专用发票，如图 5-28 所示。

（3）单击工具栏中"审核"按钮，系统打开"是否立即制单"窗口，单击"否"。

当即收款的销售业务

图 5-28　填制销售专用发票

2. 填制并审核收款单

（1）以出纳"106 钟灵"的身份，于 2022 年 1 月 7 日登录企业应用平台。

（2）在应收款管理系统中，执行"收款单据处理"→"收款单据录入"命令，在收款单界面左上工具栏单击"增加"按钮，输入相关信息，单击"保存"，如图 5-29 所示。

图 5-29　填制收款单

（3）单击工具栏中"审核"按钮，系统打开"是否立即制单"窗口，单击"否"。

3. 核销

（1）以会计"105 林彬"的身份，于 2022 年 1 月 7 日登录企业应用平台。

（2）在应收款管理系统中，执行"核销处理"→"手工核销"命令，打开"核销条件"对话框，在"客户"栏选择"深圳安吉"，单击"确定"按钮，打开"单据核销"窗口。

（3）在"单据核销"窗口上方收款单的"本次结算金额"栏输入数据：52 545，在窗口下方找到本月 7 日销售专用发票，在“本次结算”栏输入：52 545，结果如图 5-30 所示，单击“保存”并关闭退出该窗口。

单据日期	单据类型	单据编号	客户	款项类型	结算方式	币种	汇率	原币金额	原币余额	本次结算金额	订单号
2022-01-07	收款单	40460266	深圳安吉	应收款	转账支票	人民币	1.00000000	52,545.00	52,545.00	52,545.00	
合计								52,545.00	52,545.00	52,545.00	

单据日期	单据类型	单据编号	到期日	客户	币种	原币金额	原币余额	可享受折扣	本次折扣	本次结算
2021-12-19	其他应收单	0000000001	2021-12-19	深圳安吉	人民币	1,000.00	1,000.00	0.00		
2022-01-07	销售专...	31295619	2022-01-07	深圳安吉	人民币	52,545.00	52,545.00	0.00	0.00	52,545.00
2021-12-19	销售专...	84513139	2021-12-19	深圳安吉	人民币	45,200.00	45,200.00	0.00		
合计						98,745.00	98,745.00	0.00		52,545.00

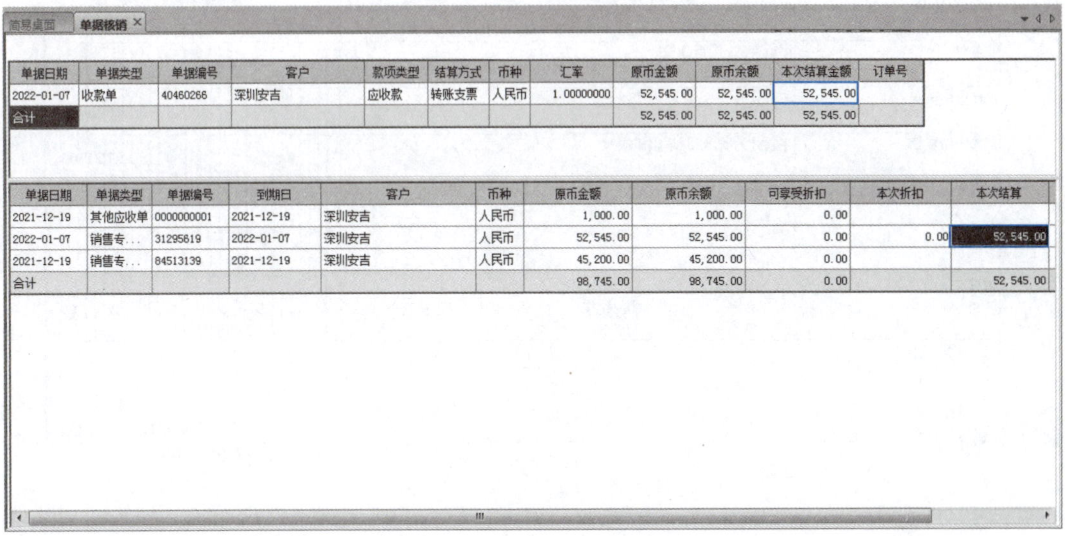

图 5-30 手工核销

4. 制单

（1）以会计“105 林彬”的身份，于 2022 年 1 月 7 日登录企业应用平台。

（2）在应收款管理系统中，执行“制单处理”命令。在“制单查询”窗口，同时勾选“发票制单”“收付款单制单”和“核销制单”，如图 5-31 所示，单击“确定”按钮，进入“制单”窗口。

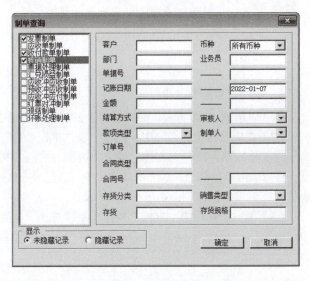

图 5-31 制单查询

（3）单击工具栏中的“合并”，再单击“制单”按钮，生成记账凭证如图 5-32 所示，单击“保存”退出。

已生成

记账凭证

记 字 0015　　制单日期：2022.01.07　　审核日期：　　附单据数：3

摘要	科目名称	借方金额	贷方金额
收款单	银行存款/工行存款	5254500	
销售专用发票	主营业务收入/冰露纯净水		900000
销售专用发票	主营业务收入/阿尔山矿泉水		3750000
销售专用发票	应交税费/应交增值税/销项税额		604500
票号 日期	数量 500.00箱 单价 75.00　合计	5254500	5254500

备注　项目　部门　个人　客户　业务员

记账　审核　出纳　制单 林彬

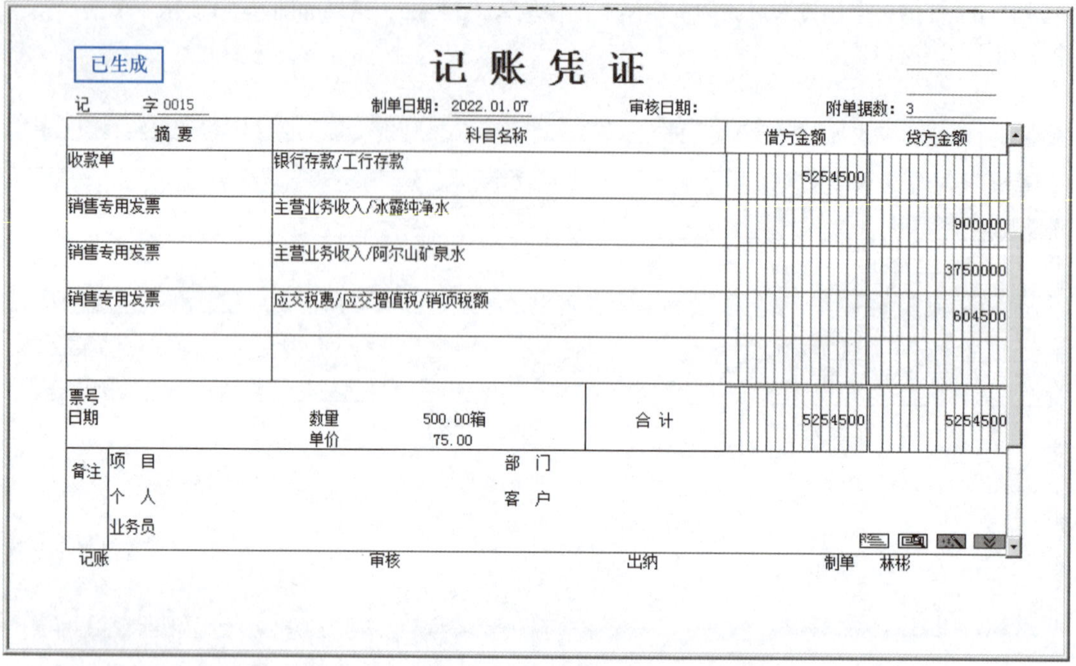

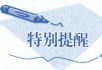

图 5-32　生成记账凭证

特别提醒

✧ “制单处理”是系统提供的一个统一制单平台，可将所有需生成凭证的业务集中制单；同时系统也提供实时制单功能，前面 2 笔业务即采用实时制单功能制单。

业务 4 预收货款业务

1. 填制并审核收款单

预收货款业务

（1）以出纳“106 钟灵”的身份，于 2022 年 1 月 8 日登录企业应用平台。

（2）在应收款管理系统中，执行“收款单据处理”→“收款单据录入”命令，在收款单界面左上工具栏单击“增加”按钮，在表头部分输入相关信息，然后单击单据部分，系统将自动生成一条记录，修改“款项类型”为“预收款”，单击“保存”，如图 5-33 所示。

（3）单击工具栏中“审核”按钮，系统打开“是否立即制单”窗口，单击“否”。

2. 制单

（1）以会计“105 林彬”的身份，于 2022 年 1 月 8 日登录企业应用平台。

（2）在应收款管理系统中，执行“制单处理”命令。在“制单查询”窗口，勾选“收付款单制单”，单击“确定”。在“收付款单制单”界面勾选预收深圳安吉货款的记录，单击“制单”按钮，生成记账凭证如图 5-34 所示，单击“保存”退出。

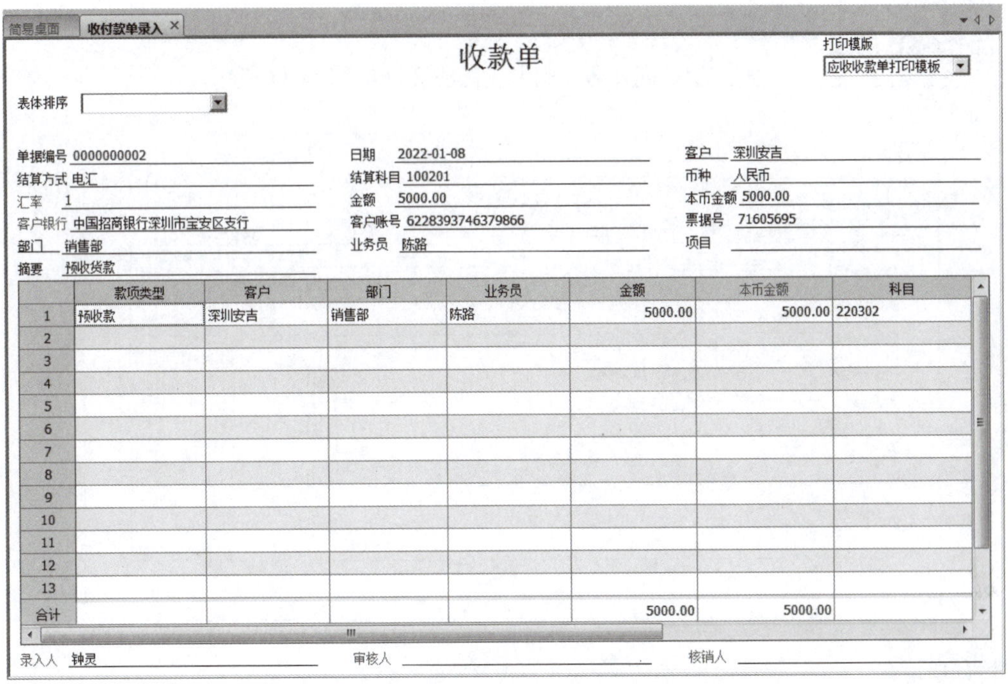

图 5-33 填制预收货款收款单

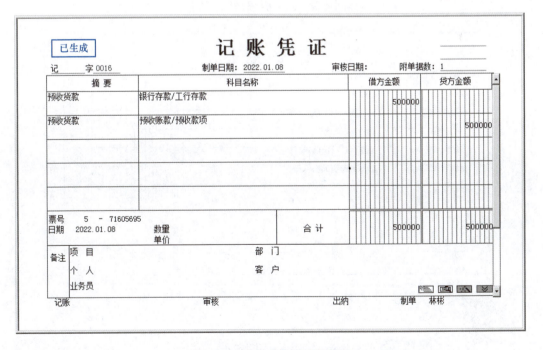

图 5-34 收款单生成记账凭证

普通销售业务——江南赋餐饮

业务 5 普通销售业务——江南赋餐饮

操作步骤同业务 1，生成记账凭证如图 5-35 所示。

已生成

记账凭证

记 字 0017 - 0001/0002　制单日期：2022.01.15　审核日期：　附单据数：1

摘要	科目名称	借方金额	贷方金额
销售专用发票	应收账款	9898800	
销售专用发票	主营业务收入/世罕泉天然苏打水		1750000
销售专用发票	主营业务收入/5100水		1050000
销售专用发票	主营业务收入/真知棒糖果		4200000
销售专用发票	主营业务收入/奥利奥夹心饼干		1780000
票号 日期　数量 800.00袋 单价 22.00	合 计	9898800	9898800

备注　项目　部门　个人　客户　业务员

记账　审核　出纳　制单 林彬

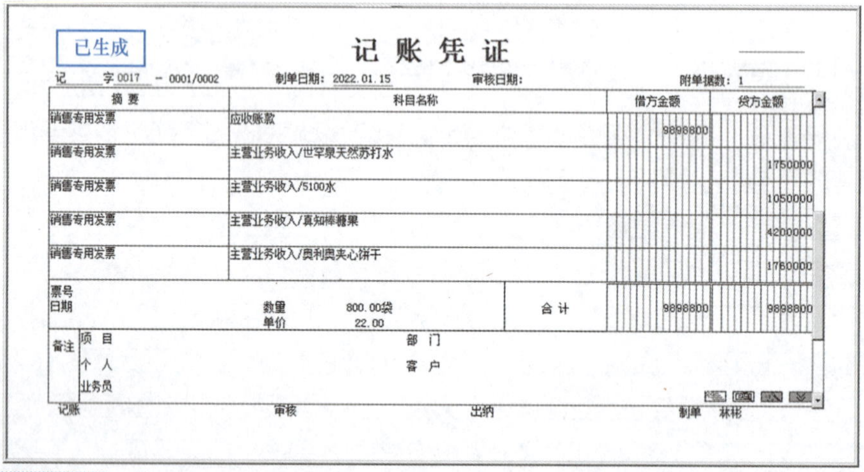

图 5-35 销售专用发票生成记账凭证——江南赋餐饮

普通销售业务——河南纯中纯

业务 6 普通销售业务——河南纯中纯

操作步骤同业务 1，生成记账凭证如图 5-36 所示。

已生成

记账凭证

记 字 0018　制单日期：2022.01.19　审核日期：　附单据数：1

摘要	科目名称	借方金额	贷方金额
销售专用发票	应收账款	2915400	
销售专用发票	主营业务收入/世罕泉天然苏打水		1750000
销售专用发票	主营业务收入/5100水		630000
销售专用发票	主营业务收入/冰露纯净水		200000
销售专用发票	应交税费/应交增值税/销项税额		335400
票号 日期　数量 100.00箱 单价 20.00	合 计	2915400	2915400

备注　项目　部门　个人　客户　业务员

记账　审核　出纳　制单 林彬

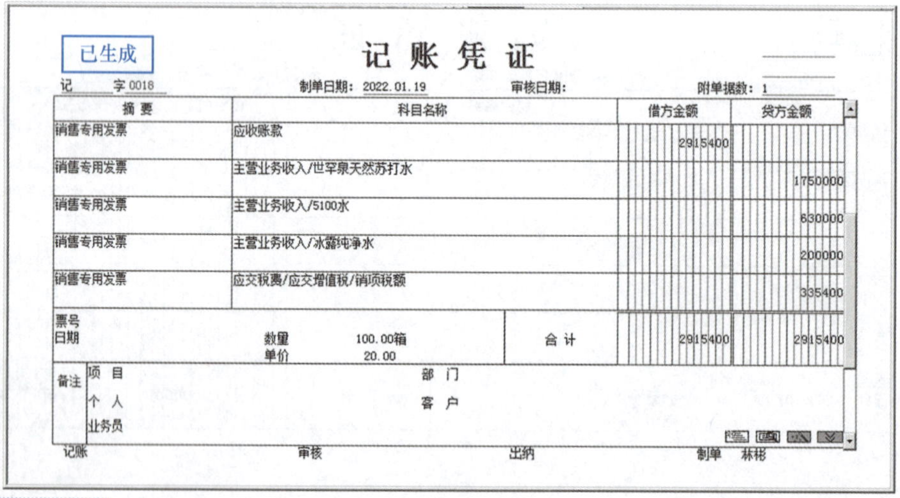

图 5-36 销售专用发票生成记账凭证——河南纯中纯

普通销售业务——深圳安吉

业务 7 普通销售业务——深圳安吉

操作步骤同业务 1，生成记账凭证如图 5-37 所示。

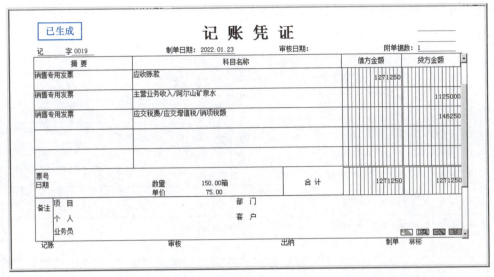

图 5-37　销售专用发票生成记账凭证——深圳安吉

任务三　票据处理

工作任务

（1）2022 年 1 月 10 日，收到黑龙江舒达饮品有限公司签发并承兑的商业承兑汇票一张，相关原始单据如图 5-38 所示。

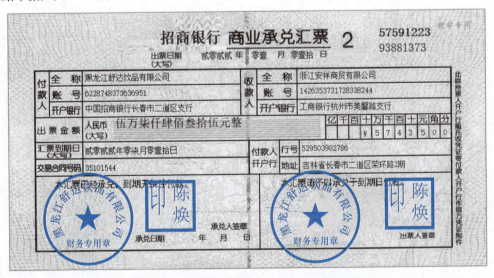

图 5-38　商业承兑汇票——黑龙江舒达饮品

（2）2022 年 1 月 12 日，收到深圳安吉饮水产业集团有限公司签发并承兑的银行承兑汇票一张，相关原始单据如图 5-39 所示。

招商银行 银行承兑汇票 2

30804450
67375040

出票日期（大写） 贰零贰贰 年 零壹 月 壹拾贰 日

出票人全称	深圳安吉饮水产业集团有限公司	收款人	全称	浙江安祥商贸有限公司
出票人账号	6228393746379866		账号	1426353731728338244
付款行全称	中国招商银行深圳市宝安区支行		开户银行	工商银行杭州市美馨路支行
出票金额	人民币（大写） 肆万陆仟贰佰元整		亿千百十万千百十元角分	¥ 4 6 2 0 0 0 0
汇票到期日（大写）	贰零贰贰年零肆月壹拾贰日	付款行	行号	672631957775
承兑协议编号	52319166		地址	深圳市新途路163号

本汇票请你行承兑，到期无条件付款。 出票人签章

本汇票已经承兑，到期日由本行付款。 承兑行签章 承兑日期 年 月 日 备注：

密押 复核 记账

此联收款人开户行随托收凭证寄付款行作借方凭证附件

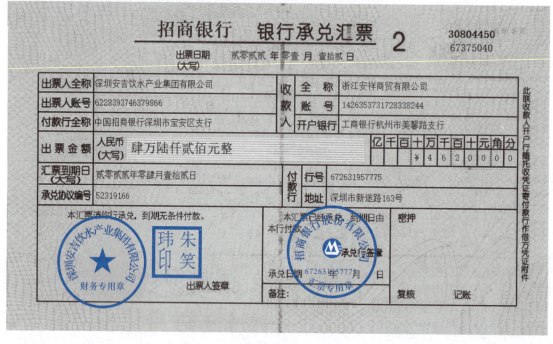

图 5-39 银行承兑汇票——深圳安吉

（3）2022 年 1 月 18 日，将票号为 30804450 的银行承兑汇票进行贴现，贴现率为 6%，相关原始单据如图 5-40 所示。

教学专用

中国工商银行 贴现凭证（收账通知） 4

申请日期 2022 年 01 月 18 日 第 号

贴现汇票 种类	银行承兑汇票 号码 30804450	持票人	名称	浙江安祥商贸有限公司
出票日	2022 年 01 月 12 日		账号	1426353731728338244
到期日	2022 年 04 月 12 日		开户银行	工商银行杭州市美馨路支行
汇票承兑人	名称 工商银行杭州市美馨路支行	账号	开户银行	
汇票金额	人民币（大写） 肆万陆仟贰佰元整		千百十万千百十元角分	¥ 4 6 2 0 0 0 0
贴现率 每月 5 %	贴现利息 ¥ 6 4 6 8 0		实付贴现金额	¥ 4 5 5 3 2 0

上述款项已入你单位账户。银行盖章 2022 年 01 月 日

备注：

此联银行给贴现申请人的收账通知

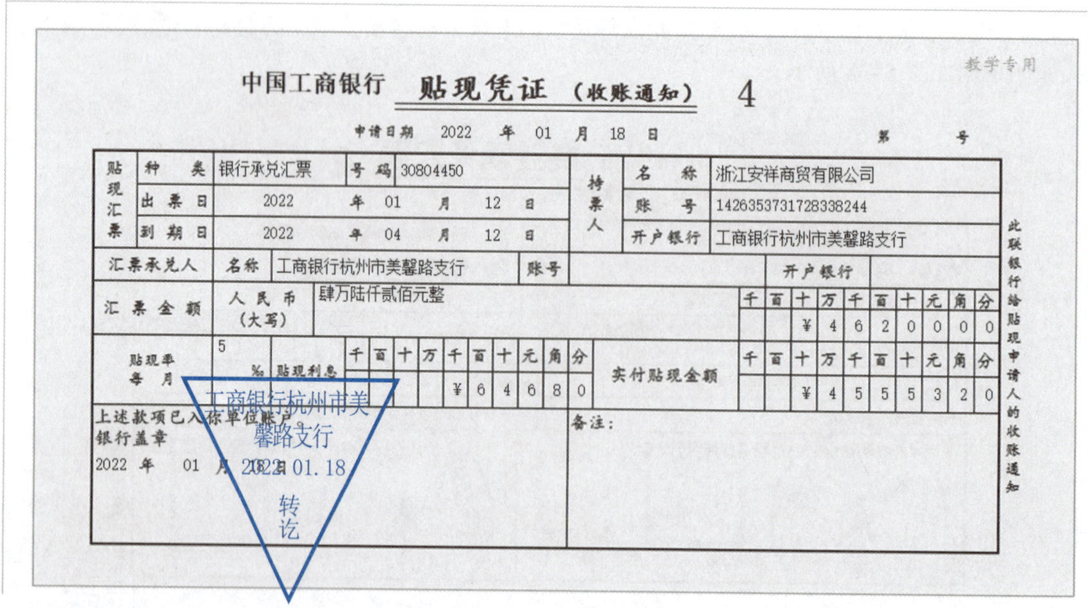

图 5-40 贴现凭证

（4）2022 年 1 月 21 日，收到转账支票一张，将票号为 57591223 的商业承兑汇票进行结算，相关原始单据如图 5-41 所示。

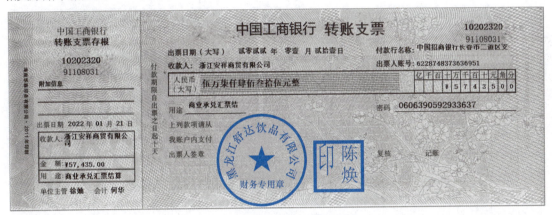

图 5-41 转账支票

知识储备

票据管理主要是对商业承兑汇票和银行承兑汇票进行日常的业务处理，所有涉及票据的收到、结算、贴现、背书、转出和计息等处理都应在票据管理中进行。

1. 票据录入

票据录入是将企业本期收到的与商业汇票有关的金额、票号、对应客户等资料通过票据管理功能录入到系统中，作为收款单保存并进行审核。保存一张票据的结果是系统自动增加了一张收款单，票据生成的收款单不能进行修改。

2. 票据处理

票据管理功能提供对票据的贴现、背书、转出、计息和结算的处理。

岗位说明

以会计"105 林彬"的身份填制商业汇票。
以出纳"106 钟灵"的身份审核收款单。
以会计"105 林彬"的身份核销和制单。

任务实施

业务 1 收到商业承兑汇票

1. 填制商业承兑汇票

（1）以会计"105 林彬"的身份，于 2022 年 1 月 10 日登录企业应用平台。

（2）在应收款管理系统中，执行"票据处理"命令，打开"查询条件选择"对话框，单击"确定"按钮，打开"票据管理"窗口。

收到商业承兑汇票

（3）单击工具栏的"增加"按钮，根据资料填制商业承兑汇票，如图5-42所示，填制完毕单击"保存"按钮保存该单据。

图5-42　填制商业承兑汇票

2. 审核收款单

（1）以出纳"106钟灵"的身份，于2022年1月10日登录企业应用平台。

（2）在应收款管理系统中，执行"收款单据处理"→"收款单据审核"命令，在"收款单查询条件"窗口单击"确定"，对刚才商业承兑汇票自动生成的收款单进行审核，如图5-43所示。

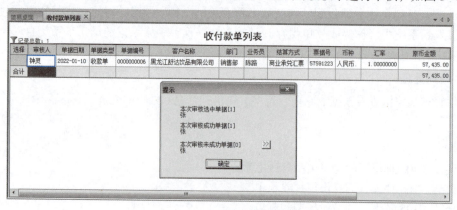

图5-43　审核收款单

特别提醒

◆ 本账套系统参数选择了"应收票据直接生成收款单"（系统缺省值为勾选此项），则商业汇票保存完毕，系统自动生成一张收款单，在此直接对收款单进行审核即可。

3. 核销

（1）以会计"105林彬"的身份，于2022年1月10日登录企业应用平台。

（2）在应收款管理系统中，执行"核销处理"→"手工核销"命令，打开"核销条件"对话框，在"客户"栏选择"黑龙江舒达饮品"，单击"确定"按钮，打开"单据核销"窗口，对黑龙江舒达饮品的往来款项进行核销，如图5-44所示，工具栏单击"保存"退出。

图5-44　手工核销

4. 制单

（1）以会计"105 林彬"的身份，于2022年1月10日登录企业应用平台。

（2）在应收款管理系统中，执行"制单处理"命令。在"制单查询"窗口，同时勾选"票据处理制单""收付款单制单"和"核销制单"，单击"确定"按钮，进入"制单"窗口。

（3）单击工具栏中的"合并"，再单击"制单"按钮，生成记账凭证如图5-45所示，单击"保存"退出。

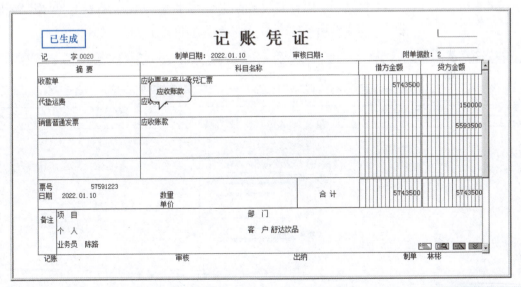

图5-45　商业承兑汇票生成记账凭证

业务 2　收到银行承兑汇票

操作步骤同业务1，生成记账凭证如图5-46所示。

收到银行承兑汇票

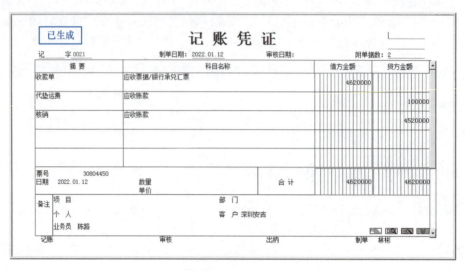

图 5-46 银行承兑汇票生成记账凭证

业务3 票据贴现

票据贴现

（1）以会计"105 林彬"的身份，于 2022 年 1 月 18 日登录企业应用平台。

（2）在应收款管理系统中，执行"票据处理"命令，打开"查询条件选择"对话框，单击"确定"按钮，打开"票据管理"窗口。

（3）选中 1 月 12 日收到的银行承兑汇票，单击工具栏上"贴现"按钮，弹出"票据贴现"对话框，输入贴现率和结算科目，如图 5-47 所示。

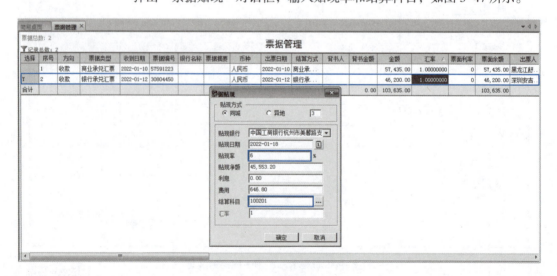

图 5-47 票据贴现

（4）单击"确定"按钮，系统弹出"是否立即制单"信息提示框，单击"是"，生成记账凭证如图 5-48 所示。

项目五 应收款管理

图 5-48 票据贴现生成记账凭证

特别提醒

◇ 贴现是指票据持有人在票据未到期前为获得现金而向银行支付一定的贴息而发生的票据转让行为。

◇ 本例中贴现费用的计算为 46 200×6%/360×84=646.8（元）。

业务 4 票据结算

（1）以会计"105 林彬"的身份，于 2022 年 1 月 21 日登录企业应用平台。

（2）在应收款管理系统中，执行"票据处理"命令，打开"查询条件选择"对话框，单击"确定"按钮，打开"票据管理"窗口。

（3）选中 1 月 10 日收到的商业承兑汇票，单击工具栏上的"结算"按钮，弹出"票据结算"对话框，输入结算科目"100201"，如图 5-49 所示。

应收款管理系统票据结算

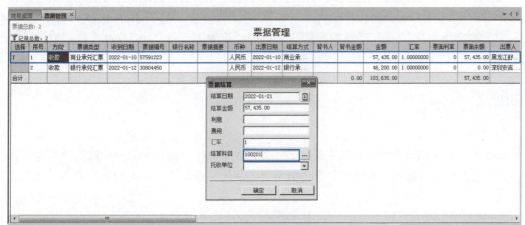

图 5-49 票据结算

（4）单击"确定"按钮，系统弹出"是否立即制单"信息提示框，单击"是"，生成记账凭证如图 5-50 所示。

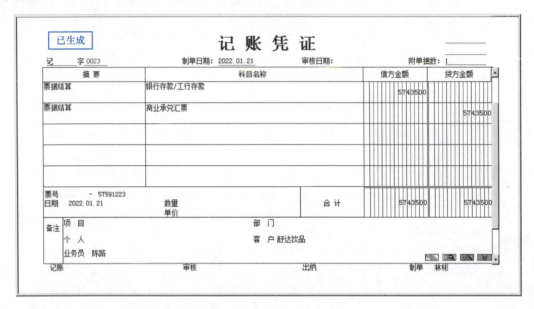

图 5-50　票据结算生成记账凭证

任务四　转账处理

工作任务

（1）2022 年 1 月 9 日，经三方同意，将上海东航饮用水有限公司 1 月 2 日销售的货款转为向河南纯中纯饮品有限公司的应收账款。

（2）2022 年 1 月 25 日，将预收深圳安吉饮水产业集团有限公司 5 000 元货款冲抵其部分货款。

知识储备

1. 应收冲应收

应收冲应收是指将一家客户的应收款转到另一家客户中，通过应收冲应收功能将应收款在客户之间进行转入、转出，实现应收业务的调整，解决应收款业务在不同客户间入错户或合并户问题。

2. 预收冲应收

预收冲应收是指客户的预收款与该客户应收欠款之间的核销业务。

3. 应收冲应付

应收冲应付是指用客户的应收款来冲抵供应商的应付款项。系统通过应收冲应付功能将应收款业务的客户和供应商之间进行转账，实现应收业务的调整，解决应收债权与应付债务的冲抵。

4. 红票对冲

红票对冲是将客户的红字应收单据与蓝字应收单据、收款单与付款单之间进行冲抵的操作。系统提供了两种处理方式：自动冲销和手工冲销。

岗位说明

以会计"105 林彬"的身份进行转账处理。

任务实施

业务1 应收冲应收

（1）以会计"105 林彬"的身份，于 2022 年 1 月 9 日登录企业应用平台。

（2）在应收款管理系统中，执行"转账"→"应收冲应收"命令，打开"应收冲应收"窗口。

（3）在转出的"客户"栏选择"上海东航"，转入的"客户"栏选择"河南纯中纯"，单击工具栏"查询"按钮，在 1 月 2 日销售专用发票的"并账金额"栏输入 33 900，如图 5-51 所示。

应收冲应收

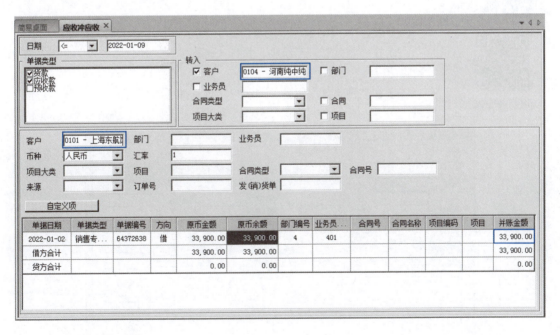

图 5-51 应收冲应收

（4）单击工具栏"保存"按钮，系统弹出"是否立即制单"信息提示框，单击"是"，生成记账凭证如图 5-52 所示。

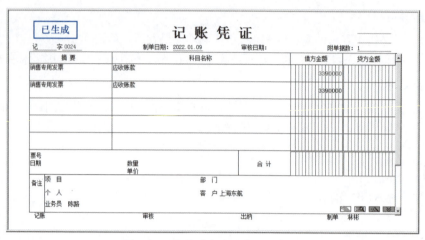

图 5-52　应收冲应收生成记账凭证

> **特别提醒**
>
> ✧ 应收冲应收也称并账，是指将应收款进行转移，实现应收业务的调整。以下情况可能需要使用到此功能：一是操作性错误，如所填制的应收单据客户选择错误且无法修改；二是实际工作需要，比如债权债务转移等。

业务2 预收冲应收

预收冲应收

（1）以会计"105 林彬"的身份，于 2022 年 1 月 25 日登录企业应用平台。

（2）在应收款管理系统中，执行"转账"→"预收冲应收"命令，打开"预收冲应收"窗口。

（3）在"预收款"页签，"客户"栏选择"深圳安吉"，单击"过滤"按钮，在"转账金额"栏输入 5 000，如图 5-53 所示。

图 5-53　预收冲应收——"预收款"页签

（4）在"应收款"页签，单击"过滤"按钮，在"转账金额"栏输入5 000，如图5-54所示。

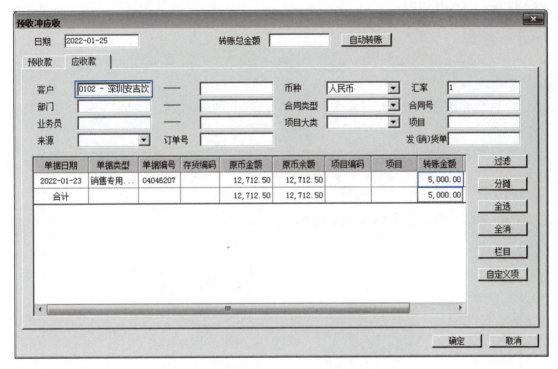

图5-54 预收冲应收——"应收款"页签

（5）单击"确定"按钮，系统弹出"是否立即制单"信息提示框，单击"是"，生成记账凭证如图5-55所示。

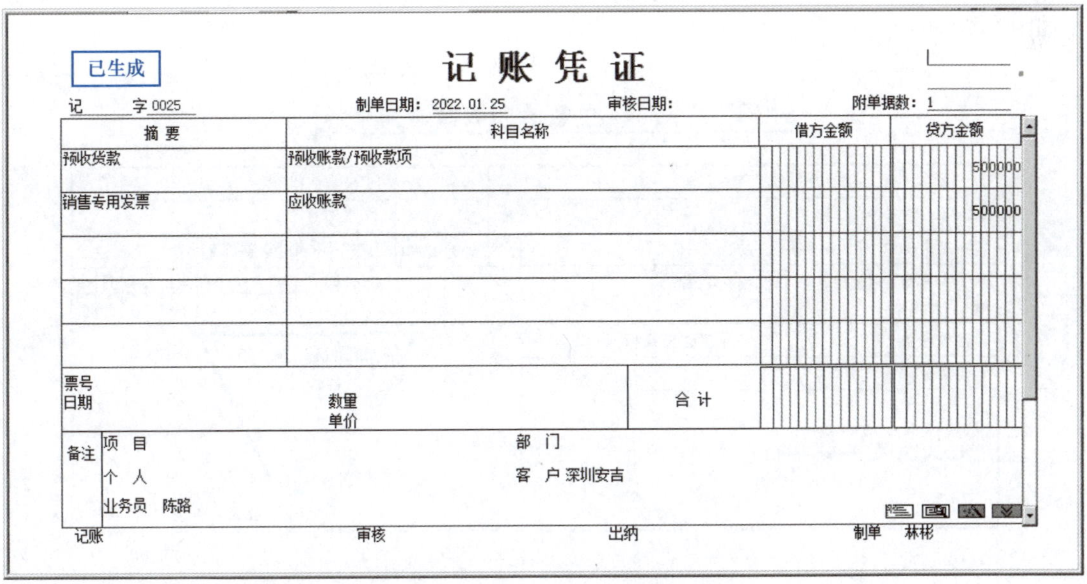

图5-55 预收冲应收生成记账凭证

任务五　坏账处理

工作任务

（1）2022年1月19日，将河南纯中纯饮品有限公司的应收款转为坏账，相关原始单据如图5-56所示。

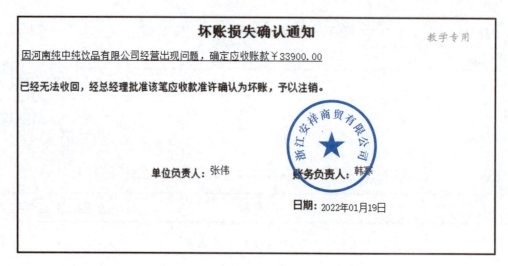

图5-56　坏账损失确认通知

（2）2022年1月29日，接银行通知，收回1月19日已作为坏账处理的坏账，相关原始单据如图5-57所示。

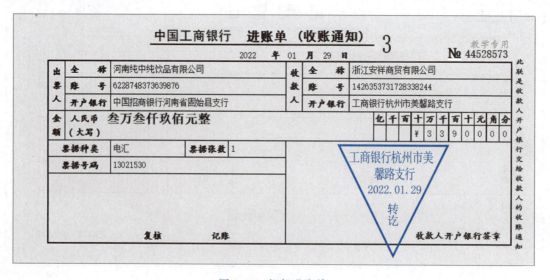

图5-57　银行进账单

（3）2022 年 1 月 31 日，计提本月坏账。

知识储备

坏账处理是指系统提供的计提应收坏账准备处理、坏账发生后的处理、坏账收回后的处理等功能。坏账处理的作用是系统自动计提应收款的坏账处理，当坏账发生时即可进行坏账核销，当被核销坏账又收回时即可进行相应处理。

岗位说明

以会计"105 林彬"的身份进行发生坏账的处理。
以出纳"106 钟灵"的身份进行坏账收回的收款单填制。
以会计"105 林彬"的身份进行坏账收回的处理。
以会计"105 林彬"的身份进行坏账的计提。

任务实施

业务 1 坏账的发生

（1）以会计"105 林彬"的身份，于 2022 年 1 月 19 日登录企业应用平台。

（2）在应收款管理系统中，执行"坏账处理"→"坏账发生"命令，在"客户"栏选择"河南纯中纯"，单击"确定"按钮，打开"发生坏账损失"窗口。

（3）在 1 月 2 日的销售专用发票栏"本次发生坏账金额"栏输入 33 900，如图 5-58 所示。

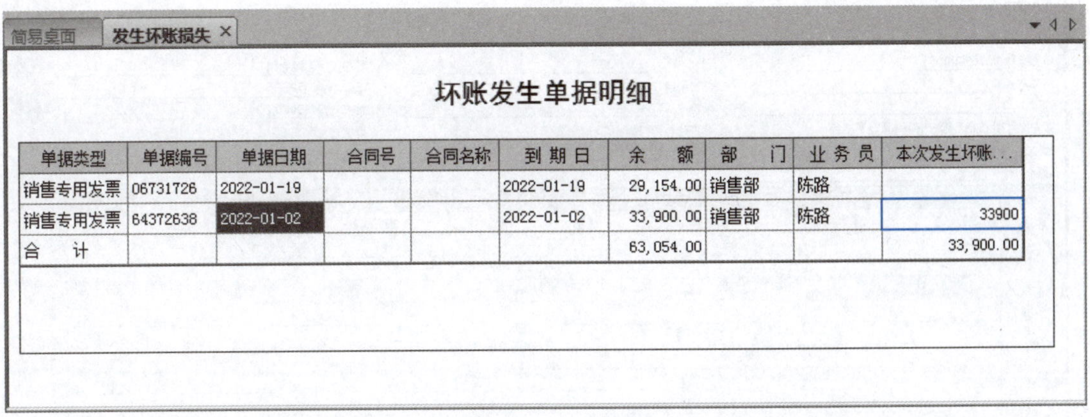

坏账的发生

图 5-58 坏账发生

（4）单击"确认"按钮，系统弹出"是否立即制单"信息提示框，单击"是"，生成记账凭证如图 5-59 所示。

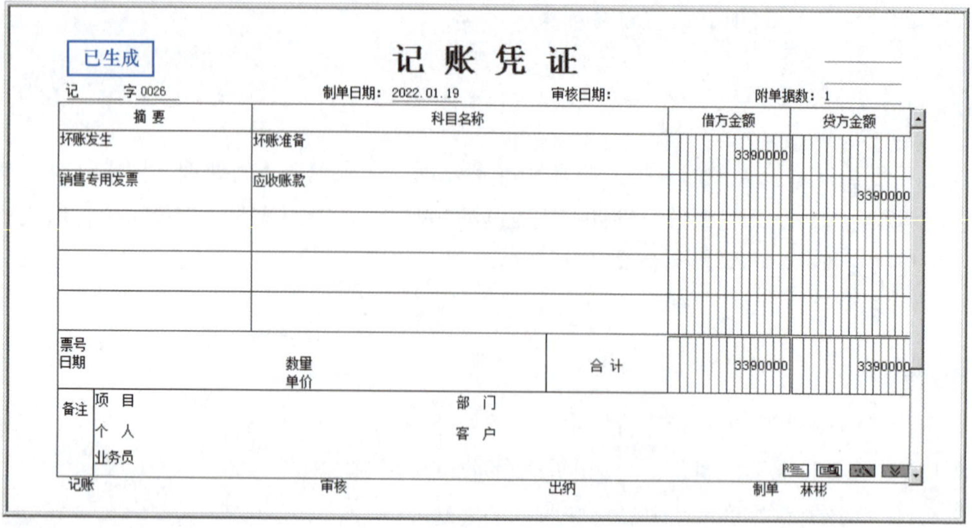

图 5-59　坏账发生生成记账凭证

业务 2　坏账的收回

坏账的收回

1. 填制收款单

（1）以出纳"106 钟灵"的身份，于 2022 年 1 月 29 日登录企业应用平台。

（2）在应收款管理系统中，执行"收款单据处理"→"收款单据录入"命令，在收款单界面左上工具栏单击"增加"按钮，在表头部分输入相关信息，然后单击单据部分，系统将自动生成一条记录，单击"保存"，如图 5-60 所示。

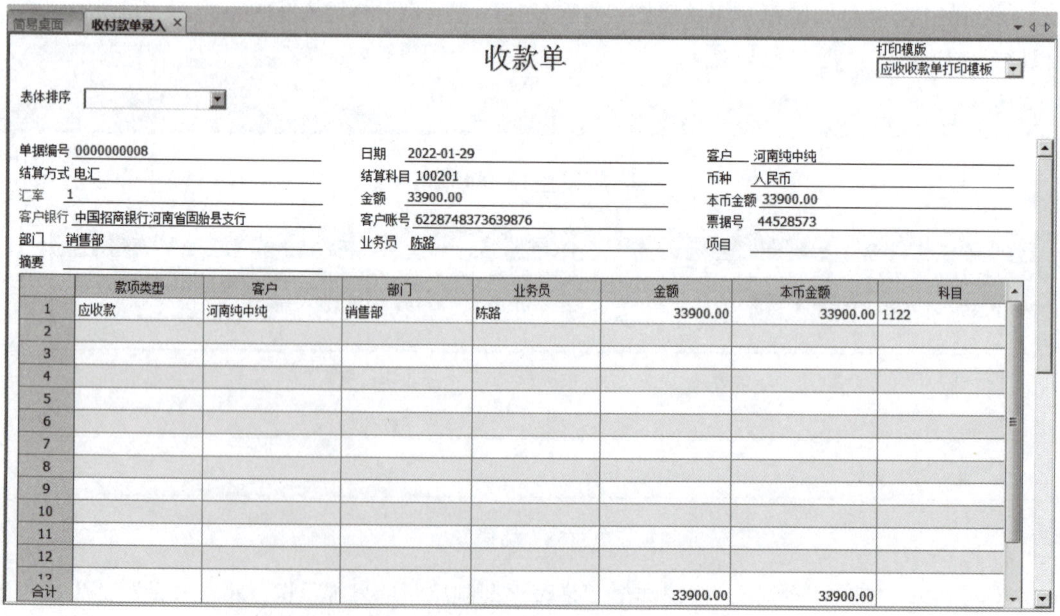

图 5-60　填制收款单

2. 收回坏账并制单

（1）以会计"105 林彬"的身份，于 2022 年 1 月 29 日登录企业应用平台。

（2）在应收款管理系统中，执行"坏账处理"→"坏账收回"命令，在"客户"栏选择"河南纯中纯"，金额输入 33 900，结算单号选择上一步所填制的单据编号，如图 5-61 所示。

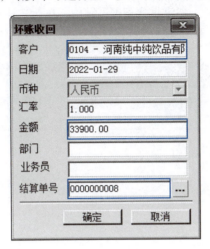

图 5-61　坏账收回

（3）单击"确定"按钮，系统弹出"是否立即制单"信息提示框，单击"是"，生成记账凭证如图 5-62 所示。

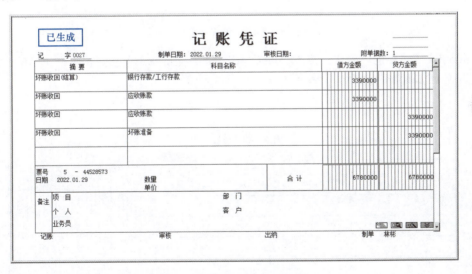

图 5-62　坏账收回生成记账凭证

特别提醒

◇ 坏账收回的收款单应单独填制，且不审核。

业务 3 坏账的计提

坏账的计提

（1）以会计"105 林彬"的身份，于 2022 年 1 月 31 日登录企业应用平台。

（2）在应收款管理系统中，执行"坏账处理"→"计提坏账准备"命令，打开"应收账款百分比法"窗口，如图 5-63 所示。

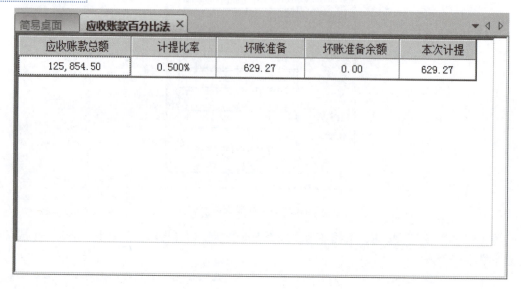

图 5-63　计提坏账

（3）单击工具栏的"确认"按钮，系统弹出"是否立即制单"信息提示框，单击"是"，生成记账凭证如图 5-64 所示。

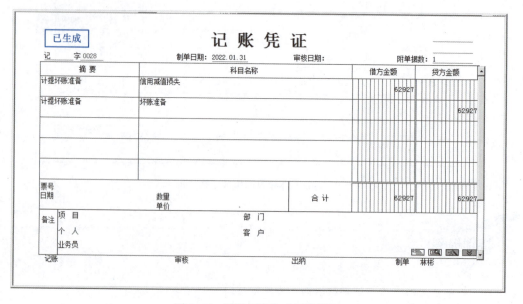

图 5-64　计提坏账生成记账凭证

任务六　数据查询与其他处理

工作任务

（1）查询 1 月份填制的全部发票。
（2）查询 1 月份应收账款科目余额表。
（3）进行 1 月份的欠款分析。
（4）取消本月的预收冲应收处理。

知识储备

1. 单据查询

应收款管理系统提供对应收单、结算单、凭证等的查询，可以进行各类单据、详细核销信息、报警信息、凭证等内容的查询。

2. 账表管理

账表管理分为业务账表查询、统计分析和科目账表查询。其中业务账表查询功能提供业务总账、业务余额表、业务明细账、对账单等的查询；通过统计分析，可以进行一定期间内应收款账龄分析、收款账龄分析、往来账龄分析，了解各个客户应收款的周转天数、周转率，了解各个账龄区间内应收款、收款及往来情况，及时发现问题，加强对往来款项的动态管理；科目账表查询受控科目为客户往来的所有科目明细账、科目余额表等。

3. 其他处理

如果对原始单据进行了审核、对收款单进行了核销等操作后，发现操作失误，可将其恢复到操作前的状态，以便修改。如果是已经生成记账凭证的业务，应删除凭证之后再进行取消操作。

岗位说明

以会计"105 林彬"的身份进行单据查询的操作。
以会计"105 林彬"的身份进行账表管理。
以会计"105 林彬"的身份进行其他处理。

任务实施

1. 发票查询

（1）以会计"105 林彬"的身份，于 2022 年 1 月 31 日登录企业应用平台。
（2）在应收款管理系统中，执行"单据查询"→"发票查询"命令，打开"查询条件选择 – 发票查询"对话框，"包含余额 =0"栏选择"是"，单击"确定"按钮，打开"发票查询"列表，如图 5–65 所示。

应收款管理系统
发票查询

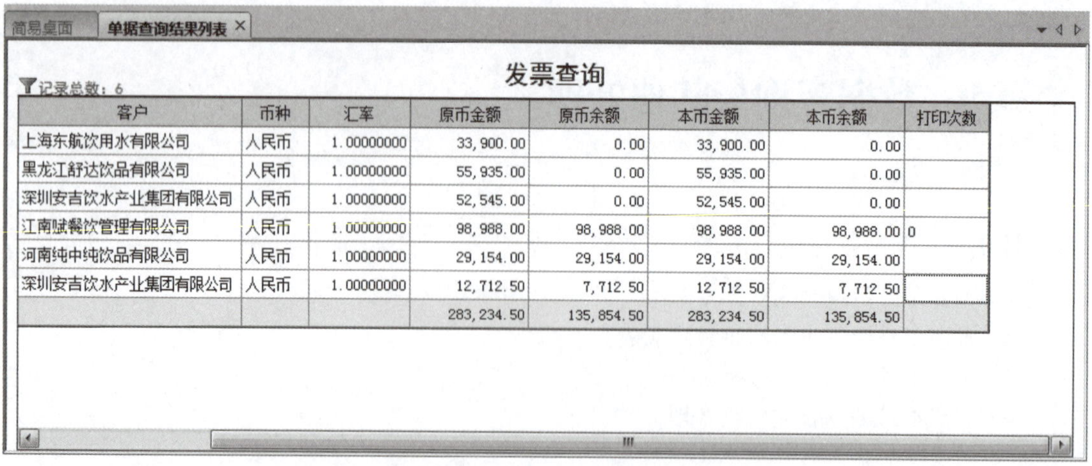

图 5-65　发票查询

2. 账表管理

查询应收账款
科目余额表

（1）以会计"105 林彬"的身份，于 2022 年 1 月 31 日登录企业应用平台。

（2）在应收款管理系统中，执行"账表管理"→"科目账查询"→"科目余额表"命令，打开"客户往来科目余额表"对话框，在查询条件的"科目"栏选择"1122 应收账款"，单击"确定"按钮，打开"单位往来科目余额表"窗口，如图 5-66 所示。

图 5-66　查询科目余额表

欠款分析

（3）在应收款管理系统中，执行"账表管理"→"统计分析"→"欠款分析"命令，打开"欠款分析"对话框，单击"确定"按钮，打开"欠款分析"窗口，如图 5-67 所示。

图 5-67 查询欠款分析

3. 取消操作

（1）以会计"105 林彬"的身份，于 2022 年 1 月 31 日登录企业应用平台。

（2）在应收款管理系统中，执行"单据查询"→"凭证查询"命令，在"凭证查询条件"对话框单击"确定"，打开"凭证查询"窗口，选择如图 5-68 所示凭证，单击工具栏"删除"按钮，系统提示"确定要删除此凭证吗"，单击"是"，该记账凭证从应收款管理系统中删除。

取消预收冲应收

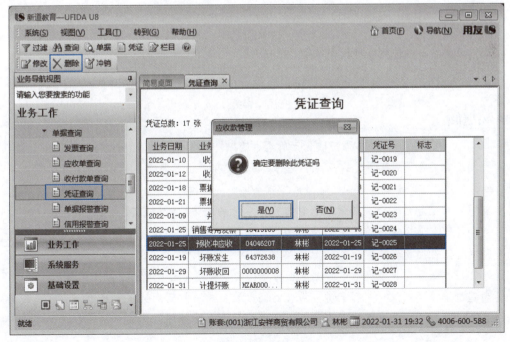

图 5-68 删除凭证

（3）在应收款管理系统中，执行"其他处理"→"取消操作"命令，在"取消操作条件"对话框"操作类型"下拉框中选择"预收冲应收"，单击"确定"按钮。

（4）在"取消操作"窗口，选择预收冲应收记录，单击工具栏"确认"按钮，完成本次取消操作，如图5-69所示。

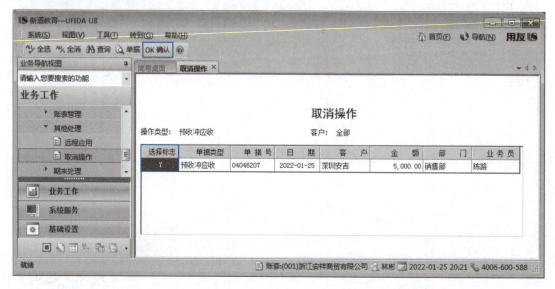

图 5-69 取消"预收冲应收"

特别提醒

◆ 如果某操作类型已经制单，在取消操作之前，应先在"单据查询"→"凭证查询"处将该凭证删除，再进行取消操作。

（5）将本月所有生成的凭证进行审核记账。

📖 拓展阅读

加强应收资产管理，有效防范损失风险

企业没有资金是无法运转的，而应收账款一般又在企业资金中占有不小的比例，因此应收账款的催收是非常重要的。然而，催款成了资金回笼的瓶颈。

应收账款发生后，企业应采取各种措施，尽量争取按期收回账款，否则会因拖欠时间过长而发生坏账，使企业遭受损失。这些措施包括对应收账款回收情况的监督，对坏账事先计提和制定适当的收账政策等。

（1）应收账款回收情况的监督。企业的应收账款时间有长有短，有的尚未超过信用期限，有的则超过了信用期限。一般来讲，拖欠时间越长，款项收回的可能性越小，形成坏账的可能性越大。对此，企业应实施严密的监督，随时掌握回收情况，实施对应收账款回收情况的监督。

（2）收账政策的制定。企业对不同过期账款的收款方式，包括准备为此付出的代价，就是它的收账政策。例如，对过期较短的客户，不予过多地打扰，以免将来失去这一客户；对过期稍长的客户，可以措辞委婉地写信催款；对过期较长的客户，可频繁地写信催款并电话催询；对过期很长的客户，可在催款时措辞严厉，必要时提请有关部门仲裁或提请诉讼，等等。

（3）减少交易环节，缩短销售与收款存在的时间差。对于很多传统企业来说，采用的通常是经销商代销的模式，销售产品和收回销售款项的时间不是同一个时间点，此期间存在的时间差就会形成应收账款。这样的方式还会导致利润空间被大大压缩，与客户沟通得到反馈的时间过长、不够及时等。

一般说来，收款的花费越大，收账措施越有力，可收回的账款就越多，坏账损失就越少。因此制定应收账款管理规范，要在收账费用和所减少的坏账损失之间做出权衡。制定有效、得当的收账政策很大程度上依靠有关人员的经验；从财务管理的角度讲，也有一些量化的方法可予参照，根据应收账款总成本最小化的道理，可以通过各收账方案成本的大小进行比较来加以选择。

◆ 启示

通过学习，学生应充分认识到作为企业财务人员一定要重视应收账款的管理，重视客户的信用调查，财务部门要对应收账款管理形成监督和约束机制，随时监控客户的经营状况，一旦危险信号出现，就要果断采取应急措施，防止呆账、死账产生。

1+X 证书职业技能等级标准

项　目	任　务	证书（等级）	工 作 领 域	工 作 任 务	职业技能要求
项目五 应收款 管理	任务一 系统初始化	业财一体信息化应用（初级）	2. 业财一体信息化平台期初数据录入	2.1 财务期初数据录入	2.1.4 能依据整理完毕的应收款期初余额表，在信息化平台上准确地录入应收账款、预收账款、应收票据等期初金额及明细信息
				2.3 业财期初数据核对	2.3.1 能在信息化平台上熟练核对应收、收款期初余额与总账对应的科目余额，并能修正错误以确保账账相符和账实相符
	任务二 日常单据处理	业财一体信息化应用（初级）	3. 业财一体信息化平台典型业务处理	3.2 典型销售与应收业务处理	3.2.4 能在信息化平台销售管理模块中，熟练、准确地完成销售发票的填制
					3.2.5 能依据企业销售业务流程，在信息化平台上熟练、准确地查找销售发票并完成审核，生成应收类凭证
					3.2.6 能根据《企业会计准则》，依据销售部门需求，在信息化平台应收款管理模块中熟练、准确地填制收款单，并能进行正确核销，生成收款类凭证

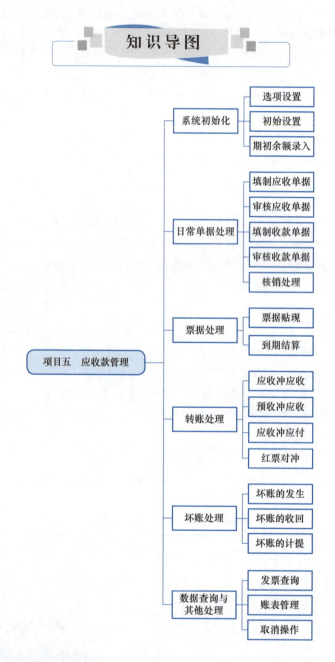

项目实训　应收款管理

▶ 实训资料

1. 系统初始化

（1）选项设置。

"常规"选项卡：设置"坏账处理方式"为"应收余额百分比法"，勾选"自动计算现金折扣"；其他选项保持系统默认。

"凭证"选项卡：设置"受控科目制单方式"为"明细到单据"，"销售科目依据"为"按存货分类",勾选"方向相反的分录合并";其他选项保持系统默认。

(2)科目设置,见表 5-8。

表 5-8 科目设置

科目类别	设置方式
基本科目设置	应收科目(本币):1122 应收账款
	预收科目(本币):2203 预收账款
	代垫费用科目:1001 库存现金
	现金折扣科目:6603 财务费用
	税金科目:22210105 销项税额
	银行承兑科目:112101 应收票据——银行承兑汇票
	商业承兑科目:112102 应收票据——商业承兑汇票
结算方式科目设置	结算方式为现金:1001 库存现金
	结算方式为现金支票:100201 工行存款
	结算方式为转账支票:100201 工行存款
	结算方式为银行承兑汇票:100201 工行存款
	结算方式为商业承兑汇票:100201 工行存款
	结算方式为汇兑:100201 工行存款
	结算方式为委托收款:100201 工行存款
	结算方式为电汇:100201 工行存款

(3)坏账设置,见表 5-9。

表 5-9 坏账设置

控制参数	参数设置
提取比例	0.5%
坏账准备期初余额	1 175.85
坏账准备科目	1231(坏账准备)
对方科目	6702(信用减值损失)

(4)账龄区间与逾期账龄区间设置,见表 5-10。

表 5-10 账龄区间与逾期账龄区间设置

账龄区间			逾期账龄区间		
序号	起止天数	总天数	序号	起止天数	总天数
01	0~30	30	01	1~30	30
02	31~60	60	02	31~60	60
03	61~90	90	03	61~90	90
04	91~120	120	04	91~120	120
05	121 以上		05	121 以上	

(5)报警级别设置,见表 5-11。

表 5-11 报警级别设置

级别名称	A	B	C	D	E	F
总比率(客户欠款余额占其信用额度的比例)	10%	20%	30%	40%	50%	
起止比率	0~10%	10%~20%	20%~30%	30%~40%	40%~50%	50%以上

(6) 期初余额录入,期初数据见表 5-12 和表 5-13。

表 5-12 销售专用发票期初余额明细

日 期	单据名称	方 向	发 票 号	开票单位	存货名称	数量（双）	单价（元/双）（不含税）	价税合计（元）	税 率
2022-3-19	销售专用发票	正	35692848	华日商贸	百丽男鞋	200	900	203 400	13%
2022-3-24	销售专用发票	正	53248792	宏达商贸	金羊女鞋	50	500	28 250	13%

表 5-13 其他应收单期初余额明细

日 期	部 门	客 户	科 目	金额（元）	摘 要
2022-3-19	销售部	华日商贸	应收账款	2 300	代垫运费
2022-3-24	销售部	宏达商贸	应收账款	1 220	代垫运费

2. 日常业务处理

（1）2022 年 4 月 6 日，向济南银座商贸有限公司销售百丽女鞋 50 双，不含税单价为 650 元/双，销售百丽男鞋 50 双，不含税单价为 960 元/双，开出增值税专用发票，发票号 44481328，货款未收。销售合同中约定现金折扣条件为 2/10，1/20，N/30。

（2）2022 年 4 月 9 日，向济南华日商贸有限公司销售金羊女鞋 400 双，不含税单价为 380 元/双，销售金羊男鞋 400 双，不含税单价为 420 元/双，销售百丽女鞋 300 双，不含税单价为 650 元/双，销售百丽男鞋 120 双，不含税单价为 960 元/双，开出增值税专用发票，发票号 83448207。销售当天以电汇方式收到部分货款计 100 000 元整，电汇凭证号 62191165，剩余款项将在买方收货后 10 日内付清。

（3）2022 年 4 月 11 日，预收山东宏达商贸有限公司货款 10 000 元，电汇方式结算，票号 34873921。

（4）2022 年 4 月 16 日，向聊城金鼎百货有限公司销售金猴女单鞋 200 双，单价 400 元/双，销售金猴男鞋 200 双，不含税单价为 500 元/双，开出增值税专用发票，发票号 78517513，并以现金代垫运费 1 000 元，货款未收。

（5）2022 年 4 月 18 日，收到济南华日商贸有限公司签发并承兑的银行承兑汇票一张（票号 95743434），面值 612 126 元，票据到期日为 2022 年 7 月 18 日。

（6）2022 年 4 月 20 日，将预收山东宏达商贸有限公司货款 10 000 元冲抵其部分货款。

（7）2022 年 4 月 21 日，收到济南银座商贸有限公司的电汇款 90 160 元（电汇票号 23544578），用以支付本月 6 日购买百丽鞋的货款。

（8）2022 年 4 月 25 日，收到转账支票一张，将票号为 95743434 的银行承兑汇票进行结算，转账支票号 10203720。

（9）2022 年 4 月 30 日，计提本月坏账准备。

↙ 实训任务

（1）进行应收款管理系统的初始设置。
（2）根据实训资料进行应收款管理系统的日常业务处理。

项目五技能测试

项目六

应付款管理

知识目标
- 了解应付款管理系统实施流程。
- 理解应付款管理系统初始设置在整个系统中的作用以及对后续操作的影响。
- 掌握应付款管理系统的日常业务处理。

技能目标
- 能正确合理地设置应付款管理系统的参数和各项初始内容。
- 能熟练填写应付款管理系统的各类单据并审核、制单。
- 能进行应付款管理系统的逆向操作和单据查询。

素质目标
- 培养学生热爱会计工作,诚实守信、尽职尽责的敬业精神。
- 培养学生严肃认真、严谨细致的工作作风。
- 培养学生全面熟悉采购活动的业务流程,与其他部门协作分工的团队合作精神。

任务一 系统初始化

工作任务

1. 应付款管理选项设置

"常规"选项卡:设置"单据审核日期依据"为"单据日期",勾选"自动计算现金折扣",其他选项保持系统默认。

"凭证"选项卡:设置"受控科目制单方式"为"明细到单据",勾选"方向相反的分录合并",其他选项保持系统默认。

2. 应付款管理系统科目设置

应付款管理系统科目设置见表6-1。

表 6-1　应付款管理系统科目设置

科目类别	设置方式
基本科目设置	应付科目（本币）：220202 应付账款——一般应付账款
	预付科目（本币）：1123 预付账款
	现金折扣科目：6603 财务费用
	税金科目：22210101 进项税额
	银行承兑科目：220101 应付票据——银行承兑汇票
	商业承兑科目：220102 应付票据——商业承兑汇票
结算方式科目设置	结算方式为现金：1001 库存现金
	结算方式为现金支票：100201 工行存款
	结算方式为转账支票：100201 工行存款
	结算方式为银行承兑汇票：100201 工行存款
	结算方式为商业承兑汇票：100201 工行存款
	结算方式为电汇：100201 工行存款
	结算方式为同城特约委托收款：100201 工行存款
	结算方式为委托收款：100201 工行存款
	结算方式为托收承付：100201 工行存款

3. 账龄区间与逾期账龄区间设置

账龄区间与逾期账龄区间设置见表 6-2。

表 6-2　账龄区间与逾期账龄区间设置

账龄区间			逾期账龄区间		
序号	起止天数	总天数	序号	起止天数	总天数
01	0～30	30	01	1～30	30
02	31～60	60	02	31～60	60
03	61～90	90	03	61～90	90
04	91～120	120	04	91～120	120
05	121 以上		05	121 以上	

4. 报警级别设置

报警级别设置见表 6-3。

表 6-3　报警级别设置

级别名称	A	B	C	D	E	F
总比率(供应商欠款余额占其信用额度的比例)	10%	20%	30%	40%	50%	
起止比率	0～10%	10%～20%	20%～30%	30%～40%	40%～50%	50%以上

5. 期初数据录入

期初数据见表 6-4 和表 6-5。

表 6-4　预付款期初余额明细

日期	供应商	结算方式	金额（元）	票据号	业务员	摘要
2021-12-15	永泉食品	转账支票	10 620.00	01352478		预付采购款

表 6-5　应付票据期初余额明细

日期	票据类型	票据号	开票单位	金额（元）	票据到期日
2021-12-2	商业承兑汇票	66214527	德杨食品	3 000	2022-3-2

知识储备

1. 系统选项

系统选项是指用户在运行应付款管理系统之前所设置的账套参数,以便系统根据企业所设定的选项进行相应的处理。系统选项主要包括常规选项定义、凭证选项定义、权限与预警和核销设置等。

2. 初始设置

初始设置是指用户在应用应付款管理系统之前进行的设置,其作用是建立应付款管理的基础数据,确定使用哪些单据处理应付业务,确定需要进行账龄管理的账龄区间。有了这些功能,用户可以选择使用自己定义的单据类型,使应付业务管理更符合用户的需要。主要功能有:科目设置、单据类型设置、账期内账龄区间设置、逾期账龄区间设置和报警级别设置。

3. 期初余额

通过期初余额功能,用户可将正式启用账套前的所有应付业务数据录入到系统中,作为期初建账的数据,系统即可对其进行管理,这样既保证了数据的连续性,又保证了数据的完整性。期初数据包括期初发票、期初应付单、期初预付单和期初票据。期初余额录完应与总账系统进行对账。

岗位说明

以账套主管"101 张伟"的身份进行应付款管理系统的初始设置。

任务实施

以账套主管"101 张伟"的身份,于 2022 年 1 月 1 日登录企业应用平台,进行应付款管理系统的初始设置。

1. 选项设置

(1)在"企业应用平台"的"业务工作"页签中,选择"财务会计"→"应付款管理"→"设置"→"选项"命令,打开"账套参数设置"对话框。选择"常规"选项卡,单击"编辑"按钮,根据资料要求完成设置,如图 6-1 所示。

(2)单击"凭证"选项卡,根据资料要求完成设置,如图 6-2 所示。

应付款管理系统选项设置

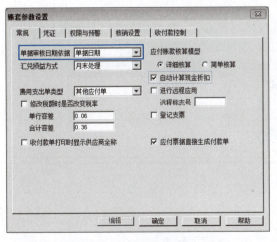

图 6-1 "常规"参数设置

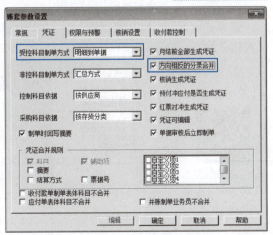

图 6-2 "凭证"参数设置

2. 科目设置

（1）选择"设置"→"初始设置"→"设置科目"→"基本科目设置"，单击工具栏中的"增加"按钮，录入或选择应付科目"220202"及其他的基本科目，如图6-3所示。

应付款管理系统科目设置

图6-3 基本科目设置

（2）选择"设置"→"初始设置"→"设置科目"→"结算方式科目设置"，进入"结算方式科目设置"窗口。单击"结算方式"栏的下拉菜单，选择"现金"，单击"币种"栏，选择"人民币"，在"科目"栏录入或选择"1001"，回车。按同样方法录入其他结算方式信息，如图6-4所示。

图6-4 结算方式科目设置

3. 账龄区间与逾期账龄区间设置

选择"设置"→"初始设置"→"账期内账龄区间设置"，依据资料在"总天数"栏依次录入相应天数，如图6-5所示。按照同样的方法进行逾期账龄区间的设置。

应付款管理系统账龄区间与逾期账龄区间设置

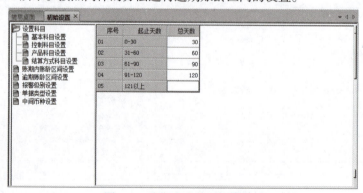

图6-5 账期内账龄区间设置

项目六 应付款管理

4. 报警级别设置

选择"设置"→"初始设置"→"报警级别设置",依据资料在右窗格第1行的"总比率"栏录入"10",在"级别名称"栏录入"A",按此方法继续录入相应级别,如图6-6所示。

应付款管理系统
报警级别设置

图6-6 报警级别设置

5. 期初余额录入

选择"设置"→"期初余额",在"期初余额—查询"窗口,直接单击"确定"按钮,进入"期初余额明细表"界面。

(1)工具栏单击"增加",在弹出的"单据类别"窗口,选择单据名称为"预付款",单据类型为"付款单",然后单击确定。在付款单界面左上工具栏单击"增加"按钮,输入预付款期初余额信息,如图6-7所示。

应付款管理系统
期初余额录入

图6-7 预付款期初余额录入

(2)在"期初余额明细表"界面的工具栏单击"增加",在弹出的"单据类别"窗口,选择单据名称为"应付票据",单据类型为"商业承兑汇票",然后单击确定。在期初票据界面左上工具栏单击"增加"按钮,输入应付票据期初余额信息,如图6-8所示。

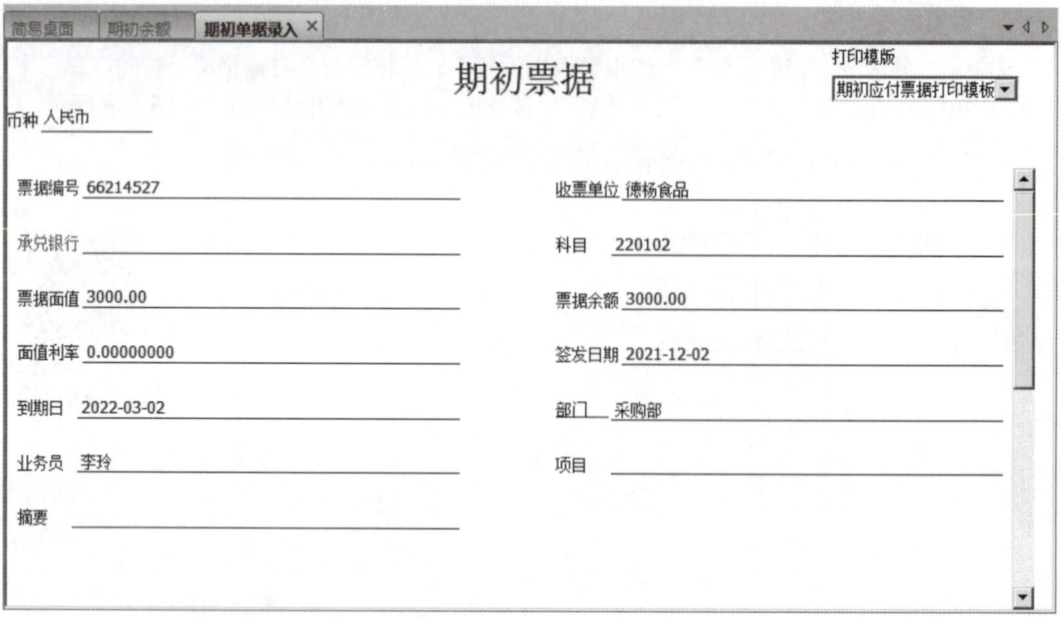

图 6-8　应付票据期初余额录入

在“期初余额明细表”界面单击工具栏中的“对账”按钮，应付款管理系统与总账系统将进行对账，其结果如图 6-9 所示。

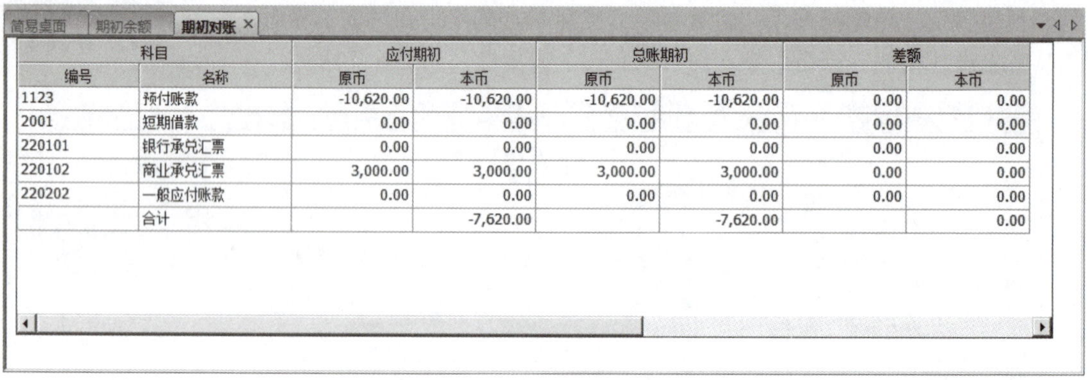

科目		应付期初		总账期初		差额	
编号	名称	原币	本币	原币	本币	原币	本币
1123	预付账款	-10,620.00	-10,620.00	-10,620.00	-10,620.00	0.00	0.00
2001	短期借款	0.00	0.00	0.00	0.00	0.00	0.00
220101	银行承兑汇票	0.00	0.00	0.00	0.00	0.00	0.00
220102	商业承兑汇票	3,000.00	3,000.00	3,000.00	3,000.00	0.00	0.00
220202	一般应付账款	0.00	0.00	0.00	0.00	0.00	0.00
	合计		-7,620.00		-7,620.00		0.00

图 6-9　应付款管理系统与总账系统期初对账

任务二　日常单据处理

工作任务

（1）2022 年 1 月 3 日，向北京东阳泰达商贸有限公司采购饮用水一批，相关原始单据如

图 6-10 所示（合同略）。

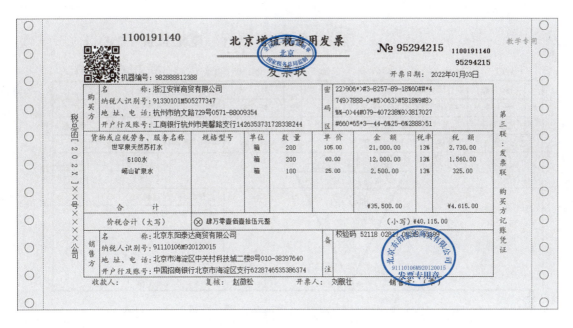

图 6-10　采购专用发票——东阳泰达

（2）2022 年 1 月 5 日，收到上月已入库商品的增值税专用发票，当即电汇支付全部价税款，相关原始单据如图 6-11 和图 6-12 所示。

图 6-11　采购专用发票——大爽食品

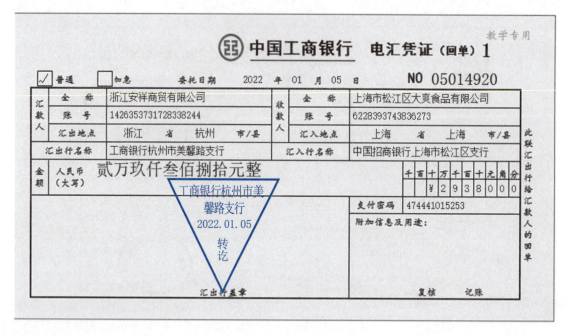

图 6-12　电汇凭证

（3）2022 年 1 月 6 日，向永泉食品商行采购饮用水一批，货款未付，运费按照存货数量进行分摊，相关原始单据如图 6-13～图 6-15 所示（合同略）。

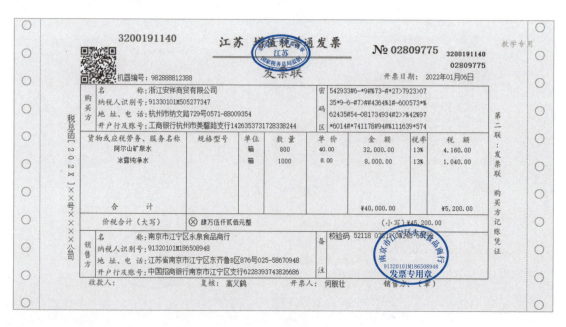

图 6-13　采购普通发票

项目六 应付款管理 155

图 6-14 运费专用发票

商品入库单

教学专用

供应单位：南京市江宁区永泉食品商行　　　　　　　　　　　发票号码：02809775
收发类别：　　　　　　　　　　　　　　　　　　　　　　　　收料单编号：
地　　址：　　　　　　　2022 年 01 月 06 日　　　　　　　收料仓库：

编号	名称	规格	单位	数量		实际成本				
				应收	实收	买价		运杂费	其他	合计
						单价	金额			
	阿尔山矿泉水		箱	800	800	45.20	36,160.00	407.75		36,567.75
	冰露纯净水		箱	1000	1000	9.04	9,040.00	509.68		9,549.68
	合　计						¥45,200.00	¥917.43		¥46,117.43
	备　注									

采购员：李玲　　　　　检验员：　　　　　　记账员：林彬　　　　　保管员：

图 6-15 入库单——永泉食品

（4）2022 年 1 月 10 日，向上海德杨食品有限公司购买饮用水一批，相关原始单据如图 6-16 和图 6-17 所示（合同略）。

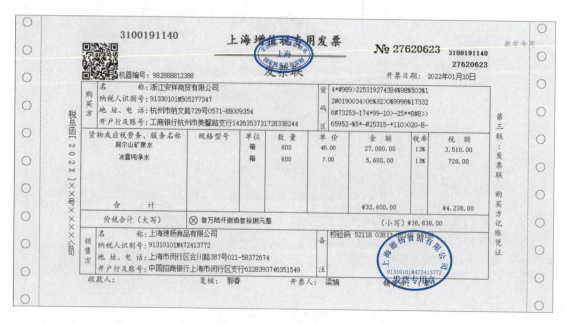

图 6-16　采购专用发票——上海德杨

图 6-17　入库单——上海德杨

（5）2022年1月16日，发现向大爽公司购买的奥利奥夹心饼干部分为过期产品，经与对方协商退货300袋，相关原始单据如图6-18～图6-20所示。

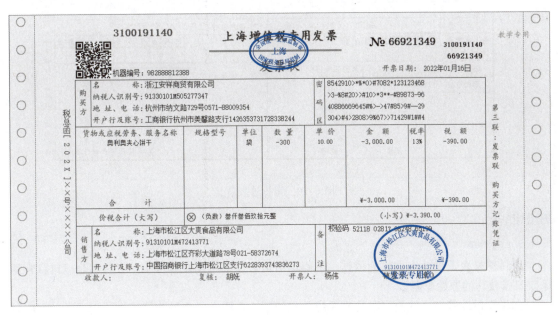

图6-18 采购红字专用发票

图6-19 红字入库单

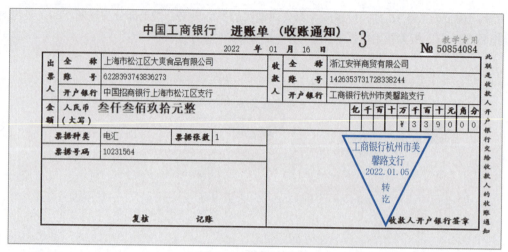

图 6-20 银行进账单

知识储备

1. 应付单

应付单是企业确认应付款的依据，主要包括销售发票与其他应付单。应付单是应付款管理系统日常核算的原始单据。

如果应付款管理系统与采购管理系统集成使用，采购发票在采购管理系统中录入，在应付款管理系统中可对这些单据进行查询、核销和制单等操作。此时应付款管理系统需要录入的只限于应付单。如果没有使用采购管理系统，则所有发票和应付单均需在应付款管理系统中录入。

2. 付款单

付款单是将已付款项作为付款单录入到应付款管理系统，由应付款管理系统对采购发票或应付单进行核销，或将付款金额形成预付款。

3. 核销

核销是指日常进行的核销应付款的工作，表示供应商往来款项已经结清。单据核销的作用是建立付款与应付款的核销记录，监督应付款及时核销，加强往来款项的管理。明确核销关系后，可以进行精准的账龄分析，更好地管理应付款。

岗位说明

以会计"105 林彬"的身份填制和审核应付单。
以出纳"106 钟灵"的身份填制和审核付款单。
以会计"105 林彬"的身份进行核销和制单。

任务实施

普通采购业务——东阳泰达

业务1 普通采购业务——东阳泰达

1. 填制采购专用发票

（1）以会计"105 林彬"的身份，于 2022 年 1 月 3 日登录企业应用平台。

（2）在应付款管理系统中，执行"应付单据处理"→"应付单据录入"命令，在弹出的"单据类别"窗口，选择单据名称为"采购发票"，单据类型为"采购专用发票"，然后单击确定。在采购发票界面左上工具栏单击"增加"按钮，输入所有的采购信息，单击"保存"，保存已经填制好的专用发票，如图6-21所示。

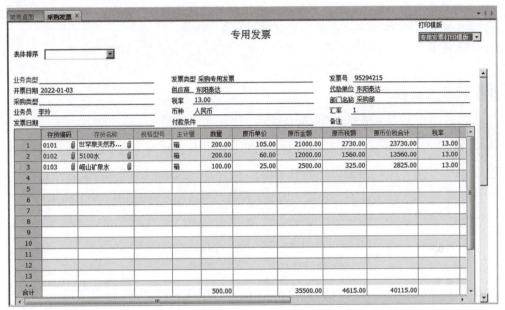

图6-21 填制采购专用发票——东阳泰达

2. 审核采购专用发票并制单

（1）单击工具栏中"审核"按钮，系统打开"是否立即制单"窗口。

（2）单击"是"，系统打开"填制凭证"窗口，将凭证信息补充填写完整，单击"保存"，如图6-22所示。

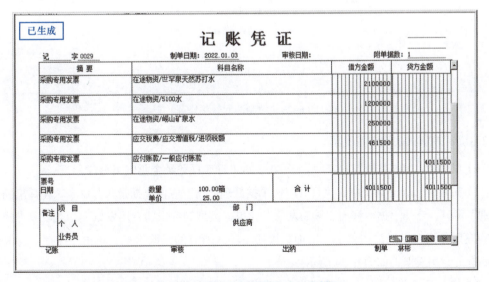

图6-22 采购专用发票生成记账凭证

> **特别提醒**
>
> ◇ 若启用了采购管理系统，则采购发票不在应付款管理系统录入，而在采购管理系统录入，并传递给应付款管理系统，在应付款管理系统审核。
> ◇ 本账套未启用采购管理系统，所以各类采购发票均在应付款管理系统录入。

业务2 冲回暂估业务

冲回暂估业务

1. 填制冲回暂估凭证

（1）以会计"105 林彬"的身份，于2022年1月5日登录企业应用平台。

（2）在总账系统中，执行"凭证"→"填制凭证"命令，打开"凭证填制"窗口，在工具栏单击"增加"按钮，填制冲回暂估凭证，如图6-23所示。

图6-23 填制冲回暂估凭证

2. 填制并审核采购专用发票

（1）以会计"105 林彬"的身份，于2022年1月5日登录企业应用平台。

（2）在应付款管理系统中，执行"应付单据处理"→"应付单据录入"命令，在弹出的"单据类别"窗口，选择单据名称为"采购发票"，单据类型为"采购专用发票"，然后单击确定。在采购发票界面左上工具栏单击"增加"按钮，输入所有的采购信息，单击"保存"，保存已经填制好的专用发票，如图6-24所示。

（3）单击工具栏中"审核"按钮，系统打开"是否立即制单"窗口，单击"否"。

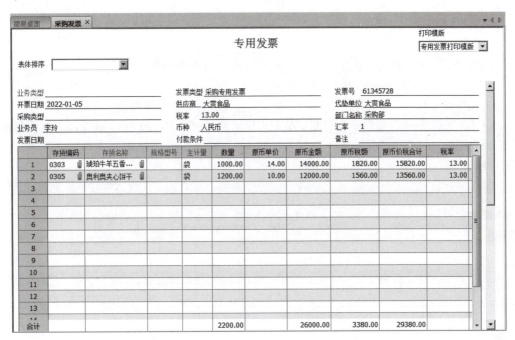

图 6-24 填制采购专用发票——大爽食品

3. 填制并审核付款单

（1）以出纳"106 钟灵"的身份，于 2022 年 1 月 5 日登录企业应用平台。

（2）在应付款管理系统中，执行"付款单据处理"→"付款单据录入"命令，在付款单界面左上工具栏单击"增加"按钮，输入相关信息，单击"保存"，如图 6-25 所示。

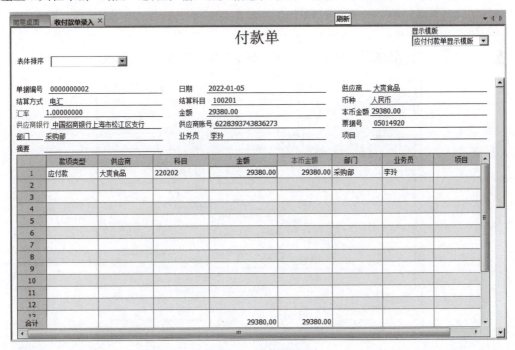

图 6-25 填制付款单

（3）单击工具栏中"审核"按钮，系统打开"是否立即制单"窗口，单击"否"。

4. 核销

（1）以会计"105 林彬"的身份，于 2022 年 1 月 5 日登录企业应用平台。

（2）在应付款管理系统中，执行"核销处理"→"手工核销"命令，打开"核销条件"对话框，在"供应商"栏选择"大爽食品"，单击"确定"按钮，打开"单据核销"窗口。

（3）在"单据核销"窗口上方付款单的"本次结算"栏输入：29 380，在窗口下方找到本月 5 日采购专用发票，在"本次结算"栏输入：29 380，结果如图 6-26 所示，单击"保存"并关闭退出该窗口。

图 6-26 手工核销

5. 制单

（1）以会计"105 林彬"的身份，于 2022 年 1 月 5 日登录企业应用平台。

（2）在应付款管理系统中，执行"制单处理"命令。在"制单查询"窗口，同时勾选"发票制单""收付款单制单"和"核销制单"，如图 6-27 所示，单击"确定"按钮，进入"制单"窗口。

图 6-27 制单查询窗口

（3）单击工具栏中的"合并"，再单击"制单"按钮，生成记账凭证如图6-28所示，单击"保存"退出。

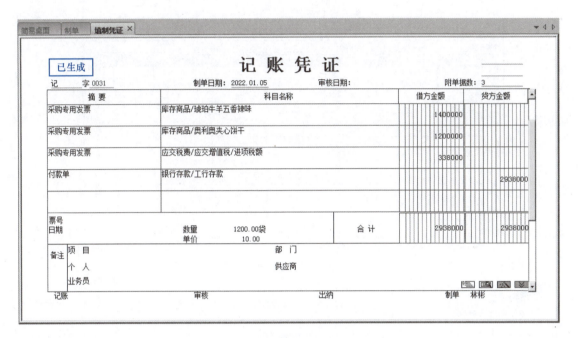

图6-28 生成记账凭证——大爽食品

特别提醒

◇ 冲回暂估业务应在总账系统单独填制一张凭证。若同时启用存货核算系统，该凭证可直接在存货核算系统生成。

业务3 含运费的采购业务

1. 填制采购普通发票

（1）以会计"105 林彬"的身份，于2022年1月6日登录企业应用平台。

（2）在应付款管理系统中，执行"应付单据处理"→"应付单据录入"命令，在弹出的"单据类别"窗口，选择单据名称为"采购发票"，单据类型为"采购普通发票"，然后单击确定。在采购发票界面左上工具栏单击"增加"按钮，输入所有的采购信息，单击"保存"，保存已经填制好的普通发票，如图6-29所示。

含运费的采购业务

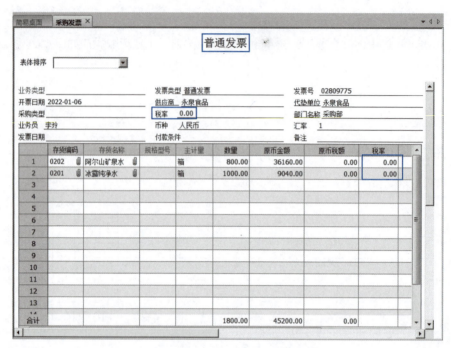

图 6-29 填制采购普通发票

◆ 购货取得增值税普通发票，其进项税额不得抵扣，所以采购普通发票上的税率为 0。

2. 审核采购普通发票并制单

（1）单击工具栏中"审核"按钮，系统打开"是否立即制单"窗口。

（2）单击"是"，系统打开"填制凭证"窗口，补充填写凭证信息，如图 6-30 所示，单击"保存"退出。

图 6-30 采购普通发票生成记账凭证

3. 填制运费专用发票

（1）以会计"105 林彬"的身份，于 2022 年 1 月 6 日登录企业应用平台。

（2）在应付款管理系统中，执行"应付单据处理"→"应付单据录入"命令，在弹出的"单据类别"窗口，选择单据名称为"采购发票"，单据类型为"采购专用发票"，然后单击确定。在应付单界面左上工具栏单击"增加"按钮，填写支付运费信息，单击"保存"，保存已经填制好的专用发票，如图 6-31 所示。

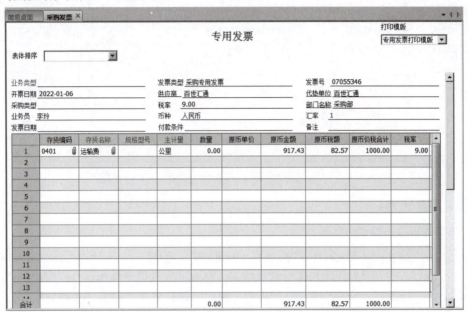

图 6-31 填制运费专用发票

4. 审核运费专用发票并制单

（1）单击工具栏中"审核"按钮，系统打开"是否立即制单"窗口。

（2）单击"是"，系统打开"填制凭证"窗口，单击保存，如图 6-32 所示。

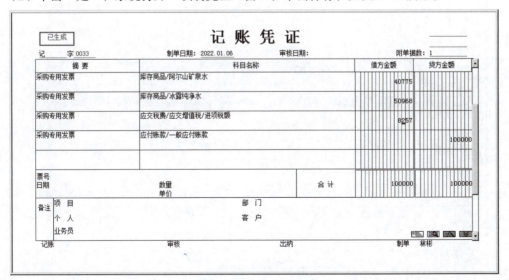

图 6-32 采购运费发票生成记账凭证

业务 4 普通采购业务——德杨食品

操作步骤同业务 1，生成记账凭证如图 6-33 所示。

普通采购业务——德杨食品

图 6-33 生成记账凭证——德杨食品

业务 5 采购退货业务

1. 填制并审核采购专用发票

采购退货业务

（1）以会计"105 林彬"的身份，于 2022 年 1 月 16 日登录企业应用平台。

（2）在应付款管理系统中，执行"应付单据处理"→"应付单据录入"命令，在弹出的"单据类别"窗口，选择单据名称为"采购发票"，单据类型为"采购专用发票"，方向为"负向"，然后单击"确定"。在红字采购发票界面左上工具栏单击"增加"按钮，输入退货信息，其中退货数量输入：-300，单击"保存"，保存已经填制好的专用发票，如图 6-34 所示。

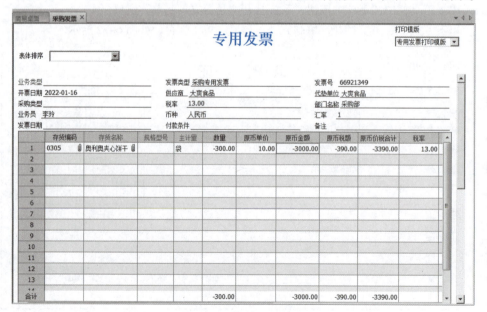

图 6-34 填制红字发票

特别提醒

◆ 采购退货的业务，需填制负向的采购发票，数量以负数填写。

（3）单击工具栏中"审核"按钮，系统打开"是否立即制单"窗口，单击"否"。

2. 填制并审核付款单

（1）以出纳"106 钟灵"的身份，于 2022 年 1 月 16 日登录企业应用平台。

（2）在应付款管理系统中，执行"付款单据处理"→"付款单据录入"命令，在付款单界面工具栏单击"切换"按钮，将蓝字付款单切换为红字收款单，单击"增加"按钮，输入相关信息，单击"保存"，如图 6-35 所示。

图 6-35　填制红字收款单

（3）单击工具栏中"审核"按钮，系统打开"是否立即制单"窗口，单击"否"。

3. 核销

（1）以会计"105 林彬"的身份，于 2022 年 1 月 16 日登录企业应用平台。

（2）在应付款管理系统中，执行"核销处理"→"手工核销"命令，打开"核销条件"对话框，在"供应商"栏选择"大爽食品"，在"收付款单"页签，选择单据类型为"收款单"，单击"确定"按钮，打开"单据核销"窗口。

（3）在"单据核销"窗口上方收款单的"本次结算"栏输入 3 390，在下方采购专用发票的"本次结算"栏输入 3 390，结果如图 6-36 所示，单击"保存"并关闭退出该窗口。

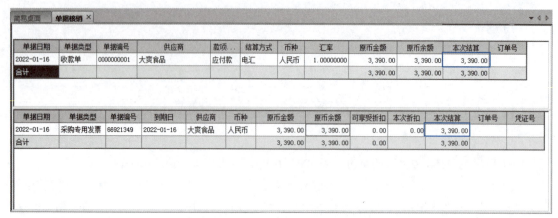

图 6-36 手工核销

4. 制单

（1）以会计"105 林彬"的身份，于 2022 年 1 月 16 日登录企业应用平台。

（2）在应付款管理系统中，执行"制单处理"命令。在"制单查询"窗口，同时勾选"发票制单""收付款单制单"和"核销制单"，如图 6-37 所示，单击"确定"按钮，进入"制单"窗口。

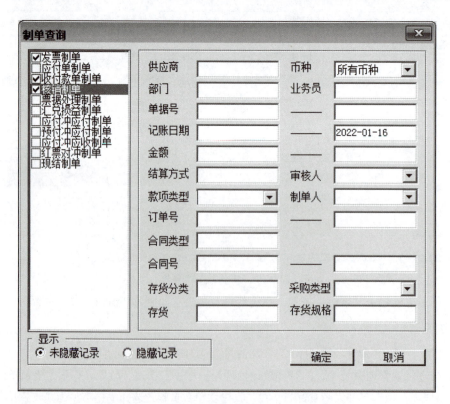

图 6-37 制单查询窗口

（3）单击工具栏中的"合并"，再单击"制单"按钮，生成记账凭证如图 6-38 所示，单击"保存"退出。

图 6-38 采购退货生成记账凭证

任务三　票据处理

工作任务

（1）2022 年 1 月 4 日，对上个月开具给德杨食品的商业承兑汇票进行结算处理，相关原始单据如图 6-39 所示。

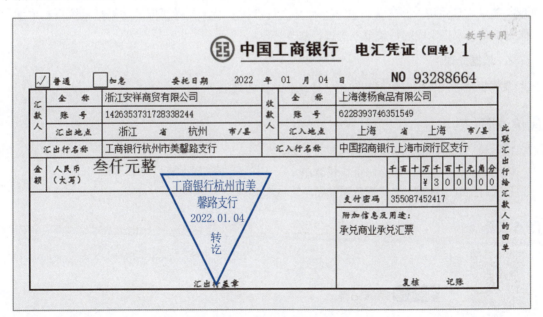

图 6-39 电汇凭证

（2）2022年1月10日，开出商业承兑汇票向北京东阳泰达商贸有限公司支付1月3日购买货物的价税合计款，相关原始单据如图6-40所示。

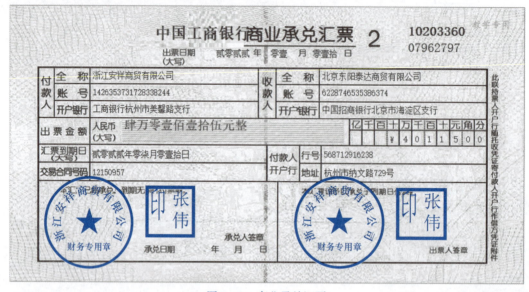

图6-40　商业承兑汇票

知识储备

票据管理主要是对商业承兑汇票和银行承兑汇票进行日常的业务处理，所有涉及票据的付出、结算、贴现、背书、转出和计息等处理都应该在票据管理中进行。

1. 票据录入

票据录入是将企业本期开具的与商业汇票有关的金额、票号、对应供应商等资料通过票据管理功能录入到系统中，作为付款单保存并进行审核。保存一张票据的结果是系统自动增加了一张付款单，票据生成的付款单不能进行修改。

2. 票据处理

票据管理功能提供对票据的转出、计息和结算的处理。

岗位说明

以会计"105 林彬"的身份填制商业汇票。
以出纳"106 钟灵"的身份审核付款单。
以会计"105 林彬"的身份核销和制单。

任务实施

应收款管理系统
票据结算

业务1　票据结算

（1）以会计"105 林彬"的身份，于2022年1月4日登录企业应用平台。

（2）在应付款管理系统中，执行"票据处理"命令，打开"查询条件选择"对话框，单击"确定"按钮，打开"票据管理"窗口。

（3）选中上个月开具的商业承兑汇票，单击工具栏上"结算"按钮，弹出"票据结算"对话框，输入结算信息，如图6-41所示。

图6-41　票据结算

（4）单击"确定"按钮，系统弹出"是否立即制单"信息提示框，单击"是"，生成记账凭证如图6-42所示。

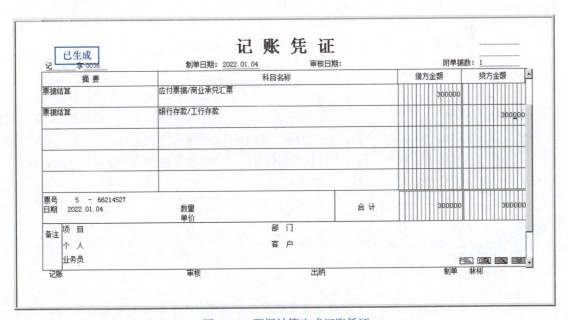

图6-42　票据结算生成记账凭证

业务 2 开出商业承兑汇票

1. 填制商业承兑汇票

开出商业承兑汇票

（1）以会计"105 林彬"的身份，于 2022 年 1 月 10 日登录企业应用平台。

（2）在应付款管理系统中，执行"票据处理"命令，打开"查询条件选择"对话框，单击"确定"按钮，打开"票据管理"窗口。

（3）单击工具栏的"增加"按钮，根据资料填制商业承兑汇票，如图 6-43 所示，填制完毕单击"保存"按钮保存该单据。

图 6-43 填制商业承兑票据

2. 审核付款单

（1）以出纳"106 钟灵"的身份，于 2022 年 1 月 10 日登录企业应用平台。

（2）在应付款管理系统中，执行"付款单据处理"→"付款单据审核"命令，对刚才商业承兑汇票自动生成的付款单进行审核，如图 6-44 所示。

特别提醒

◇ 本账套系统参数选择了"应付票据直接生成付款单"（系统缺省值为勾选此项），则商业汇票保存完毕，系统自动生成一张付款单，在此直接对此付款单进行审核即可。

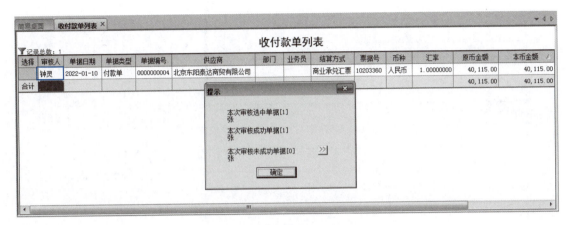

图 6-44 审核付款单

3. 核销

（1）以会计"105 林彬"的身份，于 2022 年 1 月 10 日登录企业应用平台。

（2）在应付款管理系统中，执行"核销处理"→"手工核销"命令，打开"核销条件"对话框，在"供应商"栏选择"东阳泰达"，单击"确定"按钮，打开"单据核销"窗口，对东阳泰达的往来款项进行核销，如图 6-45 所示。

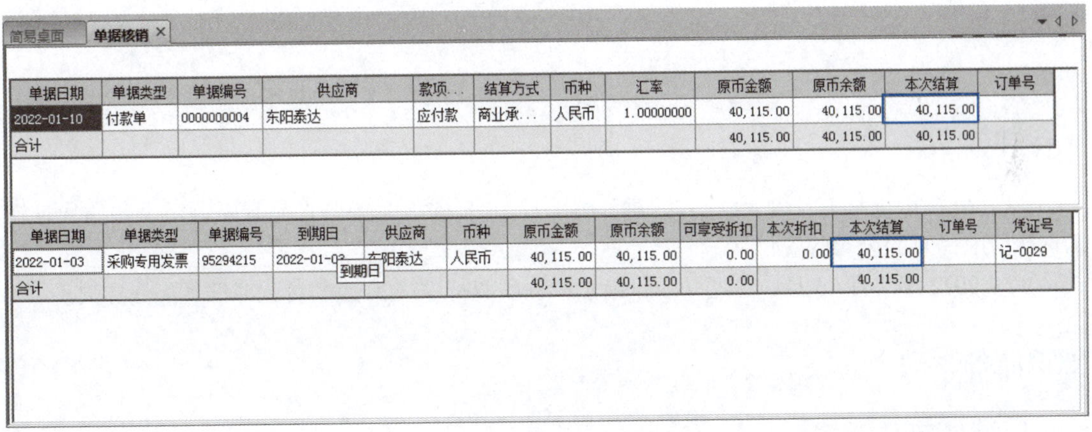

图 6-45 手工核销

4. 制单

（1）以会计"105 林彬"的身份，于 2022 年 1 月 10 日登录企业应用平台。

（2）在应付款管理系统中，执行"制单处理"命令。在"制单查询"窗口，同时勾选"发票制单""收付款单制单"和"核销制单"，单击"确定"按钮，进入"制单"窗口。

（3）单击工具栏中的"合并"，再单击"制单"按钮，生成记账凭证如图 6-46 所示，单击"保存"退出。

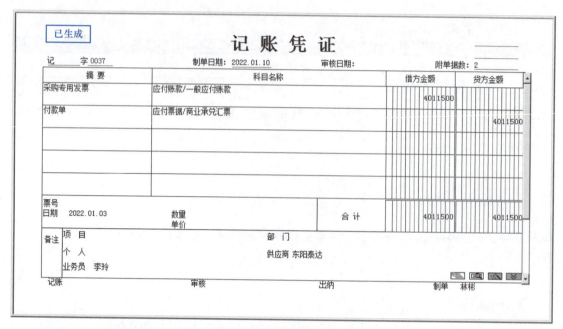

图 6-46　商业承兑汇票生成记账凭证

任务四　转账处理

工作任务

（1）2022 年 1 月 12 日，经三方同意，将 1 月 10 日向上海德杨食品有限公司采购的货款转为向大爽食品有限公司的应付款。

（2）2022 年 1 月 23 日，将期初预付给永泉食品商行 10 620 元的货款冲抵其部分货款。

知识储备

1. 应付冲应付

应付冲应付是指将一家供应商的应付款转到另一家供应商中，通过应付冲应付功能将应付款在供应商之间进行转入、转出，实现应付业务的调整，解决应付款业务在不同供应商之间入错户或合并问题。在应付冲应付中，每一笔应付款的转账金额不能大于其余额，而且每次只能选择一个转入单位。

2. 预付冲应付

通过预付冲应付处理供应商的预付款、红字预付款与该供应商应付欠款和红字应付款之间的转账核销业务。

3. 应付冲应收

用供应商的应付款来冲抵供应商的应收款项。系统通过应付冲应收功能将应付款业务的供应商和客户之间进行转账，实现应付业务的调整，解决应付债务与应收债权的冲抵。

4. 红票对冲

红票对冲是将供应商的红字应付单据与蓝字应付单据、付款单与付款单之间进行冲抵的操作。系统提供了两种处理方式：自动冲销和手工冲销。

岗位说明

以会计“105 林彬”的身份进行转账处理。

任务实施

业务 1 应付冲应付

（1）以会计“105 林彬”的身份，于 2022 年 1 月 12 日登录企业应用平台。

（2）在应付款管理系统中，执行“转账”→“应付冲应付”命令，打开“应付冲应付”窗口。

（3）在转出的“供应商”栏选择“德杨食品”，转入的“供应商”栏选择“大爽食品”，单击工具栏“查询”按钮，在 1 月 10 日采购专用发票的“并账金额”栏输入 36 838，如图 6–47 所示。

应付冲应付

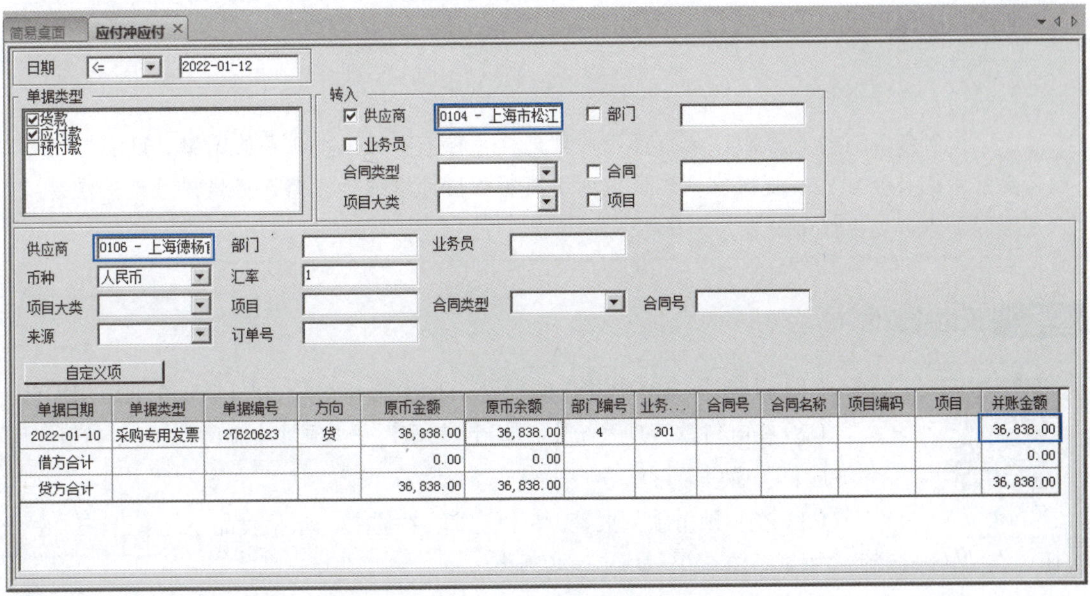

单据日期	单据类型	单据编号	方向	原币金额	原币余额	部门编号	业务...	合同号	合同名称	项目编码	项目	并账金额
2022-01-10	采购专用发票	27620623	贷	36,838.00	36,838.00	4	301					36,838.00
借方合计				0.00	0.00							0.00
贷方合计				36,838.00	36,838.00							36,838.00

图 6–47 应付冲应付

（4）单击“保存”按钮，系统弹出“是否立即制单”信息提示框，单击“是”，生成记账凭证如图 6–48 所示。

图 6-48　应付冲应付生成记账凭证

> **特别提醒**
>
> ◇ 应付冲应付也称并账，是指将应付款进行转移，实现应付业务的调整。以下情况可能需要使用到此功能：一是操作性错误，如所填制的应付单据供应商选择错误且无法修改；二是实际工作需要，如债权债务转移等。

业务 2　预付冲应付

预付冲应付

（1）以会计"105 林彬"的身份，于 2022 年 1 月 20 日登录企业应用平台。

（2）在应付款管理系统中，执行"转账"→"预付冲应付"命令，打开"预付冲应付"窗口。

（3）在"预付款"页签，"供应商"栏选择"永泉食品"，单击"过滤"按钮，在"转账金额"栏输入 10 620，如图 6–49 所示。

（4）在"应付款"页签，单击"过滤"按钮，在"转账金额"栏输入 10 620，如图 6–50 所示。

（5）单击"确定"按钮，系统弹出"是否立即制单"信息提示框，单击"是"，生成记账凭证如图 6–51 所示。

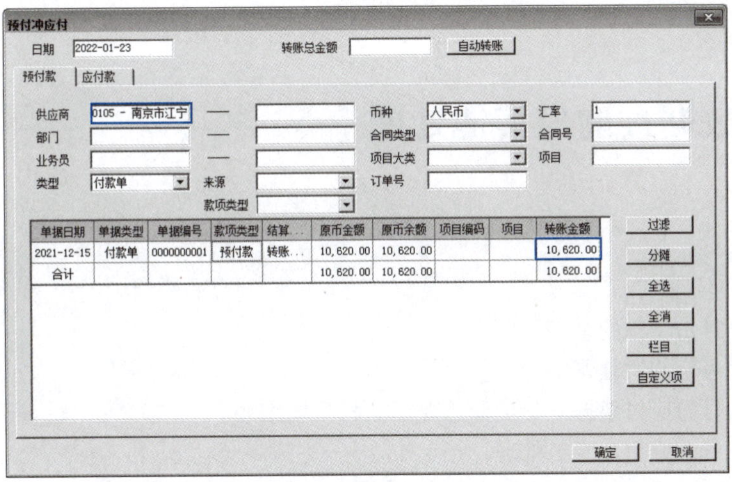

图 6-49 预付冲应付——"预付款"页签

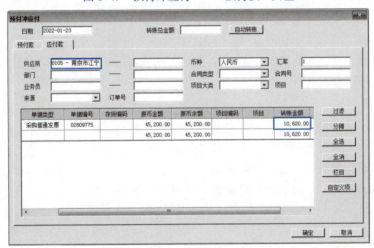

图 6-50 预付冲应付——"应付款"页签

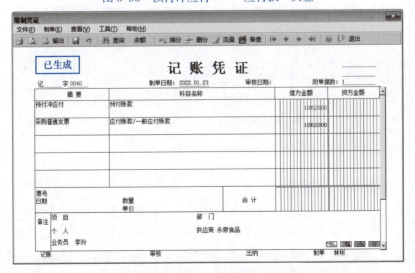

图 6-51 预付冲应付生成记账凭证

任务五　数据查询与其他处理

工作任务

（1）查询1月份填制的全部发票。
（2）进行1月份的付款账龄分析。
（3）查询1月份应付票据——商业承兑汇票科目明细账。
（4）取消本月的应付冲应付处理。

知识储备

1. 单据查询

应付款管理系统提供对应付单、结算单、凭证等的查询，可以进行各类单据、详细核销信息、报警信息、凭证等内容的查询。

2. 账表管理

账表管理分为业务账表查询、统计分析和科目账表查询。其中业务账表查询功能提供业务总账、业务余额表、业务明细账、对账单等的查询；通过统计分析，可以进行一定期间内应付款账龄分析、付款账龄分析、往来账龄分析，了解各个供应商应付款的周转天数、周转率，了解各个账龄区间内应付款、付款及往来情况，及时发现问题，加强对往来款项的动态管理；科目账表查询受控科目为供应商往来的所有科目明细账、科目余额表等。

3. 其他处理

如果对原始单据进行了审核、对付款单进行了核销等操作后，发现操作失误，可将其恢复到操作前的状态，以便修改。如果是已经生成记账凭证的业务，应删除凭证之后再进行取消操作。

岗位说明

以会计"105 林彬"的身份进行单据查询的操作。
以会计"105 林彬"的身份进行账表管理。
以会计"105 林彬"的身份进行其他处理。

任务实施

应付款管理系统
发票查询

1. 发票查询

（1）以会计"105 林彬"的身份，于 2022 年 1 月 31 日登录企业应用平台。
（2）在应付款管理系统中，执行"单据查询"→"发票查询"命令，打开"查询条件选择–发票查询"对话框，"包含余额=0"栏选择"是"，单击"确定"按钮，打开"发票查询"列表，如图 6-52 所示。

图 6-52 发票查询

2. 账表管理

（1）以会计"105 林彬"的身份，于 2022 年 1 月 31 日登录企业应用平台。

（2）在应付款管理系统中，执行"账表管理"→"统计分析"→"付款账龄分析"命令，打开"付款账龄分析"对话框，单击"确定"按钮，打开"付款账龄分析"窗口，如图 6-53 所示。

付款账龄分析

图 6-53 付款账龄分析查询

（3）在应付款管理系统中，执行"账表管理"→"科目账查询"→"科目明细账"命令，打开"供应商往来科目明细账"对话框，在查询条件的"科目"栏选择"220102 商业承兑汇票"，单击"确定"按钮，打开"科目明细账"窗口，如图 6-54 所示。

查询科目明细账

图 6-54　科目明细账查询

3. 取消操作

（1）以会计"105 林彬"的身份，于 2022 年 1 月 31 日登录企业应用平台。

（2）在应付款管理系统中，执行"单据查询"→"凭证查询"命令，在"凭证查询条件"对话框单击"确定"，打开"凭证查询"窗口，选择本月应付冲应付凭证，单击工具栏"删除"按钮，系统提示"确定要删除此凭证吗"，如图 6-55 所示，单击"是"，该记账凭证从应付款管理系统中删除。

取消应付冲应付

图 6-55　删除凭证

（3）在应付款管理系统中，执行"其他处理"→"取消操作"命令，在"取消操作条件"对话框"操作类型"下拉框中选择"应付冲应付"，单击"确定"按钮。

（4）在"取消操作"窗口，选择应付冲应付记录，单击工具栏"确认"按钮，完成本次取消操作，如图 6-56 所示。

项目六 应付款管理 181

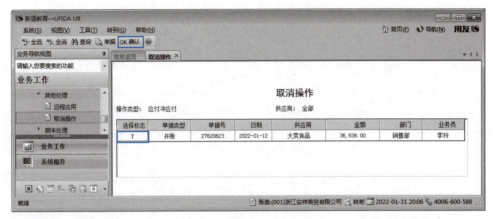

图 6-56 取消"应付冲应付"

◇ 如果某操作类型已经制单,在取消操作之前,应先在"单据查询"→"凭证查询"处将该凭证删除,再进行取消操作。

(5)将本月所有生成的凭证进行审核记账。

📖 拓展阅读

应付账款处理不当,容易引发税务风险

应付账款是指因购买材料、商品和接受劳务等经营活动应付的款项,是在购销活动中买卖双方取得物资与支付货款在时间上的不一致而产生的负债。应付账款属于往来款,若账务处理不当,容易引发税务风险,具体表现为:

1. 购买发票

一些企业实际利润较高,为降低税负,采用购买成本费用发票冲减利润的方式操作,对于非法购买增值税专用发票,或者购买伪造增值税专用发票的行为,企业将面临补税、罚款、滞纳金,甚至是刑事责任等风险。

2. 隐瞒收入

取得收入不开票,账上不作为收入纳税,而是通过应付账款、其他应付款等往来科目核算。一旦被要求确认收入,需要补缴相应的增值税、企业所得税,同时有罚款、滞纳金等损失。

应付账款是企业日常经营活动中需要支付的账款,财务部门要及时处理应付账款,并做好记录工作。主要包括:应付账款必须由应付会计专门负责管理;应付账款的确认和计量必须为真实交易;应付账款必须及时登记到应付账款账簿。同时,还需要对应付账款进行账龄分析。只有这样,我们才能合理规避应付账款处理不当可能引发的税务风险。

⊃ 启示

通过学习,学生应充分认识到财务工作的风险,执业过程中需牢固树立风险意识和诚信意识。警示学生在执业过程中要遵守职业操守和道德,要严格按照会计准则和税法的规定进行账务处理以及申报纳税,高度重视应付账款账龄分析和账务的自查工作,从而避免应付账款账务处理问题引发的延迟或逃税等涉税风险。

1+X 证书职业技能等级标准

项　目	任　务	证书（等级）	工作领域	工作任务	职业技能要求
项目六 应付款管理	任务一 系统初始化	业财一体信息化应用（初级）	2. 业财一体信息化平台期初数据录入	2.1 财务期初数据录入	2.1.4 能依据整理完毕的应付款期初余额表，在信息化平台上准确地录入应付账款、预付账款、应付票据等期初金额及明细信息。
				2.3 业财期初数据核对	2.3.2 能在信息化平台上熟练核对应付、付款期初余额与总账对应的科目余额，并能修正错误以确保账账相符和账实相符
	任务二 日常单据处理	业财一体信息化应用（初级）	3. 业财一体信息化平台典型业务处理	3.1 典型采购与应付业务处理	3.1.4 能在信息化平台采购管理模块中，熟练、准确地进行手工填制或参照生成采购发票操作，并进行发票与入库单结算处理，生成采购结算单
					3.1.5 能依据企业采购业务流程，在信息化平台上熟练、准确地查找采购发票并完成审核，生成应付类凭证

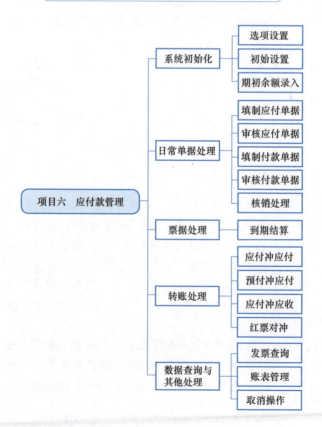

项目实训　应付款管理

实训资料

1. 系统初始化

（1）选项设置。

"常规"选项卡：设置"单据审核日期依据"为"单据日期"，勾选"自动计算现金折扣"，其他选项保持系统默认。

"凭证"选项卡：设置"受控科目制单方式"为"明细到单据"，勾选"方向相反的分录合并"，其他选项保持系统默认。

（2）科目设置，见表6-6。

表6-6　科目设置

科目类别	设置方式
基本科目设置	应付科目（本币）：220202 应付账款——一般应付账款
	预付科目（本币）：1123 预付账款
	现金折扣科目：6603 财务费用
	税金科目：22210101 进项税额
	银行承兑科目：220101 应付票据——银行承兑汇票
	商业承兑科目：220102 应付票据——商业承兑汇票
结算方式科目设置	结算方式为现金：1001 库存现金
	结算方式为现金支票：100201 工行存款
	结算方式为转账支票：100201 工行存款
	结算方式为银行承兑汇票：100201 工行存款
	结算方式为商业承兑汇票：100201 工行存款
	结算方式为汇兑：100201 工行存款
	结算方式为委托收款：100201 工行存款
	结算方式为电汇：100201 工行存款

（3）账龄区间与逾期账龄区间设置，见表6-7。

表6-7　账龄区间与逾期账龄区间设置

账龄区间			逾期账龄区间		
序　号	起止天数	总　天　数	序　号	起止天数	总　天　数
01	0～30	30	01	1～30	30
02	31～60	60	02	31～60	60
03	61～90	90	03	61～90	90
04	91～120	120	04	91～120	120
05	121以上		05	121以上	

（4）报警级别设置，见表6-8。

表6-8 报警级别设置

级 别 名 称	A	B	C	D	E	F
总比率 （客户欠款余额占其信用额度的比例）	10%	20%	30%	40%	50%	
起 止 比 率	0～10%	10%～20%	20%～30%	30%～40%	40%～50%	50%以上

（5）期初余额录入，录入期初数据见表6-9。

表6-9 采购专用发票期初余额明细

日期	单据名称	方向	发票号	开票单位	存货名称	数量（双）	单价（元/双）(不含税)	价税合计（元）	税率
2022-3-12	采购专用发票	正	16542848	新百丽	百丽男鞋	120	550	74 580	13%
					百丽女鞋	120	400	54 240	13%

2. 日常业务处理

（1）2022年4月2日，向新百丽鞋业有限公司购买百丽女鞋300双，不含税单价为400元/双，购买百丽男鞋200双，不含税单价为550元/双，收到对方开出的增值税专用发票，增值税发票号为76866642；同时向山东速通货运有限公司支付1 000元运费（运费按数量分摊），运费发票号为77825014；货物已经验收入库，货款以转账支票方式结清。支付货款的转账支票号为19220583，支付运费的转账支票号为94082583。

（2）2022年4月10日，向威海金猴集团鞋业有限公司购买金猴女鞋200双，不含税单价为240元/双，购买金猴男鞋200双，不含税单价为250元/双，收到对方开出的增值税专用发票，发票号为88930119，货款未付。

（3）2022年4月11日，向青岛金羊鞋业有限公司购买金羊女鞋300双，不含税单价为240元/双，购买金羊男鞋300双，不含税单价为300元/双，收到对方开出的增值税专用发票，发票号为68499694，货款未付。

（4）2022年4月18日，开出商业承兑汇票（票号：27896534）向威海金猴集团鞋业有限公司支付本月10日购买商品的价税款合计110 740元。

（5）2022年4月21日，发现本月11日向青岛金羊鞋业有限公司购买的男鞋中有3双为残次品，与对方协商退货，收到红字发票一张，发票号为93403487。

（6）2022年4月24日，开出转账支票支付上月向新百丽鞋业有限公司购买商品的价税合计128 820元（转账支票号：15032879）。

（7）2022年4月25日，电汇支付本月11日向青岛金羊鞋业有限公司购买商品的价税合计182043元（电汇票号：35742678）。

（8）2022年4月28日，将本月18日开出的商业承兑汇票以电汇方式进行结算支付，电汇凭证号为67195317，电汇凭证如图6-57所示。

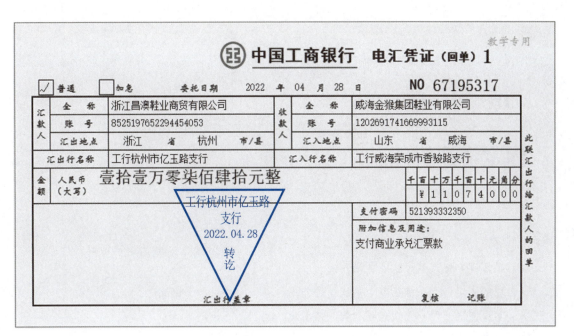

图 6-57 电汇凭证

实训任务

（1）进行应付款管理系统的初始设置。
（2）根据实训资料进行应付款管理系统的日常业务处理。

项目六技能测试

项目七

固定资产管理

知识目标

- 了解固定资产系统的业务操作流程。
- 理解固定资产系统在整个系统中的作用。
- 掌握固定资产系统相关事项的具体规定。

技能目标

- 能选择正确的操作员进入固定资产系统进行操作。
- 能完成期初固定资产系统的初始化工作。
- 能完成固定资产系统资产增减、折旧计提、账表查询、系统结账等操作。

素质目标

- 培养学生诚信为本、不做假账的职业道德。
- 培养学生严肃认真、严谨细致的工作作风。
- 培养学生合理合法的职业判断能力。
- 增强学生法律风险防范意识，依法进行固定资产核算。

任务一　系统初始化

工作任务

根据浙江安祥商贸有限公司岗位分工和财务制度要求，使用 U8，完成该公司 2022 年 1 月份固定资产系统初始化设置工作。

（1）根据表 7-1 相关资料，完成固定资产系统参数设置。

表 7-1　固定资产系统参数设置表

选项卡	系统参数
约定与说明	我同意
启用月份	2022.1
折旧信息	本账套计提折旧 折旧方法：平均年限法（一） 折旧汇总分配周期：1 个月 当（月初已计提月份 = 可使用月份 -1）时，将剩余折旧全部提足
编码方式	资产类别编码方式：2 固定资产编码方式：按"类别编码 + 序号"自动编码 卡片序号长度为 3
财务接口	与账务系统进行对账 对账科目： 固定资产对账科目：1601 固定资产 累计折旧对账科目：1602 累计折旧 在对账不平情况下允许固定资产月末结账
其他选项	业务发生后立即制单 月末结账前一定要完成制单登账业务 固定资产缺省入账科目：1601 固定资产 累计折旧缺省入账科目：1602 累计折旧 减值准备缺省入账科目：1603 固定资产减值准备

（2）根据表 7-2 相关资料，完成固定资产系统部门及对应折旧科目设置。

表 7-2　部门及对应折旧科目

部门编码	部门名称	折旧科目
1	行政管理部门	660205，折旧费
2	仓储部	660205，折旧费
3	采购部	660205，折旧费
4	销售部	660106，折旧费

（3）根据表 7-3 相关资料，完成固定资产系统固定资产类别设置。

表 7-3　固定资产类别

类别编码	类别名称	使用年限	净残值率（%）	计量单位	计提属性	折旧方法	卡片样式	不允许转回减值准备	新增资产当月计提折旧
01	房屋和建筑物	50 年			正常计提	平均年限法（一）	含税卡片样式	是	否
02	一般办公设备	6 年			正常计提	平均年限法（一）	含税卡片样式	是	否
03	专用设备	10 年			正常计提	平均年限法（一）	含税卡片样式	是	否
04	运输设备			公里	正常计提	工作量法	含税卡片样式	是	否

(4)根据表 7-4 相关资料,完成固定资产系统固定资产增减方式设置。

表 7-4　固定资产增减方式

增减方式名称	对应入账科目	增减方式名称	对应入账科目
增加方式		减少方式	
直接购入	100201,工行存款	出售	1606,固定资产清理
投资者投入	4001,实收资本	投资转出	1511,长期股权投资
捐赠	6301,营业外收入	盘亏	1606,固定资产清理
盘盈	6301,营业外收入	报废	1606,固定资产清理
在建工程转入	1604,在建工程	毁损	1606,固定资产清理

(5)根据表 7-5 相关资料,完成固定资产系统固定资产原始卡片录入。

表 7-5　固定资产原始卡片

资产名称	类别名称	使用部门	增加方式	使用状况	开始使用日期	原值(元)	累计折旧(元)
办公用房	房屋和建筑物	总经理办公室/财务部/人力资源部/资产管理部/质检部/采购部/销售部	直接购入	在用	2019-12-08	3 900 000.00	156 000.00
仓库用房	房屋和建筑物	仓管部	直接购入	在用	2019-12-20	2 000 000.00	80 000.00
电脑	一般办公设备	总经理办公室/财务部/人力资源部/资产管理部/仓管部/质检部/采购部/销售部	直接购入	在用	2019-12-01	76 000.00	25 333.34
联想电脑	一般办公设备	销售部	直接购入	在用	2019-12-01	4 000.00	1 333.33
小车	运输设备	总经理办公室	直接购入	在用	2021-05-02	184 550.00	1 610.63

小车的工作总量为 40 万公里,累计工作量为 3 522 公里。办公用房与电脑各部门使用比例见表 7-6。

表 7-6　办公用房与电脑各部门使用分配比例

资产类别	使用部门							
	总经理办公室	财务部	人力资源部	资产管理部	仓管部	质检部	采购部	销售部
办公用房使用比例(%)	10	20	10	10	10	10	15	15
电脑使用比例(%)	10	20	10	10	10	5	20	15

知识储备

固定资产系统是企业用于核算和管理固定资产的系统,用户使用该系统能够生成固定资产卡片,能够反映固定资产增加、减少及其他变动情况,能够按月计提折旧,并能生成相关记账凭证传送至总账系统。固定资产系统主要包括初始化设置、卡片管理、折旧管理以及月末处理等功能。

固定资产初始化是根据用户单位的具体情况,建立一个符合用户需求的系统的过程,初始化设置主要包括业务参数设置、基础数据设置和原始卡片的录入等。

原始卡片是指卡片记录的资产开始使用日期的月份先于其录入系统的月份,即已使用过并已计提折旧的固定资产卡片。用户在使用固定资产系统进行核算前,必须将原始卡片资料录入系统,保证历史资料的连续性。原始卡片的录入不一定必须在第一个期间结账前,任何时候都可以录入。

在录入原始卡片时,应该特别注意固定资产的编码、类别、使用部门、增加方式、使用状况、使用年限、开始使用日期、原值、累计折旧以及对应折旧科目等内容。

岗位说明

以账套主管"101 张伟"的身份进行固定资产系统初始化设置。

任务实施

以账套主管"101 张伟"的身份,于 2022 年 1 月 1 日进入企业应用平台。

1. 参数设置

(1)在"企业应用平台"的"业务工作"页签中,执行"财务会计"→"固定资产"命令,系统弹出的信息提示框,如图 7-1 所示,单击"是"按钮,确定进行初始化。

固定资产系统初始化

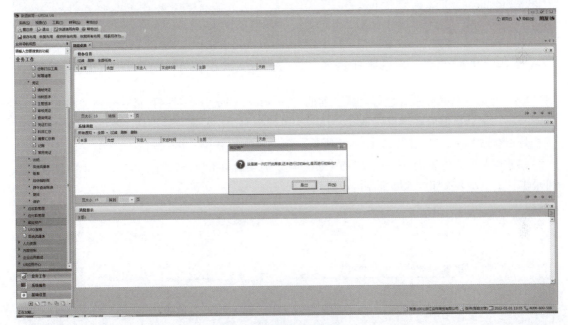

图 7-1 初始化信息提示框

(2)阅读"初始化账套向导"界面的约定及说明后,选择"我同意",单击"下一步"按钮。
(3)查看账套启用月份,单击"下一步"按钮。

特别提醒

◇ 固定资产系统启用月份是在系统启用时约定的,因此不能修改。
◇ 此处固定资产系统的开始使用期间不得早于该套账建立的期间。

（4）勾选"本账套计提折旧"前的复选框，在"主要折旧方法"的下拉列表框中选择"平均年限法（一）"，"折旧汇总分配周期"中选择"1"个月，勾选"当（月初已计提月份＝可使用月份–1）时将剩余折旧全部提足（工作量法除外）"前的复选框，如图7-2所示。完成后单击"下一步"按钮。

（5）在资产类别编码方式1级编码下的方框内输入数字2，其他级次均为0，勾选"自动编码"选项，定义序号长度为3，如图7-3所示。完成后单击"下一步"按钮。

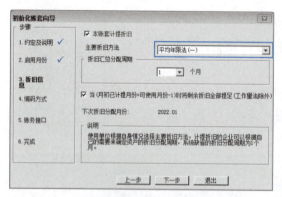

图7-2 初始化账套向导——折旧信息　　　　图7-3 初始化账套向导——编码方式

（6）勾选"与账务系统进行对账"前的复选框，"固定资产对账科目"选择"1601，固定资产"，"累计折旧对账科目"选择"1602，累计折旧"，勾选"在对账不平情况下允许固定资产月末结账"前的复选框，如图7-4所示。完成后单击"下一步"按钮。

（7）阅读基本设置信息，如图7-5所示。确认无误后单击"完成"按钮。若发现信息有误，可单击"上一步"按钮，返回到相应设置点进行修改。

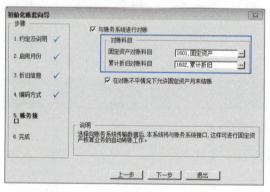 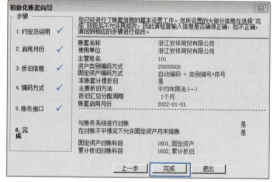

图7-4 初始化账套向导——财务接口　　　　图7-5 初始化账套向导——完成

固定资产系统
选项设置

（8）在弹出的信息提示框中单击"是"按钮，完成保存。

（9）执行"财务会计"→"固定资产"→"设置"→"选项"命令，单击"编辑"按钮，进入"与账务系统接口"页签，勾选"业务发生后立即制单""月末结账前一定要完成制单登账业务"前的复选框，填写正确的缺省入账科目，如图7-6所示。完成后单击"确定"按钮。

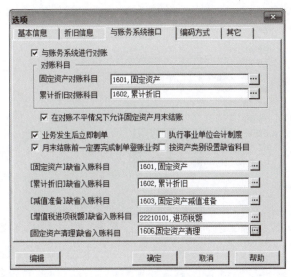

图 7-6　选项设置

2. 设置部门对应折旧科目

执行"财务会计"→"固定资产"→"部门对应折旧科目"命令,选择"行政管理部门",单击"修改"按钮,进入单张视图页签,单击"折旧科目"右侧的按钮,参照选择"660205,折旧费",单击"是"按钮保存。用同样的方法完成其他部门对应折旧科目的设置,如图 7-7 所示。

设置部门对应折旧科目

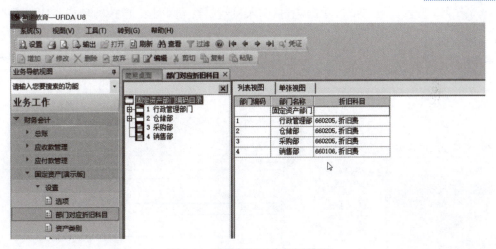

图 7-7　设置部门对应折旧科目

3. 设置固定资产类别

（1）执行"财务会计"→"固定资产"→"设置"→"资产类别"命令,打开"列表视图"窗口,单击工具栏"增加"按钮,打开"单张视图"窗口,录入类别名称为"房屋和建筑物"、使用年限为"50"年、计提属性为"正常计提"、折旧方法为"平均年限法（一）"、卡片样式为"含税卡片样式",如图 7-8 所示。完成后单击工具栏"保存"按钮。

设置固定资产类别

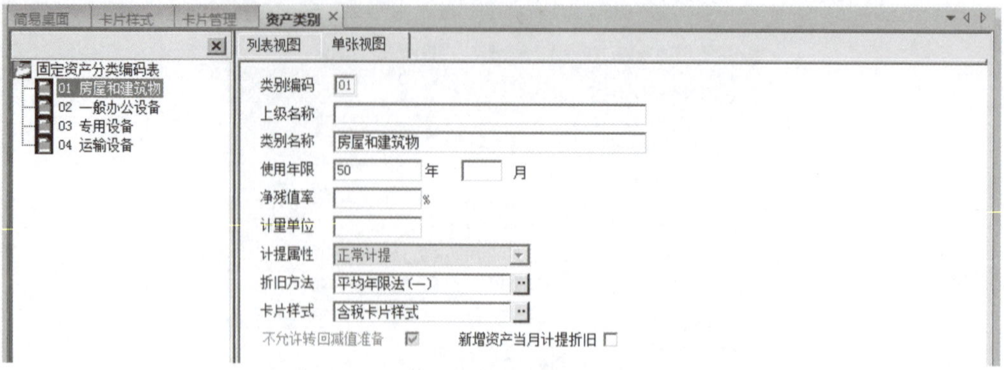

图 7-8 设置固定资产类别

（2）用同样的方法完成其他固定资产类别的设置。单击"列表视图"页签查看，如图 7-9 所示。

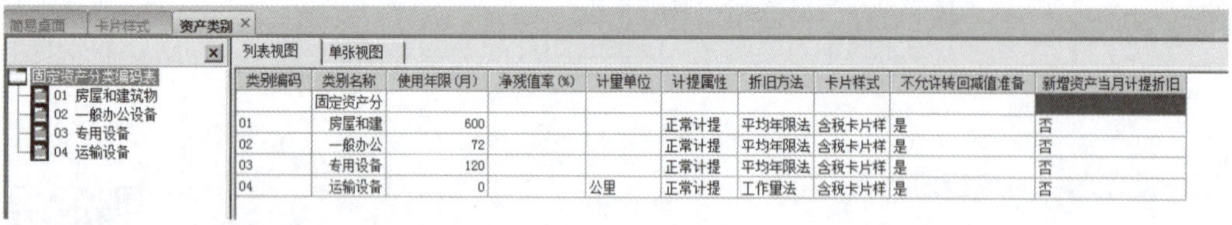

图 7-9 资产类别列表视图

4. 设置固定资产增减方式

执行"财务会计"→"固定资产"→"设置"→"增减方式"命令，打开"列表视图"窗口。单击"直接购入"所在行，再单击工具栏"修改"按钮，打开"单张视图"窗口。在"对应入账科目"栏参照选择"100201，工行存款"，如图 7-10 所示，单击任务栏上的"保存"按钮进行保存。用同样的方法完成其他固定资产增减方式的设置。

设置固定资产增减方式

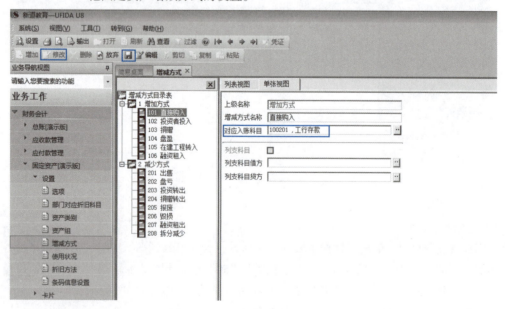

图 7-10 设置固定资产增减方式

5. 录入原始卡片

（1）执行"财务会计"→"固定资产"→"卡片"→"录入原始卡片"命令，在弹出的"固定资产类别档案"对话框中勾选"01 房屋和建筑物"前的复选框，如图 7-11 所示，单击工具栏"确定"按钮。

录入原始卡片

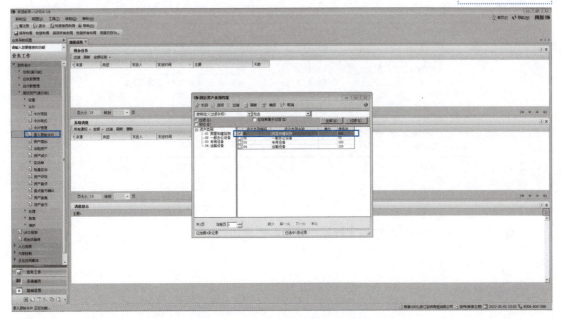

图 7-11　固定资产类别档案对话框

（2）进入"固定资产卡片"页面，在固定资产名称栏填写"办公用房"，单击"使用部门"，在系统弹出的"本资产部门使用方式"对话框中选择"多部门使用"，单击"确定"按钮。

（3）进入使用部门页面，单击页面底部"增加"按钮，逐个录入各使用部门名称和使用比例，如图 7-12 所示。单击页面底部"确定"按钮，返回"固定资产卡片"页面。

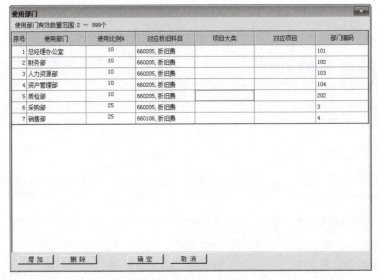

图 7-12　使用部门设置页面

（4）选择增加方式为"直接购入"，使用状况为"在用"，开始使用日期为"2019-12-08"，原值为"3 900 000"，累计折旧为"156 000"，如图7-13所示。单击工具栏"保存"按钮。

图7-13　固定资产原始卡片——办公用房

（5）用同样的方法完成其他固定资产原始卡片的录入。

特别提醒

◇ 固定资产原始卡片在录入过程中发现错误，可在录入界面直接进行修改。若保存后才发现，则需要执行"财务会计"→"固定资产"→"卡片"→"卡片管理"命令，打开"查询条件选择—卡片管理"窗口，去掉"开始使用日期"前的勾选，单击"确定"按钮，进入"卡片管理"窗口进行卡片的查询、修改、删除。

任务二　日常业务处理

工作任务

根据财务准则要求，使用U8，完成浙江安祥商贸有限公司2022年1月份固定资产系统的日常业务处理。

（1）根据原始凭证图7-14、图7-15，完成固定资产增加的账务处理（固定资产验收单略）。
（2）录入运输工具的当月工作量，完成固定资产折旧的计提和账务处理。
（3）根据原始凭证图7-16，完成固定资产减少的账务处理。

项目七　固定资产管理

图 7-14　购入笔记本电脑发票

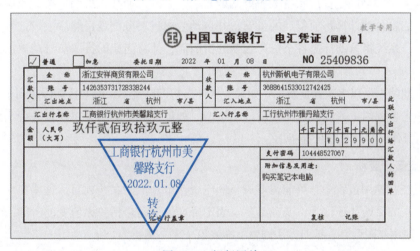

图 7-15　银行回单

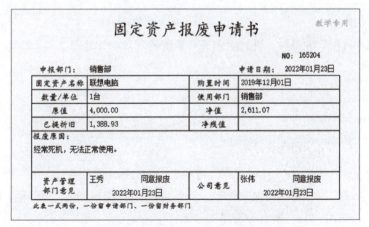

图 7-16　联想电脑报废申请书

知识储备

1. 固定资产增加

用户增加一项固定资产时，需要在系统中录入该项固定资产卡片，包括新增固定资产的编码、使用部门、增加方式、使用年限、预计净残值（率）、对应折旧科目和折旧方法等。由于用户是在启用系统后，进行日常管理时增加固定资产的，因此固定资产的开始使用日期必然晚于固定资产系统的启用日期。

2. 固定资产减少

固定资产减少是指固定资产因各种原因退出企业。固定资产减少功能用于选择需要减少的固定资产以及录入固定资产减少的相关信息，包括固定资产减少的方式、减少的日期、清理收入、清理费用和清理原因等。固定资产减少并不是直接删除固定资产卡片。如果当前账套设置了计提折旧，那么必须在计提折旧后才可以进行资产减少操作。

3. 固定资产折旧

自动计提折旧是固定资产系统的主要功能之一。系统每期计提折旧一次，根据系统内的固定资产卡片信息自动计算每项资产的折旧，并自动生成折旧分配表，然后生成记账凭证。执行折旧功能后，系统将自动计提各个资产当期的折旧额，并将当期的折旧额自动累加到累计折旧项目。

在一个期间内可以多次计提折旧。如果上次计提折旧已制单，即把数据传递到了总账系统，则必须删除已生成的记账凭证才能重新计提折旧。如果计提折旧后又对账套进行了影响折旧计算或分配的操作，必须重新计提折旧。

4. 固定资产变动

固定资产在使用过程中，可能需要调整固定资产卡片上的某些项目，这些变动要求留下原始凭证，制作的原始凭证称为"变动单"。固定资产的变动包括：原值变动、部门转移、使用状况变动、使用年限调整、折旧方法调整、净残值（率）调整等。

岗位说明

以会计"105 林彬"的身份，进行固定资产系统的日常业务处理。

任务实施

以会计"105 林彬"的身份，于 2022 年 1 月 31 日进入企业应用平台。

固定资产增加

1. 固定资产增加

（1）在"业务工作"选项卡中，选择"财务会计"→"固定资产"→"卡片"→"资产增加"命令，打开"固定资产类别档案"对话框，如图 7-17 所示，双击"02 一般办公设备"。

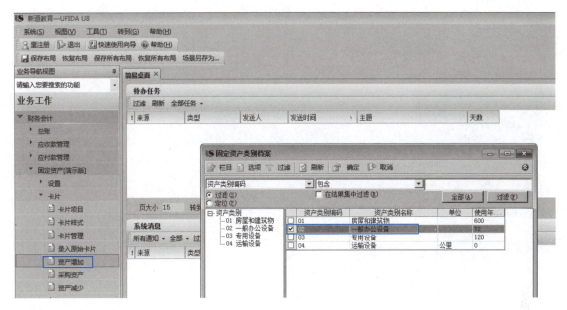

图 7-17 选择固定资产类别

（2）单击工具栏的"确定"按钮，进入"固定资产卡片"页面，在固定资产名称栏填写"笔记本电脑"，单击"使用部门"，参照录入"销售部"，选择增加方式为"直接购入"，使用状况为"在用"，开始使用日期为"2022-01-08"，原值为"8 229.20"，累计折旧为"0"，增值税为"1 069.80"，如图 7-18 所示。单击工具栏"保存"按钮。

图 7-18 新增固定资产卡片

2. 计提本月固定资产折旧

（1）执行"财务会计"→"固定资产"→"处理"→"工作量输入"命令，在"工作量输入"页面，输入小车的本月工作量为 560 公里，如图 7-19 所示。

录入本月工作量

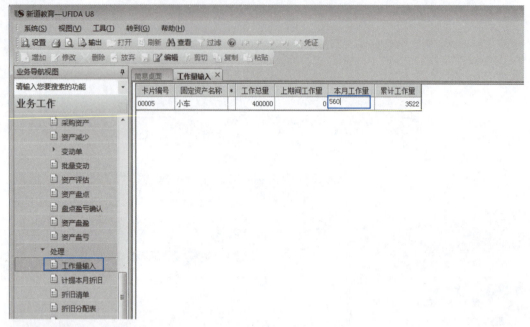

图 7-19　工作量输入

计提本月固定
资产折旧

（2）执行"财务会计"→"固定资产"→"处理"→"计提本月折旧"命令，系统弹出确认已正确输入工作量的信息提示框，如图 7-20 所示，单击"是"按钮继续。

图 7-20　确认已输入工作量的信息提示框

（3）系统弹出"本操作将计提本月折旧，并花费一定时间，是否要继续？"信息提示框，单击"是"按钮继续。系统自动计提折旧过程中，请不要做任何其他操作。

（4）系统弹出"是否要查看折旧清单"信息提示框，单击"是"按钮，进入折旧清单页面，如图7-21所示。查看完后，单击工具栏"退出"按钮。

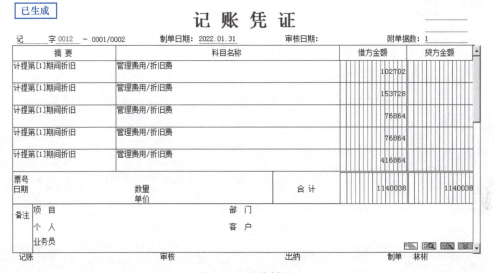

图7-21　折旧清单

（5）提示"折旧计提完成！"，单击"确定"按钮，查看"折旧分配表"。

（6）单击工具栏"凭证"按钮，生成一张记账凭证。凭证类别为"转账凭证"，附单据数为"1"，单击工具栏"保存"按钮，凭证左上角出现"已生成"字样，表示凭证已传递到总账系统，如图7-22所示。

图7-22　生成凭证

3. 固定资产减少

在"业务工作"选项卡中，执行"财务会计"→"固定资产"→"卡片"→"资产减少"命令，进入"资产减少"页面。资产编号栏参照选择"02002"，单击"增加"按钮，减少方式为"报废"，录入清理原因为"无法正常使用"，如图7-23所示。之后，单击右侧"确定"按钮。

固定资产减少

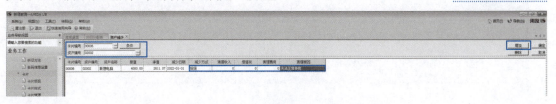

图7-23　资产减少页面

4. 批量制单

批量制单

（1）执行"财务会计"→"固定资产"→"处理"→"批量制单"命令，系统弹出"查询条件选择–批量制单"对话框，如图7-24所示，单击右下角"确定"按钮。

（2）打开"批量制单"→"制单选择"页面，单击"全选"按钮，或双击"选择"栏，选中要制单的业务，如图7-25所示。

（3）单击"制单设置"选项卡，确认制单设置，如图7-26所示。

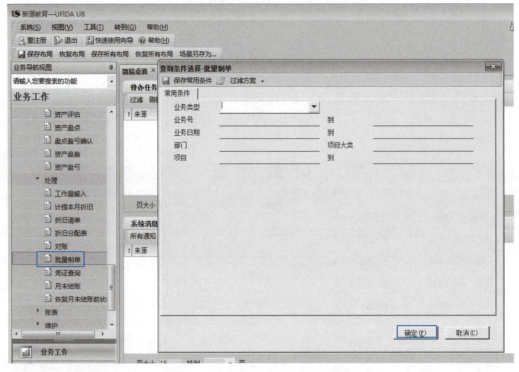

图 7-24　查询条件选择——批量制单

图 7-25　批量制单——制单选择

图 7-26　批量制单——制单设置

（4）单击工具栏“凭证”按钮，录入附单据数为“2”，单击工具栏“保存”按钮，如图 7–27 所示。

（5）用同样的方法生成固定资产计提折旧的记账凭证，如图 7–28 所示。

（6）在总账系统中，填制固定资产减少的记账凭证，如图 7–29 所示。

（7）在总账系统中，将固定资产系统本月生成的所有凭证进行审核记账。

记 账 凭 证

记 字　　制单日期：2022.01.31　　审核日期：　　附单据数：0

摘要	科目名称	借方金额	贷方金额
直接购入资产.	固定资产	822920	
直接购入资产.	银行存款/工行存款		822920
票号 日期	数量 单价 合计	822920	822920

备注　项目　部门　个人　客户　业务员

记账　审核　出纳　制单 林彬

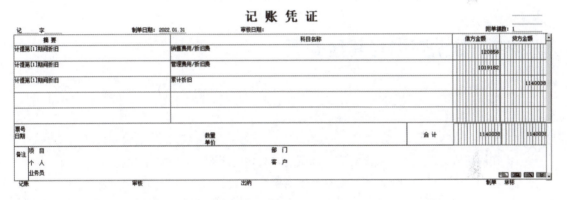

图 7–27　生成记账凭证——固定资产增加

记 账 凭 证

记 字　　制单日期：2022.01.31　　审核日期：　　附单据数：1

摘要	科目名称	借方金额	贷方金额
计提第[1]期间折旧	销售费用/折旧费	120856	
计提第[1]期间折旧	管理费用/折旧费	1019182	
计提第[1]期间折旧	累计折旧		1140038
票号 日期	数量 单价 合计	1140038	1140038

备注　项目　部门　个人　客户　业务员

记账　审核　出纳　制单 林彬

图 7–28　生成记账凭证——计提折旧

记 账 凭 证

记 字 0055　　制单日期：2022.01.31　　审核日期：2022.01.31　　附单据数：0

摘要	科目名称	借方金额	贷方金额
资产减少	固定资产清理	261107	
资产减少 - 累计折旧	累计折旧	138893	
资产减少 - 原值	固定资产		400000
票号 日期	数量 单价 合计	400000	400000

备注　项目　部门　个人　客户　业务员

记账 林彬　审核 韩寒　出纳　制单 林彬

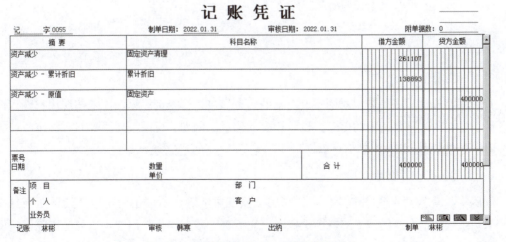

图 7–29　生成记账凭证——固定资产减少

特别提醒

◆ 在固定资产系统中生成的凭证可以在"凭证查询"功能中进行查询、修改和删除操作。
◆ 由固定资产系统传递到总账系统中的凭证，在总账系统中不能修改和删除。
◆ 修改凭证时，能修改的内容仅限于摘要、用户自行增加的凭证分录、系统缺省的折旧科目。

固定资产系统
月末对账

固定资产系统
月末结账

固定资产系统
记账凭证的修改

任务三　数据查询与其他处理

工作任务

（1）在固定资产系统中查询浙江安祥商贸有限公司的所有固定资产卡片。
（2）在固定资产系统中查询浙江安祥商贸有限公司 2022 年 1 月份的折旧分配表。
（3）在固定资产系统中查询浙江安祥商贸有限公司固定资产的价值结构分析表。
（4）在固定资产系统中查询浙江安祥商贸有限公司固定资产原值一览表。

知识储备

1. 固定资产卡片查询

查询功能提供了多种方式对固定资产卡的多种信息进行查询。该功能能按照用户输入的查询条件，自动匹配符合条件的信息，显示相应的信息。例如，可以按使用部门、固定资产类别查询固定资产卡片、综合变动信息单等。

2. 固定资产卡片删除

删除卡片是将固定资产卡片的资料彻底从系统中清除，不同于固定资产处置。当月固定资产卡片录入的内容有错误，或者固定资产已完成资产减少操作，用户可以彻底删除固定资产卡片的内容。具体操作方法为从卡片管理列表中选择要删除的固定资产卡片，单击"删除"按钮，即可删除该卡片。已生成过凭证的卡片删除时，必须先删除相应凭证，然后才能删除卡片。

3. 固定资产卡片打印

固定资产卡片打印是指用户可以根据需求定义需要的卡片，系统自动匹配后打印输出用户的卡片。打印可以单张打印，也可以成批打印。

岗位说明

以会计"105 林彬"的身份进行固定资产系统账表查询。

任务实施

以会计"105 林彬"的身份，于 2022 年 1 月 31 日进入企业应用平台。

1. 固定资产卡片查询

（1）在"企业应用平台"的"业务工作"页签中，执行"财务会计"→"固定资产"→"卡片"→"卡片管理"命令，系统弹出"查询条件选择-卡片管理"对话框，将开始使用日期改为"2019-12-01"，如图 7-30 所示。

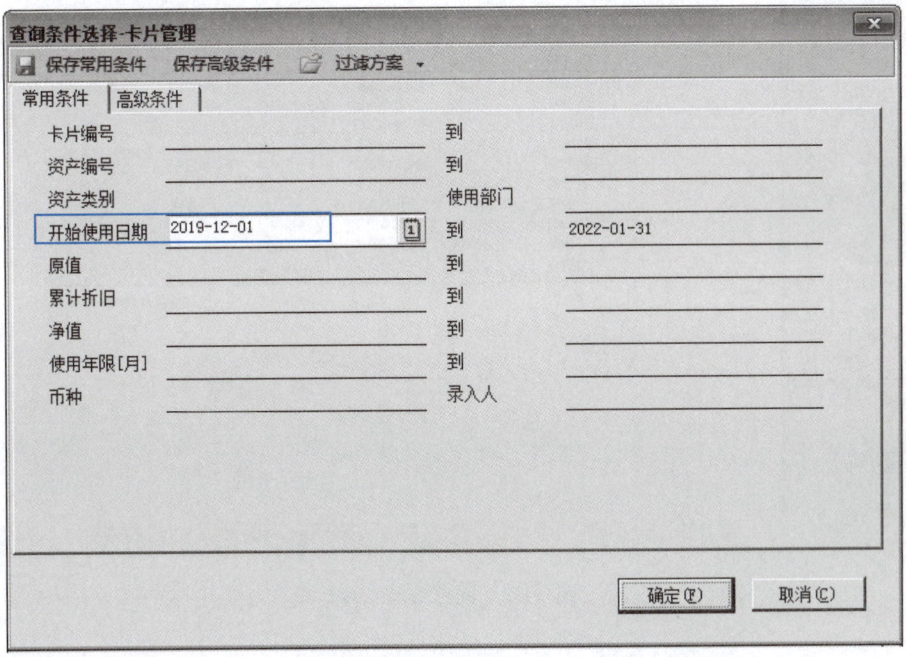

固定资产
卡片查询

图 7-30　查询条件选择——卡片管理

（2）单击"确定"按钮，进入"卡片管理"页面，如图 7-31 所示。

（3）双击需要查看的卡片信息，进入"固定资产卡片"页面后，可以单击工具栏上相应按钮，对固定资产卡片进行修改、删除等操作，如图 7-32 所示。

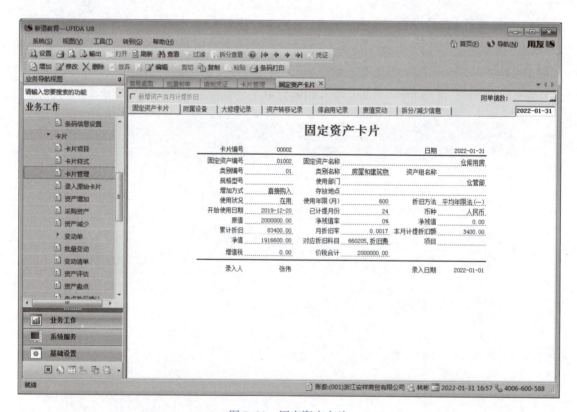

图 7-31 卡片管理

图 7-32 固定资产卡片

折旧分配表查询

2. 折旧分配表查询

在"企业应用平台"的"业务工作"页签中,执行"财务会计"→"固定资产"→"处理"→"折旧分配表"命令,进入"折旧分配表"页面查看折旧分配情况,如图 7-33 所示。

图 7-33 折旧分配表

3. 价值结构分析表查询

（1）在"企业应用平台"的"业务工作"页签中，执行"财务会计"→"固定资产"→"账表"→"我的账表"命令，打开"报表"页面。双击"分析表"中的"价值结构分析表"，如图 7-34 所示。

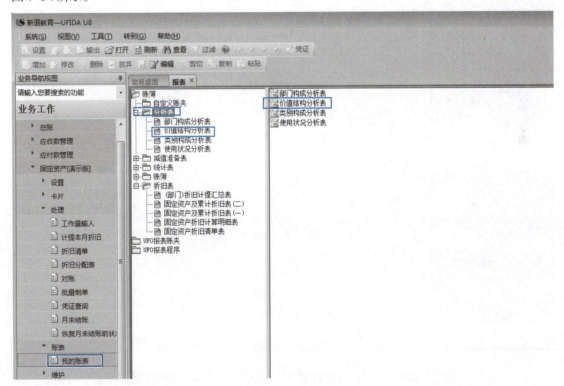

图 7-34 报表结构

（2）双击页面最右侧的"价值结构分析表"，打开"价值结构分析表"对话框，选择查询期间，单击"确定"按钮，结果如图 7-35 所示。查询完毕后，关闭"价值结构分析表"窗口。

资产类别	数量	计量单位	期末原值	期末累计折旧	期末减值准备	期末净值	累计折旧占原值百分比%	减值准备原值百分比%	净值率%
房屋和建筑物(01)	2		5,900,000.00	246,030.00		5,653,970.00	4.17		95.83
一般办公设备(02)	2		84,229.20	26,389.74		57,839.46	31.33		68.67
运输设备(04)	1	公里	184,550.00	1,869.01		182,680.99	1.01		98.99
合计	5		6,168,779.20	274,288.75		5,894,490.45	4.45		95.55

图 7-35 价值结构分析表

固定资产原值一览表查询

4. 固定资产原值一览表查询

（1）在"企业应用平台"的"业务工作"页签中，执行"财务会计"→"固定资产"→"账表"→"我的账表"命令，打开"报表"页面。双击"统计表"中的"(固定资产原值)一览表"，如图 7-36 所示。

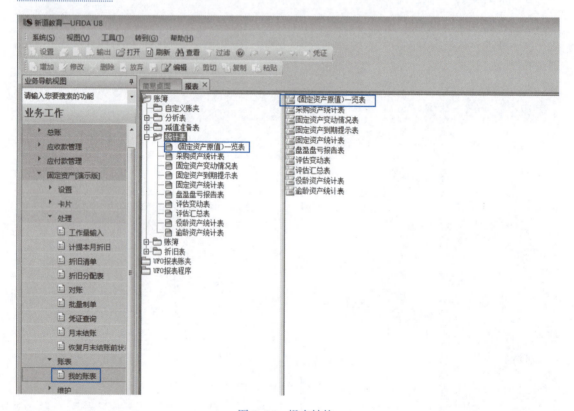

图 7-36 报表结构

（2）双击页面最右侧的"(固定资产原值)一览表"，打开"(固定资产原值)一览表"对话框，选择查询期间和部门级次，单击"确定"按钮，结果如图 7-37 所示。查询完毕后，关闭"(固定资产原值)一览表"窗口。

简易桌面 | 报表 | (固定资产原值)一览表 ×

锁定格式 | 格式锁定状态:未锁定

(固定资产原值)一览表

使用单位:浙江安祥商贸有限公司　　期间: 2022.01

部门级次1--2

部门名称	合计				房屋和建筑物				一般办公设备			
	原值	累计折旧	减值准备	净值	原值	累计折旧	减值准备	净值	原值	累计折旧	减值准备	净值
行政管理部门(1)	2,172,550.00	96,378.87		2,076,171.13	1,950,000.00	81,315.00		1,868,685.00	38,000.00	13,194.86		24,805
总经理办公室(101)	582,150.00	20,770.98		561,379.02	390,000.00	16,263.00		373,737.00	7,600.00	2,638.97		4,961
财务部(102)	795,200.00	37,803.95		757,396.05	780,000.00	32,526.00		747,474.00	15,200.00	5,277.95		9,922
人力资源部(103)	397,600.00	18,901.97		378,698.03	390,000.00	16,263.00		373,737.00	7,600.00	2,638.97		4,961
资产管理部(104)	397,600.00	18,901.97		378,698.03	390,000.00	16,263.00		373,737.00	7,600.00	2,638.97		4,961
仓储部(2)	2,791,400.00	119,884.46		2,671,515.54	2,780,000.00	115,926.00		2,664,074.00	11,400.00	3,958.46		7,441
仓管部(201)	2,397,600.00	102,301.97		2,295,298.03	2,390,000.00	99,663.00		2,290,337.00	7,600.00	2,638.97		4,961
质检部(202)	393,800.00	17,582.49		376,217.51	390,000.00	16,263.00		373,737.00	3,800.00	1,319.49		2,480
采购部(3)	600,200.00	29,672.45		570,527.55	585,000.00	24,394.50		560,605.50	15,200.00	5,277.95		9,922
销售部(4)	604,629.20	28,352.97		576,276.23	585,000.00	24,394.50		560,605.50	19,629.20	3,958.47		15,670
合计	6,168,779.20	274,288.75		5,894,490.45	5,900,000.00	246,030.00		5,653,970.00	84,229.20	26,389.74		57,839

图 7-37 （固定资产原值）一览表

拓展阅读

固定资产加速折旧税收优惠政策

政策一：财政部、国家税务总局发布的《关于扩大固定资产加速折旧优惠政策适用范围的公告》将固定资产加速折旧优惠的行业范围扩大至全部制造业领域。这个政策的实施可以使制造业的折旧费提前收回，减少了所得税开支，可以增强公司未来竞争和融资能力，支持了制造业企业加快技术改造和设备更新，有利于我国从制造大国向制造强国的转变，从而推动我国产业结构大调整。

政策二：《财政部　税务总局关于设备、器具扣除有关企业所得税政策的通知》（财税〔2018〕54号）、《国家税务总局关于设备器具扣除有关企业所得税政策执行问题的公告》（国家税务总局公告2018年第46号）等文件规定：企业在2018年1月1日至2020年12月31日期间新购进的设备、器具，单位价值不超过500万元的，允许一次性计入当期成本费用在计算应纳税所得额时扣除，不再分年度计算折旧；单位价值超过500万元的，仍按企业所得税法及其实施条例、《财政部 国家税务总局关于完善固定资产加速折旧企业所得税政策的通知》（财税〔2014〕75号）、《财政部 国家税务总局关于进一步完善固定资产加速折旧企业所得税政策的通知》（财税〔2015〕106号）等相关规定执行。2021年3月15日的《财政部　税务总局关于延长部分税收优惠政策执行期限的公告》（财税〔2021〕6号）将固定资产一次性折旧政策执行期限延长至2023年12月31日。

企业可根据自身生产经营核算需要，自行选择是否享受固定资产折旧相关税收优惠政策，其资产的税务处理可与会计处理不一致。

➲ 启示

近年来，财政部和国家税务总局出台了很多税收优惠政策。这充分体现了国家藏富于企、藏富于民的情怀，以及减税降费的努力和决心。会计人员要紧跟时代、不断学习，正确运用职业判断能力，充分利用税收优惠政策，合法合规地为企业降税降费。

1+X 证书职业技能等级标准

项　　目	任　　务	证书（等级）	工作领域	工作任务	职业技能要求
项目七 固定资产管理	任务一 系统初始化 任务二 日常业务处理	业财一体信息化应用（初级）	4. 业财一体信息化平台典型财务处理	4.2 典型固定资产业务处理	4.2.1 能根据《企业会计准则》，依据固定资产增加情况，在信息化平台固定资产模块中熟练、准确地增加固定资产，并生成记账凭证
					4.2.2 能根据《企业财务通则》，依据固定资产使用情况，在信息化平台固定资产模块中对固定资产卡片进行使用部门、折旧方法等变更
					4.2.3 能根据《企业会计准则》，依据固定资产使用情况及相关资料，在信息化平台固定资产模块中对固定资产卡片进行原值、使用年限、累计折旧等变更，并生成记账凭证
					4.2.4 能根据《企业会计准则》，在信息化平台固定资产模块中正确计提固定资产折旧，并生成记账凭证
	任务一 系统初始化 任务二 日常业务处理	业财一体信息化应用（中级）	4. 业财一体信息化平台财务处理	4.2 固定资产业务处理	4.2.1 能依据企业资产增加情况，在信息化平台固定资产模块中进行固定资产增加业务处理，并生成记账凭证，做到财务业务数据一致
					4.2.2 能依据固定资产实际使用情况，在信息化平台固定资产模块中对固定资产进行原值增减、使用部门调整等变更业务处理，并按需生成记账凭证，做到账实相符
					4.2.3 能根据《企业会计准则》，在信息化平台固定资产模块中计提固定资产折旧，并能单张或批量生成记账凭证
					4.2.4 能依据企业资产实际使用情况，在信息化平台固定资产模块中完成资产处置等资产减少处理，并及时生成记账凭证，做到账实相符

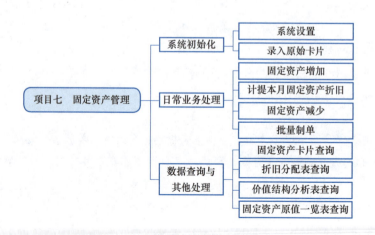

项目实训 固定资产管理

实训资料

1. 固定资产系统初始化设置

根据表 7-7 ～表 7-11 完成固定资产系统初始化设置。

表 7-7 固定资产系统参数设置表

选项卡	系统参数
约定与说明	我同意
启用月份	2022.4
折旧信息	本账套计提折旧 折旧方法：平均年限法（一） 折旧汇总分配周期：1 个月 当（月初已计提月份 = 可使用月份 –1）时，将剩余折旧全部提足
编码方式	资产类别编码方式：2 固定资产编码方式：按"类别编码 + 序号"自动编码 卡片序号长度为 3
财务接口	与账务系统进行对账 对账科目： 固定资产对账科目：1601 固定资产 累计折旧对账科目：1602 累计折旧 在对账不平情况下允许固定资产月末结账
其他选项	业务发生后立即制单 月末结账前一定要完成制单登账业务 固定资产缺省入账科目：1601 固定资产 累计折旧缺省入账科目：1602 累计折旧 减值准备缺省入账科目：1603 固定资产减值准备

表 7-8 部门及对应折旧科目

部门	对应折旧科目
总经理办公室、财务部、采购部、仓管部	管理费用 / 折旧费
销售部	销售费用

表 7-9 固定资产类别

编号	类别名称	净残值率	单位	计提属性
01	交通运输设备	4%	辆	正常计提
02	办公设备	4%	台	正常计提
03	房屋及建筑物	4%	栋	正常计提

表 7-10 固定资产增减方式

增减方式名称	对应入账科目	增减方式名称	对应入账科目
增加方式		减少方式	
直接购入	100201，工行存款	出售	1606，固定资产清理
投资者投入	4001，实收资本	报废	1606，固定资产清理
捐赠	6301，营业外收入		
盘盈	6301，营业外收入		
在建工程转入	1604，在建工程		

表 7-11 固定资产原始卡片

卡片编号	固定资产名称	类别编号	所在部门	可使用年限	开始使用日期	原 值	累计折旧
00001	轿车	01	总经理办公室	6	2014-04-01	220 000.00	67466.67
00002	联想笔记本电脑	02	总经理办公室	5	2014-05-01	12 600.00	4435.20
00003	中通货车	01	销售部	5	2014-06-01	124 000.00	41664.00
00004	惠普笔记本电脑	02	财务部	5	2014-05-01	12 400.00	4364.80
00005	验钞机	02	财务部	6	2014-07-01	9 400.00	2506.67
00006	江淮货车	01	采购部	5	2013-04-12	190 800.00	64108.80
00007	仓库	03	仓管部	10	2012-01-01	246 000.00	98400.00

注：净残值率均为 4%，使用状况均为"在用"，增加方式均为"直接购入"，折旧方法均采用"平均年限法（一）"，卡片样式均为"含税卡片样式"。

2. 固定资产日常业务

2022 年 4 月 17 日购入惠普打印机 1 台，金额 1 200 元，可抵扣进项税额 156 元，收到对方开出的增值税专用发票。已交付财务部使用，预计可使用 5 年，并以转账支票支付全部价税款，转账支票号为 30638543。相关原始凭证如图 7-38 ~图 7-40 所示。

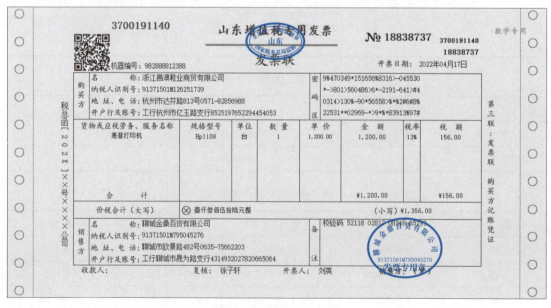

图 7-38 购买打印机发票

项目七 固定资产管理 ■ 211

图 7-39 购买打印机支票存根

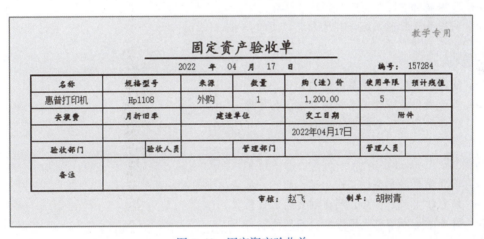

图 7-40 固定资产验收单

实训任务

（1）固定资产系统参数设置。
（2）固定资产原始卡片录入。
（3）购入固定资产的账务处理。
（4）计提折旧。
（5）固定资产系统对账。
（6）固定资产系统结账。

项目七技能测试

项目八

薪资管理

知识目标

- 掌握薪资管理基本知识。
- 掌握薪资管理系统的功能。
- 明确薪资管理系统与其他系统之间的关系。

技能目标

- 能够进行薪资管理系统的初始化设置。
- 熟练操作薪资管理系统的日常业务处理。
- 能够进行工资分摊设置和制单。

素质目标

- 培养学生热爱会计工作、忠于职守、尽职尽责的敬业精神。
- 培养学生严肃认真、严谨细致的工作作风。
- 培养学生用信息化思维解决问题的能力。

任务一 系统初始化

工作任务

1. 建立工资账套

工资账套启用日期为"2022.01.01",工资类别个数为"单个",工资核算本位币为"人民币",自动代扣个人所得税,不扣零,人员编码为 3 位,其他采用默认设置。

2. 设置人员档案

根据表 8-1 设置人员档案,所有职工均为中方人员,自动代扣个人所得税,工资不采用现金发放。

表 8-1 人员档案

人员编码	姓名	薪资部门名称	人员类别	银行名称	银行账号
101	张伟	总经理办公室	企管人员	工行	352145210001
102	赵凯	人力资源部	企管人员	工行	352145210002
103	王秀	资产管理部	企管人员	工行	352145210003
104	韩寒	财务部	企管人员	工行	352145210004
105	林彬	财务部	企管人员	工行	352145210005
106	钟灵	财务部	企管人员	工行	352145210006
201	陈萱	仓管部	仓储人员	工行	352145210007
301	李玲	采购部	采购人员	工行	352145210008
401	陈路	销售部	销售人员	工行	352145210009

3. 设置工资项目

根据表 8-2 对工资项目进行设置。

表 8-2 工资项目列表

工资项目名称	类型	长度	小数位数	增减项
基本工资	数字	8	2	增项
岗位工资	数字	8	2	增项
白班加班工资合计	数字	8	2	增项
夜班加班工资合计	数字	8	2	增项
奖金	数字	8	2	增项
工龄工资	数字	8	2	增项
失业保险	数字	8	2	减项
医疗保险	数字	8	2	减项
养老保险	数字	8	2	减项
住房公积金	数字	8	2	减项
事假扣款	数字	8	2	减项
病假扣款	数字	8	2	减项
工龄	数字	8	2	其他
日工资	数字	8	2	其他
白班加班天数	数字	8	2	其他
夜班加班天数	数字	8	2	其他
事假天数	数字	8	2	其他
病假天数	数字	8	2	其他
工资费用分配	数字	8	2	其他
五险一金计提基数	数字	8	2	其他
个人所得税计税基数	数字	8	2	其他

4. 设置计算公式

工龄工资 = 工龄 ×50

日工资 =（基本工资 + 岗位工资 + 工龄工资）/ 21.75

白班加班工资合计 = 白班加班天数 × 日工资

夜班加班工资合计 = 夜班加班天数 × 日工资

奖金 = 200 −（事假天数 + 病假天数）× 20

事假扣款 = 日工资 × 事假天数

病假扣款 = iff（工龄 ≥ 10，日工资 × 病假天数 × 0.2，iff（工龄 ≥ 5 and 工龄 <10，日工资 × 病假天数 × 0.3，日工资 × 病假天数 × 0.4））

工资费用分配 = 基本工资 + 岗位工资 + 白班加班工资合计 + 夜班加班工资合计 + 奖金 + 工龄工资 − 事假扣款 − 病假扣款

五险一金计提基数 = 基本工资 + 岗位工资

失业保险 = 五险一金计提基数 × 0.005

医疗保险 = 五险一金计提基数 × 0.02

养老保险 = 五险一金计提基数 × 0.08

住房公积金 = 五险一金计提基数 × 0.12

个人所得税计税基数 = 基本工资 + 岗位工资 + 白班加班工资合计 + 夜班加班工资合计 + 奖金 + 工龄工资 − 事假扣款 − 病假扣款 − 住房公积金 − 失业保险 − 医疗保险 − 养老保险

同时，按照工龄工资、日工资、白班加班工资合计、夜班加班工资合计、奖金、事假扣款、病假扣款、工资费用分配、五险一金计提基数、失业保险、医疗保险、养老保险、住房公积金、个人所得税计税基数、应发合计、扣款合计、实发合计的顺序对工资项目进行排序。

5. 设置代扣个人所得税

按照国家有关规定，公司代扣代缴个人所得税。设置个人所得税申报表"收入额合计"项对应的工资项目默认是"个人所得税计税基数"，并设置费用扣除基数为 5 000 元，附加费用为 2 000 元，采用最新的七级超额累进税率，详见表 8-3。

表 8-3 个人所得税税率表

级 数	月应纳税所得额	税率 (%)	速算扣除数
1	不超过 3 000 元的部分	3	0
2	超过 3 000 元至 12 000 元的部分	10	210
3	超过 12 000 元至 25 000 元的部分	20	1 410
4	超过 25 000 元至 35 000 元的部分	25	2 660
5	超过 35 000 元至 55 000 元的部分	30	4 410
6	超过 55 000 元至 80 000 元的部分	35	7 160
7	超过 80 000 元的部分	45	15 160

6. 录入期初工资数据

根据表 8-4 录入期初工资数据。

表 8-4 期初工资数据

人员编码	姓名	部门	人员类别	基本工资（元）	岗位工资（元）	工龄（年）
101	张伟	总经理办公室	企管人员	6 000	1 800	10
102	赵凯	人力资源部	企管人员	5 600	1 600	8
103	王秀	资产管理部	企管人员	5 200	1 200	7
104	韩寒	财务部	企管人员	4 000	1 000	4
105	林彬	财务部	企管人员	4 200	1 200	6
106	钟灵	财务部	企管人员	3 000	600	1
201	陈萱	仓管部	仓储人员	3 500	800	1
301	李玲	采购部	采购人员	3 800	800	3
401	陈路	销售部	销售人员	4 500	1 200	5

知识储备

1. 工资账套

工资账套与企业核算账套是不同的概念，企业核算账套在信息管理中建立，是针对整个 U8 而言的，而工资账套只针对 U8 中薪资管理系统。可以说工资账套是企业核算账套的一个组成部分。企业要建立工资账套的前提是在系统管理中建立本单位的核算账套。建立工资账套时，可以根据建账向导分四步进行，即参数设置、扣税设置、扣零设置、人员编码设置。

2. 工资类别

系统可以对多个工资类别进行处理，新建账套时选择"多个"工资类别，可进入此功能。例如，企业将正式职工和临时职工分别设为两个工资类别，两个类别同时对应一套账务。工资类别的管理主要包括新建、删除、打开和关闭工资类别。

3. 代扣个人所得税

依法纳税是每个公民应尽的义务。工资薪金所得是个人所得税的征税内容。U8 薪资管理系统中提供了是否在工资核算的同时代扣个人所得税选项设置。选择从工资中代扣个人所得税，系统将自动生成工资项目"代扣税"，计算工资时自动进行代扣税金的计算。随着经济的发展和社会的进步，个人所得税起征点、税率等会随之调整，U8 中预置了软件发版同时代的个人所得税税率表，若与现实情况不符，可对纳税基数和税率表进行修订和调整，以正确计算个人所得税。

4. 人员档案

人员档案用于登记工资发放人员的编号、姓名、类别、所在部门等信息，处理员工的增减变动等。人员档案中提供了增加、删除、修改、导入和导出、批量增加等功能，一般情况下，企业可以根据需要进行批量增加，能够节省时间、提高效率。

5. 工资项目

工资项目的设置主要是定义工资项目的名称、类型、宽度、小数和增减项。薪资管理系统中提供了一些必不可少的固定项目，如"应发合计""扣款合计""实发合计""代扣税""计件工资"等，这些项目不能删除和重命名。其他项目可以根据企业实际情况和需要进行增加，如"基本工资""岗位工资"等。在设置工资项目长度时，要注意考虑小数位数和小数点。如项目长度设置为"10"，小数位数为"2"，则该项目最高位数为百万位（10-2-1=7）。

6. 公式设置

公式设置即定义某些工资项目的计算公式及工资项目之间的运算关系。定义计算公式可通过选择"工资项目""运算符""关系符""函数"等组合来完成。工资项目"应发合计""扣款合计"和"实发合计"等的计算公式是系统固定的，会根据工资项目设置的"增减项"自动给出，用户只能增加、修改、删除其他工资项目的计算公式。定义公式时，要注意工资项目间的先后顺序，可通过单击公式框的上下箭头来进行调整。

岗位说明

以账套主管"101 张伟"的身份进行薪资系统初始化。

任务实施

1. 建立工资账套

建立工资账套

选择"人力资源"→"薪资管理"命令，打开"建立工资套"→"参数设置"对话框。选择本账套所需处理的工资类别个数为"单个"，币别选择"人民币"，如图 8-1 所示。单击"下一步"按钮，打开"扣税设置"对话框，在"是否从工资中代扣个人所得税"前打钩，如图 8-2 所示。单击"下一步"按钮，打开"扣零设置"对话框，将"扣零"前的"√"取消，如图 8-3 所示。单击"下一步"按钮，打开"人员编码"对话框，进行"人员编码"设置，然后单击"完成"按钮，如图 8-4 所示。

图 8-1　建立工资套——参数设置

图 8-2　建立工资套——扣税设置

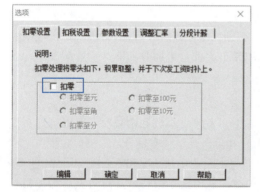

图 8-3　建立工资套——扣零设置

图 8-4　建立工资套——人员编码

2. 设置人员档案

选择"设置"→"人员档案",进入"人员档案"窗口,单击工具栏中的"批增",再单击窗口中的"查询"按钮,窗口中列示了所有在基本档案中已有的人员信息,然后单击"确定"按钮,则有关人员一次性引入,如图8-5所示。

设置薪资管理人员档案

图8-5 设置在岗人员档案

3. 设置工资项目

选择"设置"→"工资项目设置",打开"工资项目设置"对话框。单击"增加"按钮,在左边窗口空白行内的"工资项目名称"中输入"基本工资",默认类型为"数字",长度为"8",小数位为"2",增减项为"增项"。以此方法继续增加资料中所提供的其他工资项目,如图8-6所示。

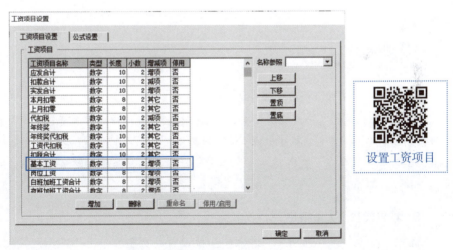

图8-6 设置工资项目

> **特别提醒**
>
> ◆ 最好将添加好的工资项目按照所需顺序单击"上移"或"下移"进行排列,这样方便以后查看和使用。

4. 设置计算公式

选择"工资项目设置"→"公式设置",打开"工资项目设置"对话框。单击窗口左侧"工资项目"下方的"增加"按钮,从下拉列表中选择"工龄工资"工资项目,单击"工龄工资公式定义"区域,在下方的"工资项目"列表中单击选中"工龄",单击选中"运算符"区域中的"*",单击"工龄工资公式定义"区域,录入"50",单击"公式确认"按钮,如图8-7所示。

设置计算公式

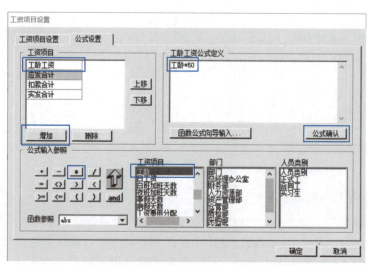

图 8-7 设置工龄工资公式

特别提醒

◆ 公式定义可以手动添加,也可以使用"函数公式向导",如"病假扣款"的公式定义。
◆ "公式设置"中的"工资项目"需要按照工龄工资、日工资、白班加班工资合计、夜班加班工资合计、奖金、事假扣款、病假扣款、工资费用分配、五险一金计提基数、失业保险、医疗保险、养老保险、住房公积金、个人所得税计税基数、应发合计、扣款合计、实发合计的顺序进行排序。

5. 设置代扣个人所得税

选择"设置"→"选项",进入"扣税设置"页签,单击"编辑"按钮,在个人所得税申报表中"收入额合计"项所对应的工资项目的下拉项中选择"个人所得税计税基数",如图8-8所示。

单击"税率设置",进入"个人所得税申报表——税率表"对话框,将"基数"调整为5 000,将"附加费用"调整为2 000;根据表8-3对个人所得税税率表进行设置,如图8-9所示。单击"确定"按钮,完成税率设置,返回"选项"窗口。再单击"确定"按钮,完成设置,退出窗口。

设置代扣个人所得税

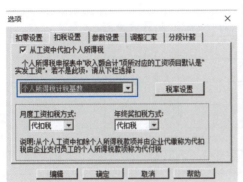
图 8-8 扣税设置选项卡

图 8-9 设置个人所得税税率

6. 录入期初工资数据

选择"设置"→"人员档案",进入"人员档案"窗口,编辑一个员工的工资数据。单击"101 张伟"所在行,系统打开"人员档案明细"窗口,并显示张伟的详细档案,单击"数据档案"按钮,如图 8-10 所示,打开"工资数据录入——页编辑"窗口,然后录入"基本工资"为 6 000,"岗位工资"为 1 800,"工龄"为 10,其他数据系统会自动给出,如图 8-11 所示。

录入期初工资数据

图 8-10 人员档案明细——数据档案

图 8-11 工资数据录入——页编辑

任务二　日常业务处理

工作任务

(1) 1 月 31 日,进行考勤统计并计算汇总工资,职工出勤表见表 8-5。

表 8-5　职工出勤表

姓　名	部　门	人员类别	白天加班天数	夜间加班天数	事假天数	病假天数
张伟	总经理办公室	企管人员	6			
赵凯	人力资源部	企管人员				1
王秀	资产管理部	企管人员	4			2
韩寒	财务部	企管人员	2	2		
林彬	财务部	企管人员	1		1	
钟灵	财务部	企管人员				
陈萱	仓管部	仓储人员	2		3	
李玲	采购部	采购人员	4			
陈路	销售部	销售人员	6	2	1	

部门经理：略　　　　　　　　制表人：略

（2）1月31日，进行工资分摊设置并计提工资，工资的分摊科目设置见表8-6。

表 8-6　工资的分摊科目设置

部门名称	人员类别	工资项目	工资分摊	
			工资（100%）	
			借方科目	贷方科目
总经理办公室	企管人员	工资费用分配	660201	221101
人力资源部	企管人员	工资费用分配	660201	221101
资产管理部	企管人员	工资费用分配	660201	221101
财务部	企管人员	工资费用分配	660201	221101
仓管部	仓储人员	工资费用分配	660201	221101
采购部	采购人员	工资费用分配	660201	221101
销售部	销售人员	工资费用分配	660104	221101

（3）1月31日，计提单位承担社会保险与住房公积金，其分摊科目设置见表8-7。

表 8-7　单位承担社会保险与住房公积金的分摊科目设置

部门名称	人员类别	工资项目	工资分摊	
			养老保险（14%）、医疗保险（8%）、失业保险（1.5%）、工伤保险（0.6%）、生育保险（1.2%）、住房公积金（12%）	
			借方科目	贷方科目
总经理办公室	企管人员	工资费用分配	660201	221103/221104/221105/221106/221110/221108
人力资源部	企管人员	工资费用分配	660201	221103/221104/221105/221106/221110/221108
资产管理部	企管人员	工资费用分配	660201	221103/221104/221105/221106/221110/221108
财务部	企管人员	工资费用分配	660201	221103/221104/221105/221106/221110/221108
仓管部	仓储人员	工资费用分配	660201	221103/221104/221105/221106/221110/221108
采购部	采购人员	工资费用分配	660201	221103/221104/221105/221106/221110/221108
销售部	销售人员	工资费用分配	660104	221103/221104/221105/221106/221110/221108

（4）1月31日，计提工会经费和职工教育经费，其分摊科目设置见表8-8。

表8-8 工会经费和职工教育经费的分摊科目设置

部门名称	人员类别	工资项目	工资分摊	
			工会经费（2%）、职工教育经费（2.5%）	
			借方科目	贷方科目
总经理办公室	企管人员	工资费用分配	660201	221109/221107
人力资源部	企管人员	工资费用分配	660201	221109/221107
资产管理部	企管人员	工资费用分配	660201	221109/221107
财务部	企管人员	工资费用分配	660201	221109/221107
仓管部	仓储人员	工资费用分配	660201	221109/221107
采购部	采购人员	工资费用分配	660201	221109/221107
销售部	销售人员	工资费用分配	660104	221109/221107

（5）1月31日，计提个人承担三险一金，其分摊科目设置见表8-9。

表8-9 个人承担三险一金的分摊科目设置

部门名称	人员类别	工资项目	工资分摊	
			养老保险（8%）、医疗保险（2%）、失业保险（0.5%）、住房公积金（12%）	
			借方科目	贷方科目
总经理办公室	企管人员	工资费用分配	221101	224102/224103/224104/224101
人力资源部	企管人员	工资费用分配	221101	224102/224103/224104/224101
资产管理部	企管人员	工资费用分配	221101	224102/224103/224104/224101
财务部	企管人员	工资费用分配	221101	224102/224103/224104/224101
仓管部	仓储人员	工资费用分配	221101	224102/224103/224104/224101
采购部	采购人员	工资费用分配	221101	224102/224103/224104/224101
销售部	销售人员	工资费用分配	221101	224102/224103/224104/224101

（6）1月31日，计提代扣个人所得税，其分摊科目设置见表8-10。

表8-10 代扣个人所得税的分摊科目设置

部门名称	人员类别	工资项目	工资分摊	
			代扣个人所得税（100%）	
			借方科目	贷方科目
总经理办公室	企管人员	代扣税	221101	222104
人力资源部	企管人员	代扣税	221101	222104
资产管理部	企管人员	代扣税	221101	222104
财务部	企管人员	代扣税	221101	222104
仓管部	仓储人员	代扣税	221101	222104
采购部	采购人员	代扣税	221101	222104
销售部	销售人员	代扣税	221101	222104

知识储备

1. 工资变动

在进行本月工资计算和汇总之前，需要将本月变动的工资数据录入系统，如缺勤情况、奖金等。在工资核算系统中，可对所有人员的工资数据进行录入、修改，既可以直接录入数据，也可以通过筛选和定位、页编辑、替换、过滤器以及定位器等方法，快速、准确地进行数据录入和修改。

2. 工资计算

在修改了某项数据、重新设置了计算公式、进行了数据替换或在个人所得税中执行了自动扣税等操作时，必须调用"计算"和"汇总"功能对个人工资数据重新计算，以保证数据正确。通常在修改完工资项目数据后，"应发合计""扣款合计""实发合计"不会自动计算合计项。如要检查合计项是否正确，需要先重算工资，如果不执行重算工资，在退出"工资变动"窗口时，系统会自动提示重新计算。

3. 工资分摊

工资分摊是指对当月发生的工资费用进行工资总额的计算、分配及各种经费的计提，并制作自动转账凭证，传递到总账系统处理。工资分摊设置包括工资分摊类型的设置和生成转账凭证处理。首次使用工资分摊功能应先进行工资分摊设置。所有与工资相关的费用及基金均需建立相应的分摊类型名称及分摊比例，如应付职工薪酬、福利费、职工教育经费和工会经费等。工资分配及费用分摊的结果最后应通过转账凭证的形式传递到总账，避免二次录入。

岗位说明

以会计"105 林彬"的身份进行薪资管理系统日常业务的处理。

任务实施

1. 录入工资数据

在"业务工作"选项卡中，选择"人力资源"→"薪资管理"，执行"业务处理"→"工资变动"命令，进入"工资变动"窗口，根据"职工出勤表"录入相关人员工资数据，如图 8-12 所示。

关闭"工资变动"窗口，系统会提示"数据发生变动后请进行工资计算和汇总，否则工资数据可能不正确！是否进行工资计算和汇总？"，选择"是"，如图 8-13 所示。

录入工资数据

图 8-12　录入工资数据

项目八　薪资管理

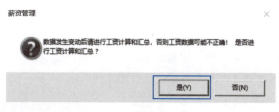

图 8-13　重算工资提示

2. 工资分摊设置

执行"业务处理"→"工资分摊"命令,打开"工资分摊"对话框,如图 8-14 所示,单击"工资分摊设置"按钮,打开"分摊类型设置"对话框。单击"增加"按钮,打开"分摊计提比例设置"对话框。在"计提类型名称"栏中录入"工资","分摊计提比例"选中 100%,如图 8-15 所示。单击"下一步"按钮,打开"分摊构成设置"对话框。在"分摊构成设置"对话框中,分别选择分摊构成的各个项目内容,设置完成后,如图 8-16 所示。

工资分摊设置

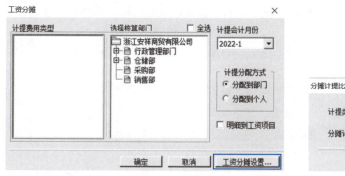

图 8-14　工资分摊设置

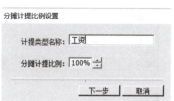

图 8-15　设置计提比例

部门名称	人员类别	工资项目	借方科目	借方项目大类	借方项目	贷方科目	贷方项目大类
总经理办公室,…	企管人员	工资费用分配	660201			221101	
销售部	销售人员	工资费用分配	660104			221101	
采购部	采购人员	工资费用分配	660201			221101	
仓管部,质检部	仓储人员	工资费用分配	660201			221101	

图 8-16　分摊构成设置

单击"完成"按钮,返回到"分摊类型设置"对话框。单击"返回"按钮,返回"工资分摊"窗口。选中"计提费用类型"中的"工资"复选框,并单击选中各个部门,选中"明细到工资项目"复选框,如图 8-17 所示。单击"确定"按钮,进入"工资一览表"窗口,选中"合并科目相同、辅助项相同的分录"前的复选框,如图 8-18 所示。单击"制单"按钮,选择凭证类别为"记账凭证",单击"保存"按钮,结果如图 8-19 所示。

图 8-17 工资分摊

图 8-18 工资分摊明细

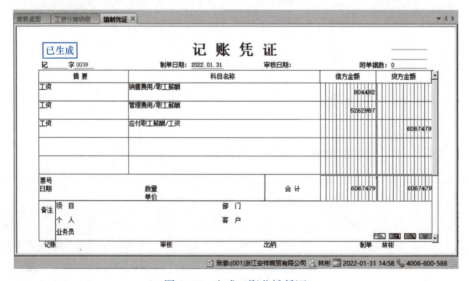

图 8-19 生成工资分摊凭证

> **特别提醒**
>
> ◇ 单位承担社会保险、住房公积金、工会经费、职工教育经费、个人承担三险一金、代扣个人所得税的计提与制单的操作方法与工资相同。

任务三　数据查询与其他处理

工作任务

（1）查询工资发放条。
（2）按部门生成工资项目构成分析表。

知识储备

1. 工资表

工资表主要用于本月工资的发放和统计，其功能主要是完成查询和打印各种工资表的工作。工资表包括以下一些由系统提供的原始表：工资发放签名表、工资发放条、工资卡、部门工资汇总表、人员类别工资汇总表、条件汇总表、条件统计表、条件明细表和工作变动汇总表等。

2. 工资分析表

工资分析表是以工资数据为基础，对部门、人员类别的工资数据进行分析和比较，生成各种分析表，供决策人员使用。工资分析表包括：分部门各月工资构成分析表、分类统计表（按部门、按项目、按月）、工资项目分析（按部门）表、工资增长情况表、部门工资项目构成分析表、员工工资汇总表、员工工资项目统计表。对于工资项目分析，系统仅提供单一部门项目分析表。用户在分析界面可单击部门下拉框，选择某一部门，查看该部门的工资项目分析表。对于员工工资汇总表，系统仅提供对单一工资项目和单一部门进行员工工资汇总分析。对于分部门各月工资构成分析表，系统提供对单一工资项目进行工作构成分析。

岗位说明

以会计"105 林彬"的身份进行数据查询。

任务实施

1. 查询工资发放条

在"业务工作"选项卡中，选择"人力资源"→"薪资管理"，执行"统计分析"→"账表"命令，系统打开"工资表"窗口。选择"工资发放条"，然后单击"查看"按钮，系统打开"工资发放条"窗口，选择所有部门和"选定下级部门"，单击"确定"按钮，结果如图 8-20 所示。

工资发放条

2022 年 01 月

部门 全部　　会计月份 一月　　人数:

人员编号	姓名	基本工资	岗位工资	白班加班工资合计	夜班加班工资合计	奖金	工龄工资	应发合计	失业保险	医疗保险	养老保险	住房公积金	事假扣款	病假扣款	代扣税	扣款合计	实发合计	本月扣零
101	张伟	6,000.00	1,800.00	2,289.66		200.00	500.00	10,789.66	15.60	156.00	624.00	936.00			195.81	1,927.41	8,860.00	2.25
104	韩寒	4,000.00	1,000.00	478.16	478.16	200.00	200.00	6,356.32	10.00	100.00	400.00	600.00			7.39	1,117.39	5,230.00	8.93
105	林彬	4,200.00	1,200.00	262.07		180.00	300.00	6,142.07	10.80	108.00	432.00	648.00	262.07			1,460.87	4,680.00	1.20
106	钟灵	3,000.00	600.00			200.00	50.00	3,850.00	7.20	72.00	288.00	432.00				799.20	3,050.00	0.80
102	赵飘	5,600.00	1,600.00			180.00	400.00	7,780.00	14.40	144.00	576.00	864.00		104.83	32.30	1,735.53	6,040.00	4.47
103	王秀	5,200.00	1,200.00	1,241.36		160.00	350.00	8,151.36	12.80	128.00	512.00	768.00		186.20	46.33	1,653.33	6,490.00	8.03
201	陈瞿	3,500.00	800.00	400.00		140.00	50.00	4,890.00	8.60	86.00	344.00	516.00	600.00			1,554.60	3,330.00	5.40
301	李玲	3,800.00	800.00	873.56		200.00	150.00	5,823.56	9.20	92.00	368.00	552.00				1,021.20	4,800.00	2.36
401	陈路	4,500.00	1,200.00	1,641.36	547.12	180.00	250.00	8,318.48	11.40	114.00	456.00	684.00	273.56		53.39	1,592.35	6,720.00	6.13
合计		39,800.00	10,200.00	7,186.17	1,025.28	1,640.00	2,250.00	62,101.45	100.00	1,000.00	4,000.00	6,000.00	1,135.63	291.03	335.22	12,861.88	49,200.00	39.57

图 8-20　工资发放条

2. 按部门生成工资项目构成分析表

统计分析

在“业务工作”选项卡中，选择“人力资源”→“薪资管理”，执行“统计分析”→“账表”命令，系统打开“工资分析表”窗口。单击选择“部门工资项目构成分析表”，单击“确定”按钮，系统打开“分析月份选择”窗口，单击“确定”按钮，选择所有部门和“选定下级部门”，单击“确定”按钮，打开“部门工资项目构成分析表”，结果如图 8-21 所示。

部门工资项目构成分析表

2022 年度 1 月 – 1 月

部门	人数	基本工资	岗位工资	班加班工资合	班加班工资合	奖金	工龄工资	应发合计	失业保险	医疗保险	养老保险	住房公积金	事假扣款	病假扣款	代扣税	扣款合计	实发合计	本月扣零
行政管理部门	6	28,000.00	7,400.00	4,271.25	478.16	1,120.00	1,800.00	43,069.41	70.80	708.00	2,832.00	4,248.00	262.07	291.03	281.83	8,693.73	34,350.00	25.68
总经理办	1	6,000.00	1,800.00	2,289.66		200.00	500.00	10,789.66	15.60	156.00	624.00	936.00			195.81	1,927.41	8,860.00	2.25
财务部	3	11,200.00	2,800.00	740.23	478.16	580.00	550.00	16,348.39	28.00	280.00	1,120.00	1,680.00	262.07		7.39	3,377.46	12,960.00	10.93
人力资源	1	5,600.00	1,600.00			180.00	400.00	7,780.00	14.40	144.00	576.00	864.00		104.83	32.30	1,735.53	6,040.00	4.47
资产管理	1	5,200.00	1,200.00	1,241.36		160.00	350.00	8,151.36	12.80	128.00	512.00	768.00		186.20	46.33	1,653.33	6,490.00	8.03
仓储部	1	3,500.00	800.00	400.00		140.00	50.00	4,890.00	8.60	86.00	344.00	516.00	600.00			1,554.60	3,330.00	5.40
仓管部	1	3,500.00	800.00	400.00		140.00	50.00	4,890.00	8.60	86.00	344.00	516.00	600.00			1,554.60	3,330.00	5.40
质检部																		
采购部	1	3,800.00	800.00	873.56		200.00	150.00	5,823.56	9.20	92.00	368.00	552.00				1,021.20	4,800.00	2.36
销售部	1	4,500.00	1,200.00	1,641.36	547.12	180.00	250.00	8,318.48	11.40	114.00	456.00	684.00	273.56		53.39	1,592.35	6,720.00	6.13
合计	9	39,800.00	10,200.00	7,186.17	1,025.28	1,640.00	2,250.00	62,101.45	100.00	1,000.00	4,000.00	6,000.00	1,135.63	291.03	335.22	12,861.88	49,200.00	39.57

图 8-21　部门工资项目构成分析表

3. 凭证查询与修改

执行“统计分析”→“凭证查询”命令，打开“凭证查询”对话框，如图 8-22 所示，在“凭证查询”窗口中，可以对已生成的“业务类型”进行“冲销”和“删除”操作。

凭证查询

删除　冲销　单据　凭证　修改　退出

业务日期	业务类型	业务号	制单人	凭证日期	凭证号	标志
2022-01-31	工资	1	林彬	2022-01-31	记-39	未审核
2022-01-31	个人承担养老保险	10	林彬	2022-01-31	记-50	未审核
2022-01-31	个人承担医疗保险	11	林彬	2022-01-31	记-51	未审核
2022-01-31	个人承担失业保险	12	林彬	2022-01-31	记-52	未审核
2022-01-31	个人承担住房公积金	13	林彬	2022-01-31	记-53	未审核
2022-01-31	代扣个人所得税	14	林彬	2022-01-31	记-54	未审核
2022-01-31	单位承担养老保险	2	林彬	2022-01-31	记-42	未审核
2022-01-31	单位承担医疗保险	3	林彬	2022-01-31	记-43	未审核
2022-01-31	单位承担失业保险	4	林彬	2022-01-31	记-44	未审核
2022-01-31	单位承担工伤保险	5	林彬	2022-01-31	记-45	未审核
2022-01-31	单位承担生育保险	6	林彬	2022-01-31	记-46	未审核
2022-01-31	单位承担住房公积金	7	林彬	2022-01-31	记-47	未审核

图 8-22　薪资管理系统凭证查询

📖 拓展阅读

依法纳税是每个公民应尽的义务

2021年12月，浙江省杭州市税务局稽查局查明，网络主播黄薇（网名：薇娅）在2019年至2020年期间，通过隐匿个人收入、虚构业务转换收入性质虚假申报等方式偷逃税款6.43亿元，其他少缴税款0.6亿元。综合考虑相关情况后，国家税务总局杭州市税务局稽查局依法对黄薇做出税务行政处罚决定，追缴税款、加收滞纳金并处罚款共计13.41亿元。

在税务机关的重拳出击之下，一些公众人物"阴阳合同、少缴瞒报、隐匿个人收入、虚假申报偷逃税款"这些投机取巧的手段浮出水面，一方面反映出一些公众人物法律意识淡薄，利欲熏心的思想作祟，挑战法律底线；另一方面这些行为对社会道德、法治带来强烈的冲击。明星偷逃税款被处罚为社会大众敲起警钟，每个人都应该去做依法纳税的表率。

⇨ 启示

税收是国家财政收入的主要形式，为国家各项职能的正常运转提供财力支持。同时，国家通过税收对国民收入进行再分配，能够缩小贫富差距，促进社会公平，实现宏观调控国内经济发展的重要作用。因此，依法纳税是每个公民应尽的义务。

1+X证书职业技能等级标准

项目	任务	证书（等级）	工作领域	工作任务	职业技能要求
项目八 薪资管理	任务一 系统初始化	业财一体信息化应用（初级）	4. 业财一体信息化平台典型财务处理	4.3 薪资业务处理	4.3.1 能根相关部门提供的人员变动信息，在信息化平台上熟练、准确地调整人员档案
		业财一体信息化应用（中级）	5. 业财一体信息化平台税务业务管理	5.2 个人所得税业务处理	5.2.1 能够根据《中华人民共和国个人所得税法》，在信息化平台上调整扣税基数和税率，确保符合个人所得税法的要求
					5.2.2 能够根据《中华人民共和国个人所得税法》，在信息化平台上准确完成个人所得税专项扣除信息采集和审核等环节的会计核算结果确认工作
		业财一体信息化应用（中级）	4. 业财一体信息化平台财务处理	4.5 薪资福利业务处理	4.5.1 能根据《企业会计准则》及企业人力资源管理制度，在信息化平台薪资模块中调整工资项目，设置工资分摊公式

（续）

项　目	任　务	证书（等级）	工作领域	工作任务	职业技能要求
项目八 薪资管理	任务二 日常业务处理	业财一体信息化应用（初级）	4. 业财一体信息化平台典型财务处理	4.3 薪资业务处理	4.3.2 能根据相关部门提供的考勤情况，在信息化平台上熟练、准确地进行工资计算处理
					4.3.4 能根据《企业会计准则》，在信息化平台上熟练完成工资计提，并能正确生成本月工资计提的凭证
		业财一体信息化应用（中级）	5. 业财一体信息化平台税务业务管理	5.2 个人所得税业务处理	5.2.3 能够根据《中华人民共和国个人所得税法》，依据个人所得税专项扣除信息，在信息化平台上及时完成个人所得税计算并进行代扣代缴业务处理
		业财一体信息化应用（中级）	4. 业财一体信息化平台财务处理	4.5 薪资福利业务处理	4.5.2 能根据《企业会计准则》及企业人力资源管理制度，依据人力资源部门提供的薪资明细表，在信息化平台薪资模块中进行分类薪资计算及发放工作，做到及时准确
					4.5.3 能根据《企业会计准则》在信息化平台薪资模块中进行工资分摊处理，以便能够将薪资费用正确计入成本费用科目
					4.5.4 能根据《企业会计准则》及企业人力资源管理制度，在信息化平台薪资模块中准确计算员工的社会福利金额
	任务三 数据查询与其他处理	业财一体信息化应用（初级）	4. 业财一体信息化平台典型财务处理	4.3 薪资业务处理	4.3.3 能根据《企业会计准则》，在信息化平台上编制月度工资表

知识导图

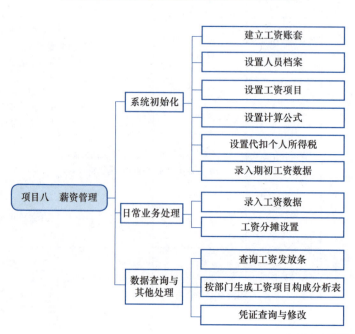

项目实训　薪资管理

实训资料

1. 工资账套

工资账套启用日期为"2022.04.01",工资类别个数为"单个",工资核算本位币为"人民币",扣税设置为"自动代扣个人所得税",扣零设置为"不扣零"。

2. 人员档案

根据表 8-11 设置人员档案。

表 8-11　人员档案

人员编码	姓　名	薪资部门名称	人员类别	银行名称	银行账号
001	林天中	总经理办公室	管理人员	建行	123456789001
002	赵飞	财务部	管理人员	建行	123456789002
003	胡树青	财务部	管理人员	建行	123456789003
004	李杰	财务部	管理人员	建行	123456789004
005	张秀	销售部	销售人员	建行	123456789005
006	李扬	销售部	销售人员	建行	123456789006
007	张乐	采购部	采购人员	建行	123456789007
008	孙立	采购部	采购人员	建行	123456789008
009	赵楠	仓管部	管理人员	建行	123456789009

3. 工资项目

根据表 8-12 设置工资项目。

表 8-12　工资项目列表

项目名称	类　型	长　度	小数位数	增减项
基本工资	数字	8	2	增项
绩效工资	数字	8	2	增项
奖金	数字	8	2	增项
交通补贴	数字	8	2	增项
应发合计	数字	10	2	增项
五险一金计提基数	数字	8	2	其他
计税基数	数字	8	2	其他
个交社会保险	数字	8	2	减项
个交住房公积金	数字	8	2	减项
缺勤扣款	数字	8	2	减项
缺勤天数	数字	8	2	其他
代扣税	数字	10	2	减项
扣款合计	数字	10	2	减项
实发合计	数字	10	2	增项

4. 计算公式

根据表 8-13 设置计算公式。

表 8-13 计 算 公 式

工资项目	定义公式
奖金	500 − 缺勤天数 ×100
交通补贴	iff（人员类别＝"管理人员"or 人员类别＝"销售人员"，100，50）
应发合计	基本工资＋绩效工资＋奖金＋交通补贴
五险一金计提基数	基本工资＋绩效工资＋奖金＋交通补贴
计税基数	基本工资＋绩效工资＋奖金＋交通补贴 − 缺勤扣款 − 个交社会保险 − 个交住房公积金
个交社会保险	（基本工资＋绩效工资＋奖金＋交通补贴）×0.105
个交住房公积金	（基本工资＋绩效工资＋奖金＋交通补贴）×0.12
缺勤扣款	缺勤天数 ×100
扣款合计	缺勤扣款＋个交社会保险＋个交住房公积金＋代扣税
实发合计	应发合计 − 扣款合计

5. 代扣个人所得税

按照国家有关规定，公司代扣代缴个人所得税。设置个人所得税申报表"收入额合计"项对应的工资项目默认是"个人所得税计税基数"，并设置费用扣除基数为 5 000 元，附加费用为 2 000 元，采用最新的七级超额累进税率。

6. 期初工资数据

根据表 8-14 录入期初工资数据。

表 8-14 期初工资数据

人员编码	姓　名	部　门	人员类别	基本工资（元）
001	林天中	总经理办公室	管理人员	6 200
002	赵飞	财务部	管理人员	5 000
003	胡树青	财务部	管理人员	4 500
004	李杰	财务部	管理人员	4 250
005	张秀	销售部	销售人员	4 000
006	李扬	销售部	销售人员	3 600
007	张乐	采购部	采购人员	4 800
008	孙立	采购部	采购人员	4 300
009	赵楠	仓管部	管理人员	3 800

7. 工资分摊

根据表 8-15 设置工资分摊。

表 8-15　工　资　分　摊

类 型 名 称	分摊计提比例
工资分摊	100%
个交社会保险	100%
个交住房公积金	100%
企交社会保险	23.35%
企交住房公积金	10%
工会经费	2%
个人所得税	100%

实训任务

（1）建立工资账套。

（2）设置人员档案。

（3）设置工资项目。

（4）设置计算公式。

（5）设置代扣个人所得税。

（6）录入期初工资数据。

（7）计算汇总工资。

（8）计提工资。

（9）计提个交社会保险与住房公积金。

（10）计提企交社会保险与住房公积金。

（11）计提工会经费。

（12）计提个人所得税。

（13）查询工资发放条。

（14）按部门生成工资项目构成分析表。

项目八技能测试

项目九 期末处理

知识目标

- 了解企业的基本情况。
- 掌握银行对账。
- 理解期末对账、结账的重要性。
- 掌握总账系统期末自定义转账凭证的生成。
- 掌握总账系统对账、结账。

技能目标

- 能够正确、熟练地进行银行对账的基础数据录入。
- 能够正确、熟练地完成银行对账工作。
- 能够熟练设计总账系统期末自定义转账公式。
- 能够正确处理总账系统期末对账、结账。

素质目标

- 培养学生真实反映事实的精神,具有严谨细致的态度。
- 培养学生严肃认真、实事求是的工作作风。
- 培养学生提高专业技能的自觉性和紧迫感,勤学苦练,不断提高业务水平。

任务一 银行对账

工作任务

(1)完成所有凭证的签字、审核、记账等对账前准备工作。
(2)录入银行对账期初数据及银行对账单,相关数据见表9-1和表9-2。

安祥公司银行对账期初数据,企业银行日记账调整前余额为545 544.24元,银行对账单调整前余额为545 529.90元,未达账项两笔,一笔是企业已付、银行未付,另一笔是企业已收、银行未收。

表 9-1　期初未达账期

（单位：元）

日 期	摘 要	结算方式与票号	借方金额	贷方金额
2021-12-31	支付电话费	其他		1 985.66
2021-12-31	收到欠款	现金支票	2 000.00	

表 9-2　银行对账单

（单位：元）

日 期	摘 要	结算方式	借方金额	贷方金额
2022-01-01	支付电话费	其他		1 985.66
2022-01-01	收到欠款	现金支票	2 000.00	
2022-01-03	缴纳税费	委托收款		53 657.00
2022-01-03	缴纳税费	委托收款		5 976.84
2022-01-04	提取备用金	现金支票		8 680.00
2022-01-04	票据结算	电汇		3 000.00
2022-01-05	付款	电汇		29 380.00
2022-01-07	收款	转账支票	52 545.00	
2022-01-08	预收货款	电汇	5 000.00	
2022-01-08	购入资产	电汇		9 299.00
2022-01-16	收款单	电汇	3 390.00	
2022-01-17	扣缴五险一金	委托收款		44 106.36
2022-01-18	票据贴现	其他	45 553.20	
2022-01-19	发放工资	转账支票		20 078.28
2022-01-21	票据结算	转账支票	57 435.00	
2022-01-25	收到存款利息	其他	2 974.00	
2022-01-29	坏账收回（结算）	电汇	33 900.00	
2022-01-31	收到捐赠款	电汇	200 000.00	

（3）完成银行对账工作。

知识储备

1. 银行对账功能

银行对账是出纳在月末应进行的一项工作，企业为掌握未达账项的情况，通常都会定期与开户银行进行对账，具体包括录入银行对账期初数据、录入银行对账单、进行银行对账、输出余额调节表等业务内容。

2. 银行对账流程

（1）录入银行对账期初数据。对于银行对账期初数据，出纳员可以从上月的期末数据中查询获得，依据资料信息在总账系统中录入。

（2）录入银行对账单。银行对账单是指银行客观记录企业资金流转情况的记录单，是对企业资金流转的记录，也是银行和企业之间对资金流转情况进行核对和确认的凭单，具有客观性、真实性、全面性等基本特征。

（3）进行银行对账。银行对账是电脑根据对账依据自动进行核对、勾销。

银行对账可采用自动对账和手工对账相结合的方式，先进行自动对账，然后在此基础上再进行手工对账。

自动对账是指系统根据设定的对账依据，将银行日记账（银行未达账项文件）与银行对账单进行自动核对和核销。对于已核对上的银行业务，系统将自动在银行日记账和银行对账单双方打上两清标志，视为已达账项，否则视为未达账项。

对账依据可由用户自己设置，但"方向＋金额"是必要条件，通常可设置为"结算方式＋结算号＋方向＋金额"。

采用自动对账后，由于系统中银行未达账项是通过凭证处理自动形成的，可能存在一些特殊的已达账项没有对上而被视为未达账项。为了保证对账的彻底性和正确性，在自动对账的基础上还要进行手工对账。

（4）输出余额调节表。

对账后，系统会根据对账结果自动生成银行存款余额调节表，以供用户查询、打印或输出。

对账后，还可以查询银行日记账和银行对账单对账的详细情况，包括已达账项和未达账项。

岗位说明

以出纳"106 钟灵"的身份去进行银行对账。

任务实施

操作前请确认计算机系统的日期和业务日期为 2022 年 1 月 31 日。

1. 对账前准备工作

（1）以"出纳 106 钟灵，操作日期 2022 年 1 月 31 日"登入企业应用平台，对所有凭证进行出纳签字。

（2）以"财务经理 104 韩寒，操作日期 2022 年 1 月 31 日"登入企业应用平台，对所有凭证进行审核。

（3）以"会计 105 林彬，操作日期 2022 年 1 月 31 日"登入企业应用平台，对所有凭证进行记账。

银行对账

2. 银行对账期初设置

（1）以"出纳 106，操作日期 2022 年 1 月 31 日"登入企业应用平台，在企业应用平台"业务工作"页签中，执行"财务会计"→"总账"→"出纳"→"银行对账"→"银行对账期初录入"命令，打开"银行科目选择"对话框，如图 9-1 所示，单击"确定"按钮，打开"银行对账期初"窗口。

项目九 期末处理 235

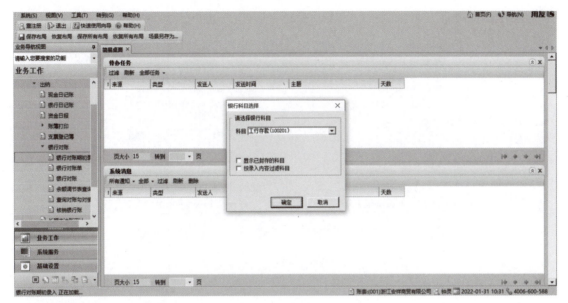

图 9-1 银行科目选择

（2）在"银行对账期初"窗口中，在单位日记账的"调整前余额"栏输入"545 544.24"，在银行对账单的"调整前余额"栏录入"545 529.90"，结果如图 9-2 所示。

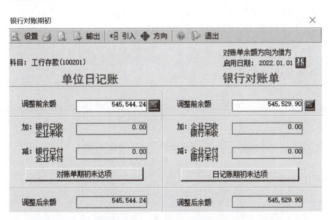

图 9-2 银行对账期初

（3）单击"日记账期初未达项"按钮，打开"企业方期初"窗口，根据表 9-1 录入期初未达账项，结果如图 9-3 所示。

图 9-3 企业方期初

(4)退出"企业方期初"窗口,返回"银行对账期初"窗口,结果如图9-4所示。

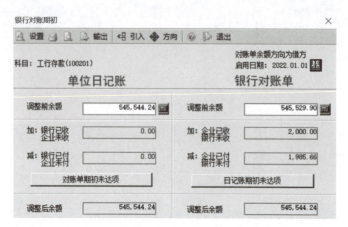

图9-4 银行对账期初

3. 录入银行对账单

(1)在"总账"系统中,执行"财务会计"→"总账"→"出纳"→"银行对账"→"银行对账单"命令,系统弹出"银行科目选择"窗口,默认"科目"为"工行存款(100201)",确认或设置"月份"为"2022.01-2022.01",如图9-5所示,然后单击"确定"按钮,系统打开"银行对账"窗口。

(2)单击工具栏中"增加"按钮,根据表9-2手工录入银行对账单,结果如图9-6所示。

图9-5 银行科目选择

日期	结算方式	票号	借方金额	贷方金额	余额
2022.01.01	9			1,985.66	543,544.24
2022.01.01	201		2,000.00		545,544.24
2022.01.03	7			53,657.00	491,887.24
2022.01.03	7			5,976.84	485,910.40
2022.01.04	201			8,680.00	477,230.40
2022.01.04	5			3,000.00	474,230.40
2022.01.05	5			29,380.00	444,850.40
2022.01.07	202		52,545.00		497,395.40
2022.01.08	5		5,000.00		502,395.40
2022.01.08	5			9,299.00	493,096.40
2022.01.16	5		3,390.00		496,486.40
2022.01.17	7			44,106.36	452,380.04
2022.01.18	9		45,553.20		497,933.24
2022.01.19	202			20,078.28	477,854.96
2022.01.21	202		57,435.00		535,289.96
2022.01.25	9		2,974.00		538,263.96
2022.01.29	5		33,900.00		572,163.96
2022.01.31	9		200,000.00		772,163.96

图9-6 银行对账单

4. 进行银行对账

(1)在"总账"系统中,执行"财务会计"→"总账"→"出纳"→"银行对账"→"银行对账”命令，打开“银行科目选择”对话框，默认“科目”为“工行存款（100201）”，确认或设置“月份”为“2022.01–2022.01”，单击“确定”按钮，打开“银行对账”窗口。

（2）单击工具栏的“对账”按钮，打开“自动对账”对话框，设置“截止日期”为“2022–01–31”，选择日期相差 12 之内，如图 9–7 所示。

（3）单击“确定”按钮，系统显示自动对账结果，如图 9–8 所示。

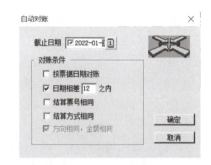

图 9–7　自动对账设置

简易桌面　银行对账 ×　银行存款余额调节表

科目：100201(工行存款)

单位日记账

票据日期	结算方式	票号	方向	金额	两清	凭证号数	摘　要
2022.01.03	7	05501897	贷	53,657.00	○	记-0001	缴纳上月税费
2022.01.03	7	05501089	贷	5,976.84	○	记-0002	缴纳上月税费
2022.01.04	201		贷	8,680.00	○	记-0004	提取备用金
2022.01.17	7		贷	44,106.36	○	记-0006	扣缴上月五险一
2022.01.19	202	54694877	贷	20,078.28	○	记-0008	发放上月工资
2022.01.25	9		贷	-2,974.00		记-0009	收到存款利息
2022.01.07	202	10231548	借	52,545.00	○	记-0015	收款单
2022.01.08	5	71605695	借	5,000.00	○	记-0016	预收货款
2022.01.18		30804450	借	45,553.20	○	记-0021	票据贴现
2022.01.21	202	1020232091	借	57,435.00	○	记-0022	票据结算
2022.01.29	5	44528573	借	33,900.00	○	记-0026	坏账收回(结算)
2022.01.05	5	05014920	贷	29,380.00	○	记-0030	付款单
2022.01.16	5	50854084	贷	-3,390.00		记-0034	收款单
2022.01.04	5	66214527	贷	3,000.00	○	记-0035	票据结算
2022.01.28	5		借	200,000.00	○	记-0052	收到捐赠款
2022.01.08	5	25409836	贷	9,299.00	○	记-0053	直接购入资产.

银行对账单

日期	结算方式	票号	方向	金额	两清	对账序号
2022.01.01	9		贷	1,985.66		
2022.01.03	7		贷	53,657.00	○	2022013100014
2022.01.03	7		贷	5,976.84	○	2022013100008
2022.01.04	201		贷	8,680.00	○	2022013100009
2022.01.04	5		贷	3,000.00	○	2022013100007
2022.01.05	5		贷	29,380.00	○	2022013100012
2022.01.07	202		借	52,545.00	○	2022013100004
2022.01.08	5		借	5,000.00	○	2022013100001
2022.01.08	5		贷	9,299.00	○	2022013100010
2022.01.16	5		借	3,390.00		
2022.01.17	7		贷	44,106.36	○	2022013100013
2022.01.18	9		借	45,553.20	○	2022013100003
2022.01.19	202		贷	20,078.28	○	2022013100011
2022.01.21	202		借	57,435.00	○	2022013100005
2022.01.25	9		借	2,974.00		
2022.01.29	5		借	33,900.00	○	2022013100002
2022.01.31	9		借	200,000.00	○	2022013100006
2022.01.01	201		借	2,000.00		

图 9–8　自动对账结果

（4）对于已达账项，系统自动在单位日记账和银行对账单双方的“两清”栏画上“O”标志。在自动对账窗口，对于一些应勾对而未勾对上的账项，可分别双击“两清”栏，直接进行手工调整，结果如图 9–9 所示。

简易桌面　银行对账 ×　银行存款余额调节表

科目：100201(工行存款)

单位日记账

票据日期	结算方式	票号	方向	金额	两清	凭证号数	摘　要
2022.01.03	7	05501897	贷	53,657.00	○	记-0001	缴纳上月税费
2022.01.03	7	05501089	贷	5,976.84	○	记-0002	缴纳上月税费
2022.01.04	201		贷	8,680.00	○	记-0004	提取备用金
2022.01.17	7		贷	44,106.36	○	记-0006	扣缴上月五险一
2022.01.19	202	54694877	贷	20,078.28	○	记-0008	发放上月工资
2022.01.25	9		贷	-2,974.00	Y	记-0009	收到存款利息
2022.01.07	202	10231548	借	52,545.00	○	记-0015	收款单
2022.01.08	5	71605695	借	5,000.00	○	记-0016	预收货款
2022.01.18		30804450	借	45,553.20	○	记-0021	票据贴现
2022.01.21	202	1020232091	借	57,435.00	○	记-0022	票据结 票据贴现
2022.01.29	5	44528573	借	33,900.00	○	记-0026	坏账收[illegible]
2022.01.05	5	05014920	贷	29,380.00	○	记-0030	付款单
2022.01.16	5	50854084	贷	-3,390.00	Y	记-0034	收款单
2022.01.04	5	66214527	贷	3,000.00	○	记-0035	票据结算
2022.01.28	5		借	200,000.00	○	记-0052	收到捐赠款
2022.01.08	5	25409836	贷	9,299.00	○	记-0053	直接购入资产.

银行对账单

日期	结算方式	票号	方向	金额	两清	对账序号
2022.01.01	9		贷	1,985.66		
2022.01.03	7		贷	53,657.00	○	2022013100014
2022.01.03	7		贷	5,976.84	○	2022013100008
2022.01.04	201		贷	8,680.00	○	2022013100009
2022.01.04	5		贷	3,000.00	○	2022013100007
2022.01.05	5		贷	29,380.00	○	2022013100012
2022.01.07	202		借	52,545.00	○	2022013100004
2022.01.08	5		借	5,000.00	○	2022013100001
2022.01.08	5		贷	9,299.00	○	2022013100010
2022.01.16	5		借	3,390.00	Y	2022013100015
2022.01.17	7		贷	44,106.36	○	2022013100013
2022.01.18	9		借	45,553.20	○	2022013100003
2022.01.19	202		贷	20,078.28	○	2022013100011
2022.01.21	202		借	57,435.00	○	2022013100005
2022.01.25	9		借	2,974.00	Y	2022013100015
2022.01.29	5		借	33,900.00	○	2022013100002
2022.01.31	9		借	200,000.00	○	2022013100006
2022.01.01	201		借	2,000.00		

图 9–9　手动对账结果

（5）所有数据对账完毕后，单击"检查"按钮，检查结果显示平衡，如图9-10所示单击"确定"按钮退出。

（6）单击工具栏中的"保存"按钮，保存对账结果（如果不保存，系统会弹出保存提示信息框）。

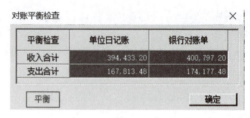

图9-10　对账平衡检查

（7）单击"银行对账"窗口中的"关闭"按钮，关闭并退出该窗口。

> **特别提醒**
>
> 如果对账结果显示不平，可进行以下几方面的检查：
> ◆ "银行对账期初"录入中的"调整前余额""对账单期初未达项"及"日记账期初未达项"录入是否正确。
> ◆ 银行对账单录入是否正确。
> ◆ "银行对账"中对账是否平衡。

5. 查询银行存款余额调节表

（1）在"总账"系统中，执行"财务会计"→"总账"→"出纳"→"银行对账"→"余额调节表查询"命令，系统打开"银行存款余额调节表"窗口。

（2）双击表体中"银行科目"所在行，系统弹出"银行存款余额调节表"窗口，结果如图9-11所示。

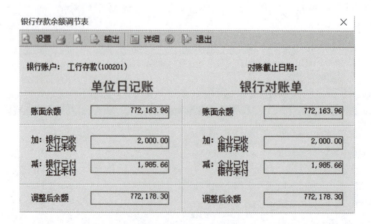

图9-11　银行存款余额调节表

（3）单击"银行存款余额调节表"窗口工具栏中的"详细"按钮，系统打开"余额调节表（详细）"窗口，显示该银行账户的银行存款余额调节表的详细情况，单击"余额调节表（详细）"和"银行存款余额调节表"窗口中的"关闭"按钮，关闭并退出窗口。

任务二　总账期末处理

工作任务

（1）完成所有自定义转账的公式设置及转账凭证的生成工作。
（2）完成期间损益的转账定义及转账凭证的生成工作。

知识储备

1. 结转

结转是指把一个会计科目的发生额或余额转移到另一个会计科目。

结转的目的：一是结出本会计科目的余额；二是计算本报告期的成本；三是计算当期的损益；四是保持会计工作的连续性，一定要把本会计年度末的余额转到下一个会计年度。

2. 定义自动转账

U8 中提供了自定义转账、对应结转、自定义比例结转、销售成本结转、售价（计划价）销售成本结转、汇总损益结转、期间损益结转、费用摊销与预提几种类型的转账定义。

自定义转账是指由用户自己定义转账凭证模板，定义内容包括转账序号、凭证类型、摘要、科目、借贷方向和金额公式。

对应结转是将某科目的余额按一定比例转入其他一个或多个科目，可一对一结转，也可一对多结转。

自定义比例结转可以实现一对一或多对一或多对多的结转业务。

销售成本结转是将月末商品（或产成品）销售数量乘以库存商品（或产成品）的平均单价，计算各类商品销售成本并进行结转。

售价（计划价）销售成本结转适用于库存商品采用计划成本计价或采用售价金额核算法时销售成本的结转。

汇兑损益结转用于期末自动计算外币账户的汇兑损益，并在转账过程中自动生成汇兑损益转账凭证。

期间损益结转用于在一个会计期间终了将损益类科目的余额结转到本年利润科目中，从而及时反映企业利润的盈亏情况。

费用摊销与预提适用于分期摊销待摊费用和计提预提费用。

3. 生成转账凭证

凭证模板定义好以后，当每个月发生相关经济业务时可不必再通过手工录入凭证，而可以直接调用已定义好的凭证模板来自动生成相关的记账凭证。

利用凭证模板生成记账凭证需要各月重复进行。

一般而言，只有在凭证记账后，账务函数才能取出相关数据。所以利用自动转账生成凭证时，一定要使相关凭证已经全部记账，这样才能保证取出完整的数据。

岗位说明

以会计"105 林彬"的身份进行自定义转账和记账。
以财务经理"104 韩寒"的身份进行凭证的审核。

任务实施

计提本月
未交增值税

业务1 自定义转账设置——计提本月未交增值税

(1) 设置自定义转账。根据表 9-3 完成相关自定义转账设置。

表 9-3 计提本月未交增值税公式表

结转序号	摘　要	凭证类别	科目编码	方　向	金额公式
0001	计提本月未交增值税	记账凭证	22210106	借	QM(222101,月)
			222102	贷	JG( )

1) 以"会计 105 林彬,操作日期 2022 年 1 月 31 日"登入企业应用平台。在"总账"系统中,执行"财务会计"→"总账"→"期末"→"转账定义"→"自定义转账"命令,打开"自定义转账设置"对话框,单击工具栏中的"增加"按钮,在"转账目录"窗口中编辑"转账序号"为"0001","转账说明"为"计提本月未交增值税",如图 9-12 所示,单击"确定"按钮,返回"自定义转账设置"窗口。

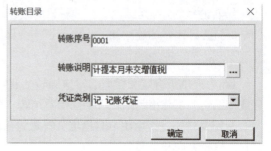

图 9-12　转账目录

2) 单击工具栏中的"增行"按钮,在"科目编码栏"输入"22210106"〔应交税费——应交增值税(转出未交增值税)〕,方向为"借",单击"金额公式"参照按钮,弹出"公式向导"窗口,在该窗口中,选择公式名称为"期末余额",单击下一步,如图 9-13 所示,选择科目为"222101",如图 9-14 所示,单击"确定"按钮,返回"自定义转账设置"窗口,其公式结果为 QM(222101,月)。

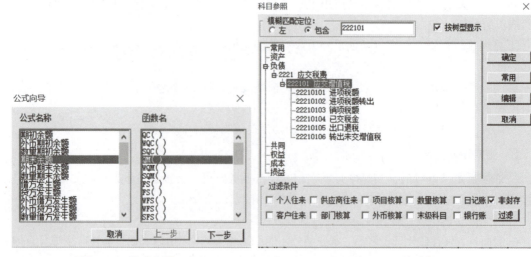

图 9-13　公式向导　　　　　　图 9-14　科目参照

3）单击工具栏中的“增行”按钮，在“科目编码栏”输入“222102”（应交税费——未交增值税），方向为“贷”，单击“金额公式”参照按钮，弹出“公式向导”窗口，在该窗口中，选择公式名称为“取对方科目计算结果”，如图 9-15 所示，单击“下一步”按钮，返回“自定义转账设置”窗口，其公式结果为“JG（）”，再单击“下一步”按钮，最后单击“完成”按钮。

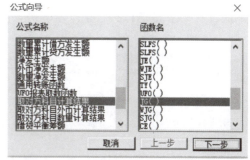

图 9-15 公式向导

4）单击工具栏中的“保存”按钮，保存“计提本月未交增值税”的公式定义，结果如图 9-16 所示。

转账序号 0001　转账说明 计提本月未交增值税　凭证类别 记账凭证

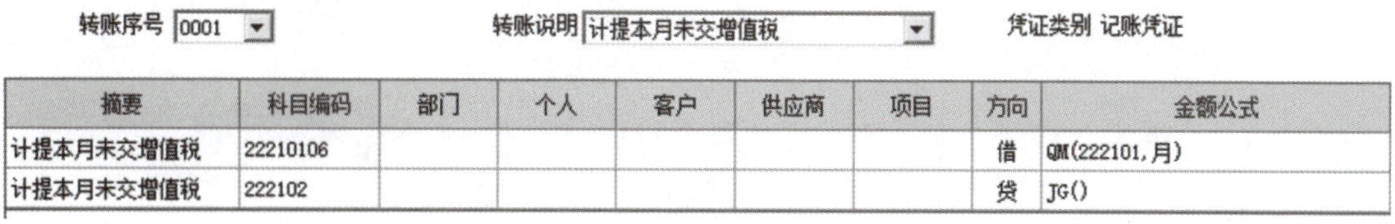

摘要	科目编码	部门	个人	客户	供应商	项目	方向	金额公式
计提本月未交增值税	22210106						借	QM(222101,月)
计提本月未交增值税	222102						贷	JG()

图 9-16 “计提本月未交增值税”转账公式定义结果

5）单击工具栏中的“退出”按钮，退出该窗口。

（2）转账生成。

1）在“总账”系统，执行“财务会计”→“总账”→“期末”→“转账生成”命令，系统打开“转账生成”窗口，双击“0001”号自定义转账凭证的“是否结转”栏，使其出现“Y”符号，如图 9-17 所示。

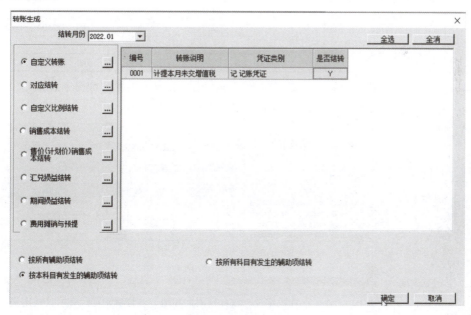

图 9-17 转账生成

2）单击“确定”按钮，弹出记账凭证窗口，单击“保存”按钮，如图 9-18 所示。

3）以“财务经理 104 韩寒，操作日期 2022 年 1 月 31 日”登入企业应用平台，对该凭证进行审核。

4）以“会计 105 林彬，操作日期 2022 年 1 月 31 日”登入企业应用平台，对该凭证进行记账。

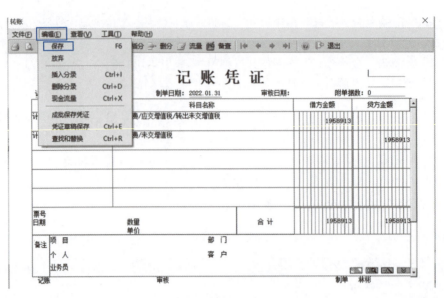

图 9-18 保存自定义转账生成的凭证 1

业务 2 自定义转账设置——计提本月应交城建（城市维护建设）税、教育费附加和地方教育费附加

（1）设置自定义转账。根据表 9-4 完成相关自定义转账设置。

表 9-4 计提本月城建税、教育费附加和地方教育费附加公式表

结转序号	摘要	凭证类别	科目编码	方向	金额公式
0002	计提本月城建税、教育费附加和地方教育费附加	记账凭证	6403	借	JG（）
			222105	贷	QM（222102，月）*0.07
			222106	贷	QM（222102，月）*0.03
			222107	贷	QM（222102，月）*0.02

计提本月应交城市维护建设税

计提本月应交教育费附加

计提本月应交地方教育费附加

按照设置"计提本月未交增值税"的方法设置"计提本月城建税、教育费附加和地方教育费附加"，结果如图 9-19 所示。

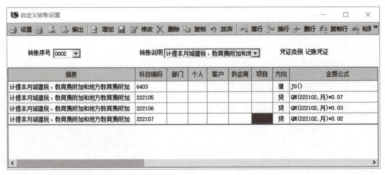

图 9-19 "计提本月城建税、教育费附加和地方教育费附加"转账公式定义结果

（2）转账生成。

1）在"总账"系统，执行"财务会计"→"总账"→"期末"→"转账生成"命令，系统打开"转账生成"窗口，双击"0002"号自定义转账凭证的"是否结转"栏，使其出现"Y"符号。

2）单击"确定"按钮，弹出"记账凭证"窗口，单击"保存"按钮，结果如图 9-20 所示。

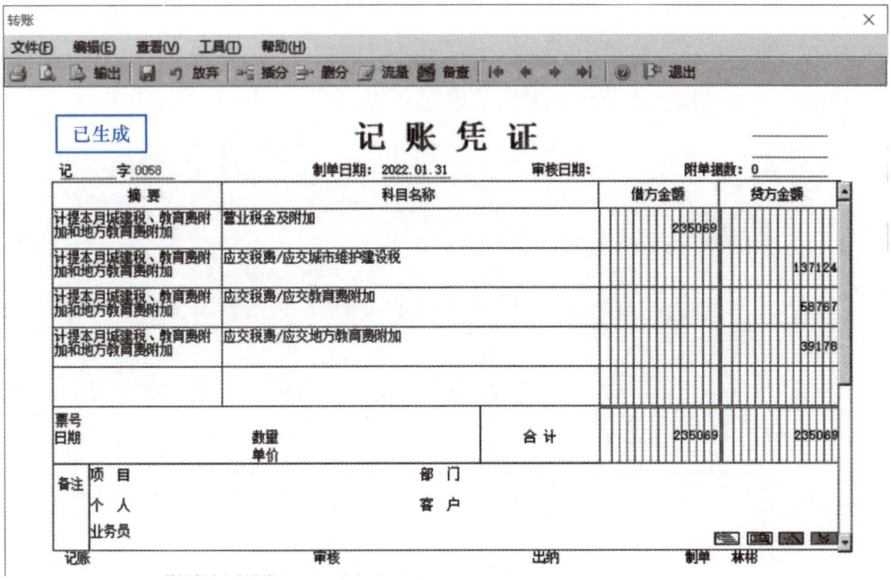

图 9-20　保存自定义转账生成的凭证 2

3）以"财务经理 104 韩寒，操作日期 2022 年 1 月 31 日"登入企业应用平台，对该凭证进行审核。

4）以"会计 105 林彬，操作日期 2022 年 1 月 31 日"登入企业应用平台，对该凭证进行记账。

业务 3　销售成本结转

（1）销售成本结转设置。在"总账"系统中，执行"财务会计"→"总账"→"期末"→"转账定义"→"销售成本结转"命令，在"销售成本结转设置"窗口中，库存商品科目选择"1405"，商品销售收入科目选择"6001"，商品销售成本科目选择"6401"，单击"确定"按钮，如图 9-21 所示。

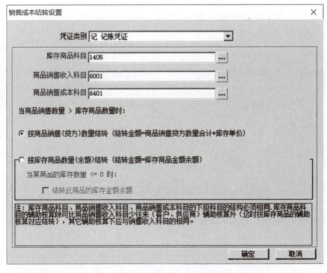

图 9-21　销售成本结转设置

（2）转账生成。

1）在"总账"系统中，执行"财务会计"→"总账"→"期末"→"转账生成"命令，系统打开"转账生成"窗口。在该窗口中，选择"销售成本结转"，单击"确定"按钮，系统打开"销售成本结转一览表"，如图9-22所示，单击"确定"按钮。

图9-22　销售成本结转一览表

2）在"转账"窗口中，系统自动生成销售成本结转凭证，单击"保存"按钮，结果如图9-23所示。

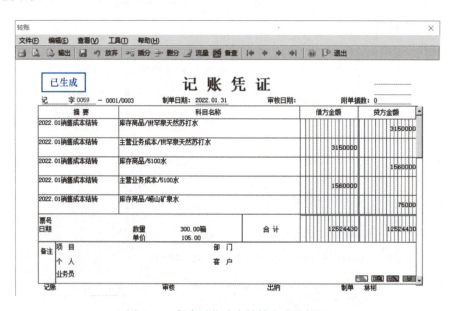

图9-23　保存销售成本结转生成的凭证

3）以"财务经理104韩寒，操作日期2022年1月31日"登入企业应用平台，对该凭证进行审核。

4）以"会计105林彬，操作日期2022年1月31日"登入企业应用平台，对该凭证进行记账。

项目九 期末处理 ■ 245

业务 4　期间损益——利润总额

（1）期间损益结转设置。在"总账"系统中，执行"财务会计"→"总账"→"期末"→"期间损益"命令，打开"期间损益结转设置"对话框，在"本年利润科目"中输入"4103"，如图 9-24 所示，单击"确定"按钮。

期间损益——
利润总额

图 9-24　期间损益结转设置

（2）转账生成。

1）在"总账"系统，执行"财务会计"→"总账"→"期末"→"转账生成"命令，系统打开"转账生成"窗口，单击左侧的"期间损益结转"，窗口上方的"类型"栏选择"收入"，单击"全选"按钮，如图 9-25 所示。

图 9-25　期间损益转账生成

2）单击"确定"按钮，弹出"记账凭证"窗口，单击"保存"按钮，结果如图9-26所示。

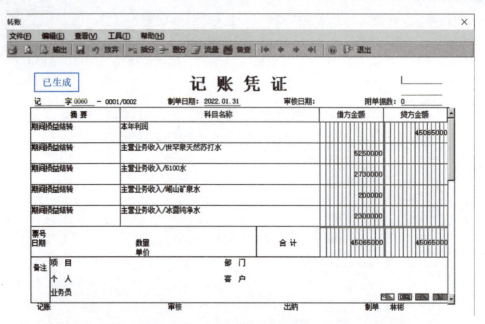

图9-26 "期间损益结转"的收入结转凭证

3）退出凭证窗口，返回"转账生成"窗口，将窗口上方的"类型"栏选择"支出"，单击"全选"按钮。

4）单击"确定"按钮，弹出"记账凭证"窗口，单击"保存"按钮，结果如图9-27所示。

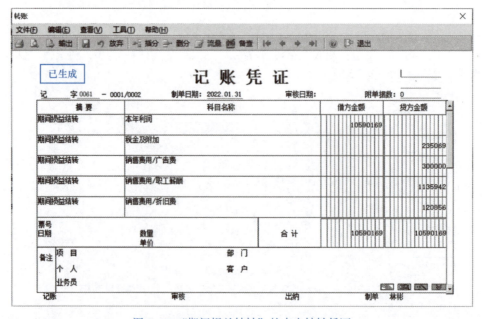

图9-27 "期间损益结转"的支出结转凭证

5）以"财务经理104韩寒，操作日期2022年1月31日"登入企业应用平台，对该凭证进行审核。

6）以"会计105林彬，操作日期2022年1月31日"登入企业应用平台，对该凭证进行记账。

业务 5 自定义转账设置——计提本月应交企业所得税

(1) 设置自定义转账。根据表 9-5 完成相关自定义转账设置。

表 9-5 计提本月应交企业所得税公式表

结转序号	摘 要	凭证类别	科目编码	方 向	金 额 公 式
0003	计提本月应交企业所得税	记账凭证	6801	借	QM（4103，月）*0.25
			222103	贷	JG（ ）

按照前述自定义转账设置方法，设置计提本月应交企业所得税，如图 9-28 所示。

计提本月应交企业所得税

图 9-28 "计提本月应交企业所得税"转账公式定义结果

(2) 转账生成。

1) 在"总账"系统，执行"财务会计"→"总账"→"期末"→"转账生成"命令，系统打开"转账生成"窗口，双击"0003"号自定义转账凭证的"是否结转"栏，使其出现"Y"符号。

2) 单击"确定"按钮，弹出"记账凭证"窗口，单击"保存"按钮，结果如图 9-29 所示。

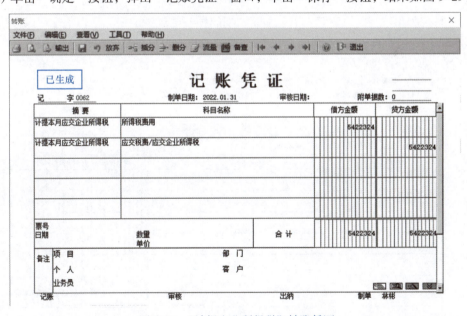

图 9-29 "计提企业所得税"转账凭证

3) 以"财务经理 104 韩寒，操作日期 2022 年 1 月 31 日"登入企业应用平台，对该凭证进行审核。

4) 以"会计 105 林彬，操作日期 2022 年 1 月 31 日"登入企业应用平台，对该凭证进行记账。

业务 6 期间损益——结转企业所得税

结转企业所得税

（1）在"总账"系统，执行"财务会计"→"总账"→"期末"→"转账生成"命令，系统打开"转账生成"窗口，单击左侧的"期间损益结转"，在表体中，双击"680101（当期所得税费）"，使其"是否结转"栏出现"Y"字样，再单击"确定"按钮，如图 9-30 所示。

图 9-30 期间损益转账生成

（2）系统弹出"转账"窗口，默认显示"期间损益结转"记账凭证，单击"保存"按钮，保存该凭证，结果如图 9-31 所示。

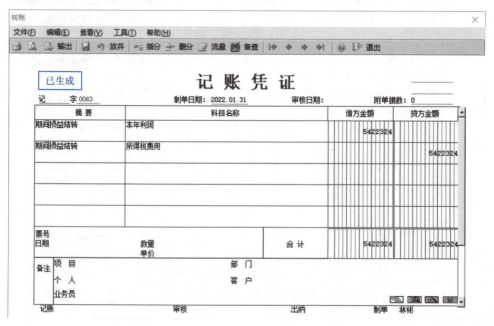

图 9-31 "期间损益结转"的所得税结转凭证

（3）以"财务经理 104 韩寒，操作日期 2022 年 1 月 31 日"登入企业应用平台，对该凭证进行审核。

（4）以"会计 105 林彬，操作日期 2022 年 1 月 31 日"登入企业应用平台，对该凭证进行记账。

业务 7 对应结转设置——结转净利润

（1）设置对应结转。根据表 9-6 完成相关对应结转设置。

表 9-6 结转净利润

结转序号	摘要	凭证类别	科目编码	
0001	结转净利润	记账凭证	转出科目	4103
			转入科目	410406

1）在"总账"系统中，执行"财务会计"→"总账"→"期末"→"转账定义"→"对应结转"命令，打开"对应结转设置"对话框，在"编号"框中输入"0001"，在"摘要"框中输入"结转净利润"，单击"转出科目"的参照按钮，在"科目参照"中选择"4103"，"转出科目名称"自动带出"本年利润"，单击"确定"按钮。

2）单击工具栏中的"增行"按钮，编辑其"转入科目编码"为"410406"，按下回车键，"转入科目名称"自动带出"未分配利润"，结果如图 9-32 所示，单击"保存"按钮。

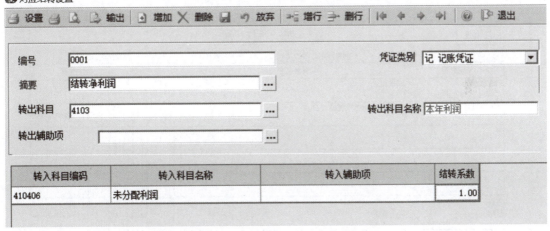

图 9-32 "结转净利润"对应结转设置

（2）转账生成。

1）在"总账"系统，执行"财务会计"→"总账"→"期末"→"转账生成"命令，系统打开"转账生成"窗口，选择"对应结转"，在右上角单击"全选"，如图 9-33 所示。

2）单击"确定"按钮，弹出记账凭证窗口，单击"保存"按钮，结果如图 9-34 所示。

3）以"财务经理 104 韩寒，操作日期 2022 年 1 月 31 日"登入企业应用平台，对该凭证进行审核。

4）以"会计 105 林彬，操作日期 2022 年 1 月 31 日"登入企业应用平台，对该凭证进行记账。

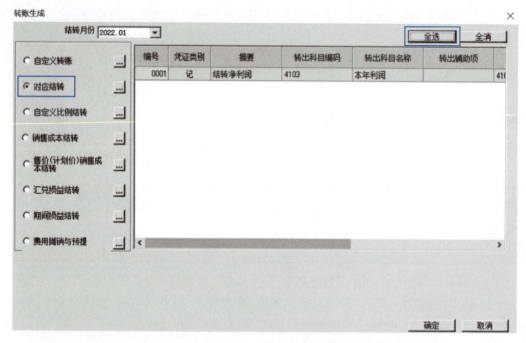

图 9-33 "结转净利润"转账生成

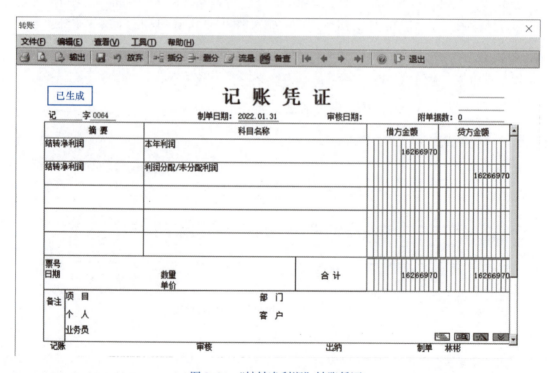

图 9-34 "结转净利润"转账凭证

业务 8 自定义转账设置——计提法定盈余公积

（1）设置自定义转账。根据表 9-7 完成相关自定义转账设置。

表 9-7 计提法定盈余公积公式表

结转序号	摘　要	凭证类别	科目编码	方　向	金　额　公　式
0004	计提法定盈余公积	记账凭证	410401	借	JG（）
			410101	贷	FS（410406，月，贷）*0.1

按照前述自定义转账设置方法，设置计提法定盈余公积证，如图 9-35 所示。

计提法定盈余公积

图 9-35 "计提法定盈余公积"转账公式定义结果

（2）转账生成。按照前述凭证生成的方法生成记账凭证，如图 9-36 所示。

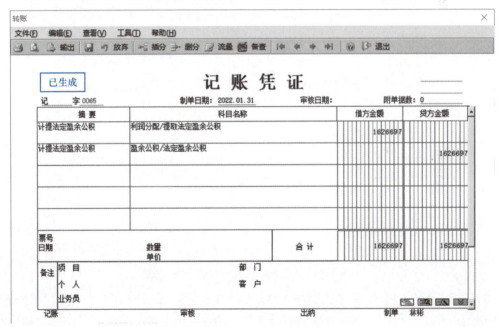

图 9-36 "计提法定盈余公积"转账凭证

业务 9 自定义转账设置——分配股利

（1）设置自定义转账。根据表 9-8 完成相关自定义转账设置。

分配股利

表 9-8 向投资者分配股利公式表

结转序号	摘　要	凭证类别	科目编码	方　向	金　额　公　式
0005	向投资者分配股利	记账凭证	410403	借	JG（）
			2232	贷	FS（410406，月，贷）*0.3

按照前述自定义转账设置方法，设置向投资者分配股利，如图9-37所示。

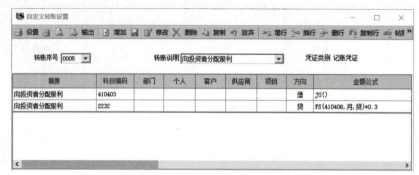

图9-37 "向投资者分配股利"转账公式定义结果

（2）转账生成。

1）在"总账"系统，执行"财务会计"→"总账"→"期末"→"转账生成"命令，系统打开"转账生成"窗口，双击"0008"号自定义转账凭证的"是否结转"栏，使其出现"Y"符号。

2）单击"确定"按钮，弹出记账凭证窗口，单击"保存"按钮，结果如图9-38所示。

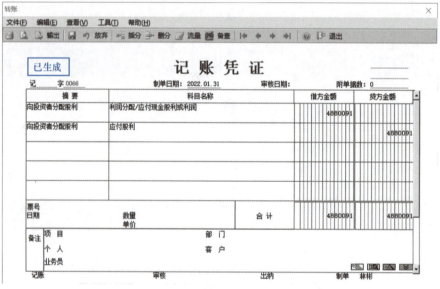

图9-38 "向投资者分配股利"转账凭证

3）以"财务经理104韩寒，操作日期2022年1月31日"登入企业应用平台，对该凭证进行审核。

4）以"会计105林彬，操作日期2022年1月31日"登入企业应用平台，对该凭证进行记账。

任务三　月末结账处理

工作任务

（1）完成各子模块的月末结账工作。

（2）完成总账的对账及月末结账工作。

知识储备

1. 对账

无论是在手工方式下，还是在信息化条件下，每个会计期末都要对本会计期间的会计业务进行期末对账。一般来说，只要记账凭证录入正确，电脑自动记账后各种账簿都应是正确、平衡的。但由于非法操作或电脑病毒及其他原因影响，有时可能会造成某些数据破坏。因此，为了保证账证相符、账账相符，月末都要进行系统自动对账。

2. 月末结账

当本月所有的会计业务全部处理完毕后，就要进行月末结账工作。

结账是指在一定会计期间的全部经济业务登记入账后，计算、记录并结转账簿的本期发生额和期末余额，并终止本期的财务处理工作。

电脑在每次记账时，都已经结出各科目的发生额和余额，并将期末余额结转到下期期初，为了下一个会计期间的连续核算做好初始化准备。

岗位说明

以会计"105 林彬"的身份去各个子模块进行结账工作；以财务经理"104 韩寒"的身份去进行总账对账和结账工作。

任务实施

1. 应付款管理系统月末结账

（1）以"会计 105 林彬，操作日期 2022 年 1 月 31 日"登入企业应用平台。在"总账"系统中，执行"财务会计"→"应付款管理"→"期末处理"→"月末结账"命令，打开"月末处理"对话框。双击一月份的"结账标志"栏，使"结账标志"栏出现"Y"，如图 9-39 所示。

（2）单击"下一步"，再单击"完成"，系统提示"1 月份结账成功"。

应付款管理、应收款管理、固定资产、薪资管理系统月末结账

> **特别提醒**
>
> ◆ 如果本月还有收付款单没有审核，则应付系统本月不允许月末结账。

2. 应收款管理系统月末结账

（1）以"会计 105 林彬，操作日期 2022 年 1 月 31 日"登入企业应用平台。在"总账"系统中，执行"财务会计"→"应收款管理"→"期末处理"→"月末结账"命令，打开"月末处理"对话框，双击一月份的"结账标志"栏，使"结账标志"栏出现"Y"。

（2）单击"下一步"，再单击"完成"，系统提示"1 月份结账成功"，如图 9-40 所示。

图 9-39 "应付款管理"系统月末结账　　图 9-40 "应收款管理"系统月末结账

特别提醒

- 系统进行月末结账后，该月将不能再进行任何处理。
- 如果上月未结账，则本月不能结账。
- 如果本月还有收付款单没有审核，则应收系统本月不允许月末结账。

3. 固定资产系统月末结账

（1）以"会计105 林彬，操作日期2022年1月31日"登入企业应用平台。在"总账"系统中，执行"财务会计"→"固定资产"→"处理"→"对账"命令，打开"与账务对账结果"提示框，提示对账结果"平衡"，如图9-41所示。

（2）在"总账"系统中，执行"财务会计"→"固定资产"→"处理"→"月末结账"命令，打开"月末结账"对话框。单击"开始结账"，弹出"与财务对账结果"对话框，单击"确定"，系统提示"月末结账成功完成！"，如图9-42所示，单击"确定"按钮。

图 9-41 "固定资产"系统月末对账　　图 9-42 "固定资产"系统月末结账

特别提醒

- 月末结账每月进行一次，结账后当期的数据不能修改。若想修改，应恢复月末结账前状态，即进行反结账。

❖ 反结账应在待恢复月份的月末登录，执行"财务会计"→"固定资产"→"处理"→"恢复月末结账前状态"命令即可。恢复成功后，结账后所做的所有工作都将无痕迹删除。

4. 薪资管理系统月末结账

（1）以"会计 105 林彬，操作日期 2022 年 1 月 31 日"登入企业应用平台。在"总账"系统中，执行"人力资源"→"薪资管理"→"业务处理"→"月末处理"命令，打开"月末处理"对话框，如图 9-43 所示。

（2）单击"确定"按钮，系统提示是否继续月末处理，单击"是"，系统提示"是否选择清零项？"，单击"是"，弹出"选择清零项目"对话框。选择清零项目"基本工资""工龄工资""事假天数""病假天数""白班加班天数""夜班加班天数"，如图 9-44 所示。

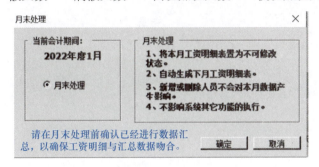

图 9-43 "薪资管理"系统月末处理

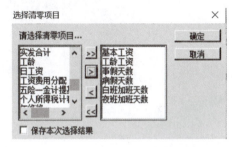

图 9-44 "薪资管理"选择清零项目

（3）单击"确定"按钮，系统提示"月末处理完毕！"，单击"确定"按钮，完成月结。

5. 总账系统月末结账

（1）对账。

1）以"财务经理 104 韩寒，操作日期 2022 年 1 月 31 日"登入企业应用平台。在"总账"系统中，执行"财务会计"→"总账"→"期末"→"对账"命令，打开"对账"窗口。

总账系统
月末结账

2）在"对账"窗口中，将光标定位在"2022.01"所在行，单击工具栏中的"选择"按钮，使其"是否对账"栏出现"Y"字样，如图 9-45 所示。

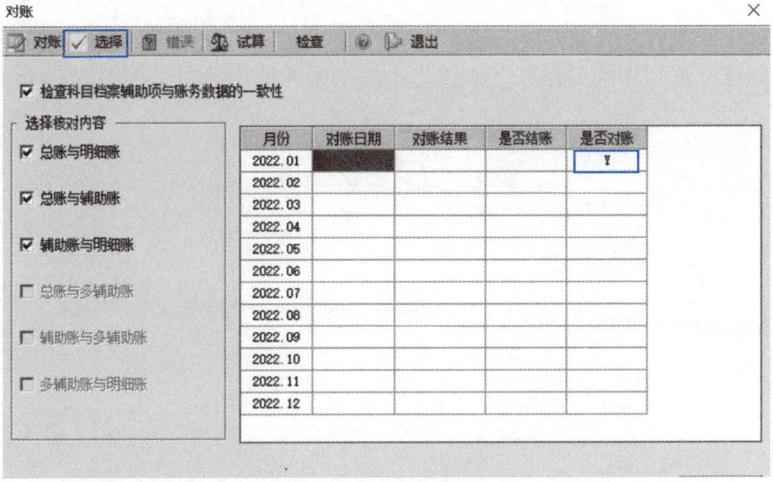

图 9-45 "总账"系统月末对账

3）再单击工具栏中的"对账"按钮，系统开始自动对账并显示对账结果，如图9–46所示。

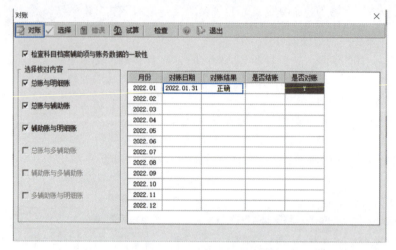

图9–46 "总账"系统月末对账结果

特别提醒

◆ 若对账结果为账账相符，则对账月份的"对账结果"栏显示"正确"。

◆ 若对账结果为账账不符，则对账月份的"对账结果"栏显示"错误"，单击工具栏中的"错误"按钮，可查看引起账账不符的原因。

（2）结账。

1）在"总账"系统中，执行"财务会计"→"总账"→"期末"→"结账"命令，打开"结账"窗口。在"结账"窗口中，单击要结账的月份"2022.01"，然后单击"下一步"按钮，系统进入"核对账簿"界面，单击"对账"按钮，系统对要结账的月份进行账账核对。

2）单击"下一步"按钮，系统显示"2022年01月工作报告"窗口，结果如图9–47所示。

3）查看"2022年01月工作报告"后，再单击"下一步"按钮，若符合结账要求，则系统自动进行结账，否则不予结账。

4）单击"结账"窗口中的"结账"按钮，系统结账并退出该窗口，如图9–48所示。

图9–47 "2022年01月工作报告"窗口

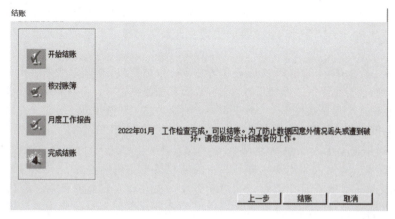

图 9-48 "总账"系统月末结账

特别提醒

已结账月份不能再填制凭证，但可以查询凭证、账表等。

以下情况不允许月末结账：

（1）上月未结账，但本月可以填制、审核凭证。

（2）本月还有未记账的凭证。

（3）总账与明细账对账不符。

（4）总账系统与其他系统联合使用，其他系统未结账。

如何取消月结？在总账系统，执行"期末"→"结账"命令，打开"结账"→"开始结账"窗口，单击选择要取消结账的月份，按"Ctrl+Shift+F6"组合键即可。

取消记账的操作步骤如下：

（1）在"企业应用平台"的"业务工作"页签中，执行"财务会计"→"总账"→"期末"→"对账"命令，系统打开"对账"窗口。

（2）在期末对账界面，按"Ctrl+H"组合键，在"凭证"菜单中增加"恢复记账前状态"菜单项（如再次按下"Ctrl+H"组合键则隐藏此菜单项）。

（3）执行"总账"→"凭证"→"恢复记账前状态"命令，打开"恢复记账前状态"窗口。选择恢复方式："最近一次记账前状态"，该方式一般用于记账时系统造成的数据错误的恢复；"上个月初状态"，恢复到上个月初未记账时的状态，例如，如果登录时间为2022.01，则系统可恢复到2022年1月初状态。

拓展阅读

推进"会计数字化"转型，繁荣"会计信息化"研究

2021年12月30日，财政部正式印发《会计信息化发展规划（2021—2025年）》（以下简称《规划》），对未来五年我国会计信息化工作做出全面部署。《规划》紧密围绕《会计改革与发展"十四五"规划纲要》（财会〔2021〕27号）的总体部署和经济社会发展需要，从会计改革与

发展的全局出发，提出了"十四五"时期会计信息化工作总体目标和主要任务，为新阶段会计改革工作指明了方向，支撑会计职能拓展，推进会计数字化转型，推动会计信息化工作向更高水平迈进。

《规划》在"总体目标"中提到：服务我国经济社会发展大局和财政管理工作全局，以信息化支撑会计职能拓展为主线，以标准化为基础，以数字化为突破口，引导和规范我国会计信息化数据标准、管理制度、信息系统、人才建设等持续健康发展，积极推动会计数字化转型，构建符合新时代要求的国家会计信息化发展体系。

为了实现这一总体目标，九大主要任务中指出要"加强会计信息化人才培养，繁荣会计信息化理论研究"。对人才培养主阵地之一的高校提出了明确要求，"适当增加会计信息化课程内容的比重，加大会计信息化人才培养力度。在会计人员能力框架、会计专业技术资格考试大纲、会计专业高等和职业教育大纲中增加对会计信息化和会计数字化转型的能力要求"。无论是课程内容、培养力度，还是能力框架、培养大纲等教育各重点要素，应加快数字化转型。同时，《规划》还对理论界提出要求：研究会计数字化转型的理论与实践、机遇与挑战、安全与伦理等基础问题，研究国家会计数据管理体系等重大课题，开展会计信息化应用案例交流，形成一批能引领时代发展的会计信息化研究成果。未来，学界、教育界的工作重心将逐步转移或兼顾到"三懂"的数字化会计人才的培养上来。

⇨ **启示**

通过学习，学生应充分认识到财政部大力推进数字化会计，支撑会计职能拓展，推进会计数字化转型，推动会计信息化工作向更高水平迈进。学生应力争成为懂会计、懂业务、懂信息技术的复合型会计信息化人才。

1+X 证书职业技能等级标准

项目	任务	证书（等级）	工作领域	工作任务	职业技能要求
项目九 期末处理	任务一 银行对账 任务二 总账期末处理 任务三 月末结账处理	业财一体信息化应用（初级）	6. 业财一体信息化平台月末处理	6.1 月末业务处理	6.1.5 能依据应收应付业务月末检查处理结果，在信息化平台上准确完成应收款、应付款管理模块的月末结账工作 6.1.6 能在信息化平台上进行固定资产模块与总账模块对账，准确无误后完成固定资产模块月末结账 6.1.7 能确认本会计月工资数据处理工作已结束，在信息化平台薪资管理模块中熟练完成月末结账
				6.2 月末财务处理	6.2.1 能在信息化平台上熟练、准确地定义期末损益结转的模板 6.2.2 能在信息化平台上根据定义的模板生成损益结转的凭证 6.2.3 能在信息化平台上熟练进行总账与明细账、总账与辅助账数据核对工作，确保账账相符 6.2.4 能在信息化平台上熟练完成总账模块月末结账

知识导图

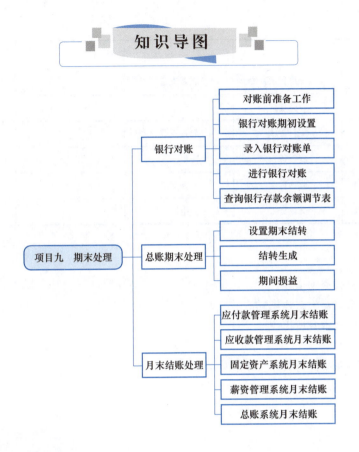

项目实训　期末处理

实训资料

月末对账单见表 9-9。

表 9-9　银行对账单

（单位：元）

日　　期	摘　　要	结算方式	借方金额	贷方金额
2022-04-02	支付货款	转账支票		259 900.00
2022-04-02	支付运费	转账支票		1 090.00
2022-04-07	支付税费	委托收款		106 000.00
2022-04-07	支付税费	委托收款		3 705.62
2022-04-15	发放上月工资	转账支票	41 080.00	
2022-04-15	上交住房公积金	委托收款		12 662.00
2022-04-15	上交社会保险费	委托收款		15 600.00
2022-04-17	购买打印机	转账支票		1 356.00

（续）

日 期	摘 要	结算方式	借方金额	贷方金额
2022-04-21	支付资产置换补价	转账支票		2 260.00
2022-04-21	收到货款	电汇	90 160.00	
2022-04-24	支付货款	转账支票		128 820.00
2022-04-25	支付货款	电汇		182 043.00
2022-04-25	收到货款	转账支票	612 126.00	
2022-04-28	支付货款	电汇		10 740.00

实训任务

（1）银行对账。
（2）结转本月未交增值税。
（3）进行期末损益类账户结转。
（4）计算并结转本月所得税。
（5）结转本年利润。
（6）对月末各系统进行对账、结账处理。

项目九技能测试

项目十

UFO报表管理

知识目标

> 掌握会计报表基础知识及 UFO 报表系统基本功能。
> 明确 UFO 报表系统与其他系统之间的关系。
> 掌握关键字等专有词语的含义。

技能目标

> 能熟练地设计资产负债表、利润表和企业财务分析表等。
> 能熟练地利用报表模板功能生成资产负债表、利润表。
> 能熟练地利用自定义报表功能生成企业财务分析表等。

素质目标

> 培养学生独立编制会计报表的能力。
> 培养学生真实反映事实的精神,具有实事求是的科学态度。
> 培养学生遵守会计法规和会计准则的精神,提升其会计职业道德和职业素养。

任务一 利用报表模板生成报表

工作任务

(1)利用 UFO 报表模板生成资产负债表,并输出文件名为"资产负债表 .rep"。
(2)利用 UFO 报表模板生成利润表,并输出文件名为"利润表 .rep"。

知识储备

1. UFO 报表系统

企业会计报表是企业根据日常会计核算资料定期编制的、综合反映企业某一特定日期财务状况和某一会计期间经营成果、现金流量的总结性书面文件。它是企业财务报告的主要部分,是企业向外传递会计信息的主要手段。现在的会计报表是企业的会计人员,根据一定时期(例如月、季、年)的会计记录,按照既定的格式和种类编制的报告文件。

2. 报表格式转换

UFO 报表系统是用友 ERP-U8 进行报表事务处理的一个独立系统，利用它可以为企业提供综合反映企业一定日期财务状况和一定时期经营成果的会计信息。调用模板报表是指主要通过报表的模板来完成报表的编制。UFO 报表将含有数据的报表分为两大部分来处理，即报表的格式设计和报表的数据处理。报表的格式设计和数据处理分别在报表"格式"状态和"数据"状态下进行。

岗位说明

以财务经理"104 韩寒"的身份去调用报表模板。

任务实施

操作前请确认电脑系统的日期和业务日期为 2022 年 1 月 31 日。

业务 1 生成资产负债表

1. 调用报表模板

（1）打开"UFO 报表"窗口，以"财务经理 104 韩寒，操作日期 2022 年 1 月 31 日"登入企业应用平台。在"企业应用平台"的"业务工作"页签中，执行"财务会计"→"UFO 报表"命令，打开"UFO 报表"窗口；单击菜单栏中的"文件"→"新建"菜单项，系统新建一个报表，默认报表名为 report1。单击菜单栏中的"格式"→"报表模板"菜单项，系统打开"报表模板"对话框，如图 10-1 所示。

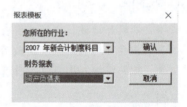

图 10-1 "报表模板"对话框

利用报表模板
生成报表

（2）在"报表模板"对话框中，选择"您所在的行业"为"2007 年新会计制度科目"，"财务报表"为"资产负债表"，然后单击"确认"按钮，系统弹出"模板格式将覆盖本表格式！是否继续？"信息提示框。

（3）单击提示框中的"确定"按钮，即可打开"资产负债表"模板，此时处于格式状态（窗口的左下角有"格式"字样），如图 10-2 所示。

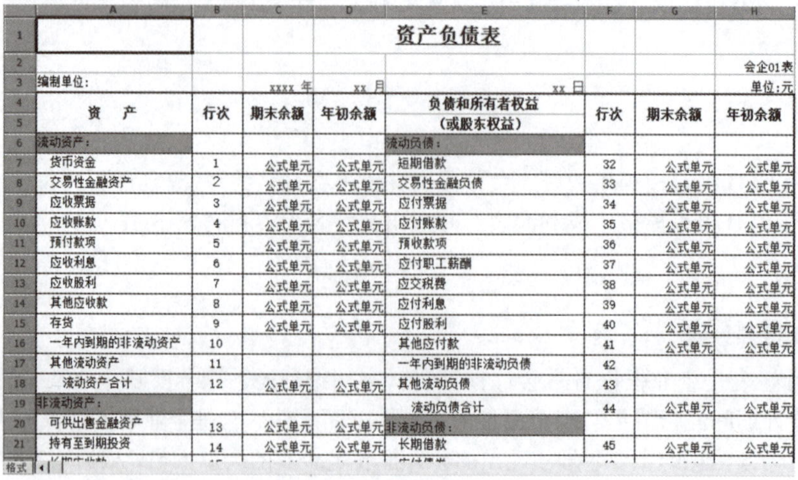

图 10-2 "资产负债表"模板

2. 录入关键字并计算报表数据

在"资产负债表"窗口中,单击其左下角的"格式"按钮,则该按钮切换为"数据",表明当前状态是"数据"状态。

单击菜单栏中的"数据"→"关键字"→"录入"菜单项,系统打开"录入关键字"对话框。在"录入关键字"对话框中,输入年为"2022",月为"1",日为"31",结果如图10-3所示。

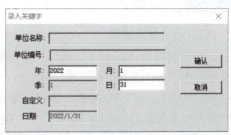

图10-3 "录入关键字"对话框

在"录入关键字"对话框中,单击"确认"按钮,系统弹出"是否重算第1页?"提示框,单击"是"按钮,系统会自动根据单元公式计算1月份的数据,结果如图10-4所示。

资产负债表

会企01表

编制单位:浙江安祥商贸有限公司　　　　2022年1月31日　　　　　　　　　　单位:元

资产	行次	期末余额	年初余额	负债和所有者权益(或股东权益)	行次	期末余额	年初余额
流动资产:				流动负债:			
货币资金	1	804,451.46	691,724.24	短期借款	32		
交易性金融资产	2			交易性金融负债	33		
应收票据	3			应付票据	34	40,115.00	3,000.00
应收账款	4	140,225.23	46,200.00	应付账款	35	72,418.00	26,585.00
预付款项	5		10,620.00	预收款项	36	15,000.00	10,000.00
应收利息	6			应付职工薪酬	37	73,651.80	51,216.05
应收股利	7			应交税费	38	76,493.45	59,633.54
其他应收款	8	2,000.00	2,000.00	应付利息	39		
存货	9	170,608.13	185,220.00	应付股利	40	48,800.91	
一年内到期的非流动资产	10			其他应付款	41	13,651.82	14,614.35
其他流动资产	11			一年内到期的非流动负债	42		
流动资产合计	12	1,117,284.82	935,764.24	其他流动负债	43		
非流动资产:				流动负债合计	44	340,130.98	165,048.94
可供出售金融资产	13	113,212.50		非流动负债:			
持有至到期投资	14			长期借款	45		
长期应收款	15			应付债券	46		
长期股权投资	16			长期应付款	47		
投资性房地产	17			专项应付款	48		
固定资产	18	5,894,490.45	5,900,272.70	预计负债	49		
在建工程	19			递延所得税负债	50		
工程物资	20			其他非流动负债	51		
固定资产清理	21			非流动负债合计	52		
生产性生物资产	22			负债合计	53	340130.98	165048.94
油气资产	23			所有者权益(或股东权益):			
无形资产	24			实收资本(或股本)	54	500,000.00	500,000.00
开发支出	25			资本公积	55		
商誉	26			减:库存股	56		
长期待摊费用	27			盈余公积	57	701,004.97	684,738.00
递延所得税资产	28			未分配利润	58	5,583,851.82	5,486,250.00
其他非流动资产	29			所有者权益(或股东权益)合计	59	6,784,858.79	6,670,988.00
非流动资产合计	30	6007702.95	5900272.70				
资产总计	31	7124987.77	6836036.94	负债和所有者权益(或股东权益)总计	60	7,124,987.77	6,836,036.94

图10-4 资产负债表

业务 2 生成利润表

1. 调用报表模板

（1）打开"UFO 报表"窗口，以"财务经理 104 韩寒，操作日期 2022 年 01 月 31 日"登入企业应用平台。在"企业应用平台"的"业务工作"页签中，执行"财务会计"→"UFO 报表"命令，系统打开"UFO 报表"窗口；单击菜单栏中的"文件"→"新建"菜单项，系统新建一个报表。单击菜单栏中的"格式"→"报表模板"菜单项，系统打开"报表模板"对话框。

（2）在"报表模板"对话框中，选择"您所在的行业"为"2007 年新会计制度科目"，"财务报表"为"利润表"，然后单击"确认"按钮，系统弹出"模板格式将覆盖本表格式！是否继续？"信息提示框，操作同资产负债表操作。

（3）单击提示框中的"确定"按钮，即可打开"利润表"模板，此时处于格式状态（窗口的左下角有"格式"字样），如图 10-5 所示。

	A	B	C	D
1		利润表		
2				会企02表
3	编制单位：	xxxx 年	xx 月	单位:元
4	项 目	行数	本期金额	上期金额
5	一、营业收入	1	公式单元	公式单元
6	减：营业成本	2	公式单元	公式单元
7	营业税金及附加	3	公式单元	公式单元
8	销售费用	4	公式单元	公式单元
9	管理费用	5	公式单元	公式单元
10	财务费用	6	公式单元	公式单元
11	资产减值损失	7	公式单元	公式单元
12	加：公允价值变动收益（损失以"-"号填列）	8	公式单元	公式单元
13	投资收益（损失以"-"号填列）	9	公式单元	公式单元
14	其中：对联营企业和合营企业的投资收益	10		
15	二、营业利润（亏损以"-"号填列）	11	公式单元	公式单元
16	加：营业外收入	12	公式单元	公式单元
17	减：营业外支出	13	公式单元	公式单元
18	其中：非流动资产处置损失	14		
19	三、利润总额（亏损总额以"-"号填列）	15	公式单元	公式单元
20	减：所得税费用	16	公式单元	公式单元
21	四、净利润（净亏损以"-"号填列）	17	公式单元	公式单元

图 10-5 "利润表"模板

2. 录入关键字并计算报表数据

在"利润表"窗口中，单击其左下角的"格式"按钮，则该按钮切换为"数据"，表明当前状态是"数据"状态。

单击菜单栏中的"数据"→"关键字"→"录入"菜单项，系统打开"录入关键字"对话框。在"录入关键字"对话框中，输入"年"为 2022，"月"为 1。

在"录入关键字"对话框中，单击"确认"按钮，系统弹出"是否重算第 1 页？"提示框，单击"是"按钮，系统会自动根据单元公式计算 1 月份的数据，结果如图 10-6 所示。

利润表

编制单位：浙江安祥商贸有限公司　　2022 年 1 月

会企 02 表　　单位：元

项目	行数	本期金额	上期金额
一、营业收入	1	250,650.00	
减：营业成本	2	125,244.30	
营业税金及附加	3	2,350.69	
销售费用	4	20,427.98	
管理费用	5	84,820.95	
财务费用	6	−2,327.20	
资产减值损失	7		
加：公允价值变动收益（损失以"−"号填列）	8		
投资收益（损失以"−"号填列）	9		
其中：对联营企业和合营企业的投资收益	10		
二、营业利润（亏损以"−"号填列）	11	20133.28	
加：营业外收入	12	200,000.00	
减：营业外支出	13	2,611.07	
其中：非流动资产处置损失	14		
三、利润总额（亏损总额以"−"号填列）	15	217522.21	
减：所得税费用	16	54,223.24	
四、净利润（净亏损以"−"号填列）	17	163298.97	
五、每股收益：	18		
（一）基本每股收益	19		
（二）稀释每股收益	20		

图 10-6　利润表

任务二　利用自定义功能生成报表

工作任务

用自定义的方式编制企业财务指标分析表并生成数据，企业主要财务指标分析表见表 10-1。

表 10-1　企业主要财务指标分析表

单位名称：浙江安祥商贸有限公司 2022 年 1 月

能　　力	指　　标	数　　值
偿债能力分析	流动比率	
	速动比率	
	资产负债率	
营运能力分析	应收账款周转率	
	总资产周转率	
盈利能力分析	资产利润率	
	销售净利率	

知识储备

自定义报表是指主要通过报表的格式定义和报表公式设置来完成报表的编制。UFO 报表将含有数据的报表分为两大部分来处理，即报表的格式设计和报表的数据处理。报表格式设计和数据处理分别在报表"格式"状态和"数据"状态下进行。

在格式状态下设计报表的格式，如表尺寸、行高列宽、单元属性、单元风格、组合单元、关键字等。报表的单元公式、审核公式、舍位平衡公式也是在格式状态下定义。在格式状态下所做的操作对本报表的所有表页都有效，在格式状态下不能进行数据的录入、计算等操作。

在数据状态下管理报表的数据，如输入数据、增加或删除表页、审核、舍位平衡、做图形、汇总、合并报表等。在数据状态下看到的是报表的全部，包括报表的格式和数据。

岗位说明

以财务经理 104 身份去编制企业财务指标分析表并生成数据。

任务实施

操作前请确认系统日期和业务日期为 2022 年 1 月 31 日，上一任务生成的资产负债表和利润表与本次生成的报表放在同一个目录下。

1. 设计企业财务分析表格式

自定义报表

（1）财务经理"104 韩寒"登录企业应用平台，单击"财务会计"→"UFO 报表"，进入 UFO 报表管理系统，单击"文件"→"新建"，建立一张空白报表。单击报表底部左下角按钮，报表状态会在"格式"和"数据"间转换，设置当前状态为"格式"状态。单击"格式"→"表尺寸"，在打开的"表尺寸"窗口输入行数为 11，列数为 3，如图 10-7 所示，单击"确认"按钮。

（2）选中 A1、B1、C1 三个单元格，单击"格式"→"组合单元"，在弹出的"组合单元"窗口中单击"整体组合"或者"按行组合"，如图 10-8 所示。

图 10-7 报表尺寸设置

图 10-8 组合单元格

同理，合并 A2、B2、C2 单元格。合并 A4 至 A6、A7 和 A8、A9 和 A10 单元格。

（3）拖动鼠标左键选中 A3 到 C10 所有单元格，单击"格式"→"区域画线"，打开"区域画线"窗口，选择"网线"按钮，单击"确认"按钮，如图 10-9 所示，将所选区域画上表格线。

（4）选中 A1 单元格，单击"格式"→"行高"，在弹出的行高窗口"行高"文本框中输入 15，如图 10-10 所示，单击"确认"按钮。

项目十 UFO 报表管理 ■ 267

图 10-9 画表格线

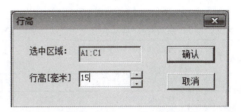
图 10-10 设置行高

同理，选中 A2 到 C10 单元格，设置行高 10。选中 A 列和 B 列，单击"格式"→"列宽"，打开"列宽"对话框，输入列宽 35，单击"确认"按钮，同理设置 C 列列宽 30。

（5）选中 A1 单元格，单击鼠标右键，选中"单元格属性"，在弹出的"单元格属性"对话框中选择"对齐"选项卡，水平和垂直方向设置为"居中"，如图 10-11 所示，单击"确定"。

单击"字体图案"选项卡，设置字体为"黑体"，字号为"12"。同理，设置 C4～C10"单元属性"为"数值"并勾选"百分号"，将"小数位数"设置为"2"。

（6）输入报表项目。在表中对应的单元格输入报表项目，如图 10-12 所示。

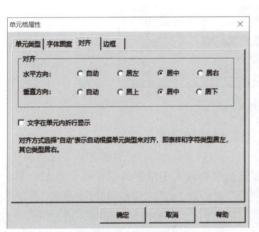
图 10-11 设置单元格属性

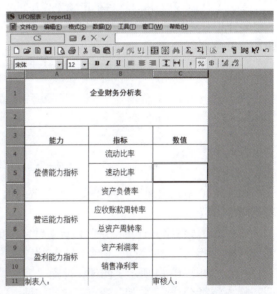
图 10-12 输入报表项目

特别提醒

◇ 日期不作为文字内容输入，而是需要设置为关键字。

2. 定义关键字和单元计算公式

（1）报表公式定义。将表格里面数值列中单元格设置自定义公式，单元格公式设置见表 10-2。

表 10-2　各项指标单元格公式

指　标	公　式	单元格公式	单元格位置
流动比率	流动资产/流动负债	"资产负债表"->C18@1/"资产负债表"->G19@1	C4
速动比率	（流动资产－存货－预付账款）/流动负债	("资产负债表"->C18@1-"资产负债表"->C15@1-"资产负债表"->C11@1)/"资产负债表"->G19@1	C5
资产负债率	流动资产/流动负债	"资产负债表"->G29@1/"资产负债表"->C38@1	C6
应收账款周转率	营业收入/（期初应收账款+期末应收款）/2	2*"利润表"->C5@1/("资产负债表"->C10@1+"资产负债表"->D10@1)	C7
总资产周转率	营业收入/（期初资产总额+期末资产总额）/2	2*"利润表"->C5@1/("资产负债表"->D38@1+"资产负债表"->C38@1)	C8
资产利润率	利润总额/（期初资产总额+期末资产总额）/2	2*"利润表"->C19@1/("资产负债表"->D38@1+"资产负债表"->C38@1)	C9
销售净利率	净利润/营业收入	"利润表"->C21@1/"利润表"->C15@1	C10

UFO 报表可以实现从其他报表取数，其他表格取数的一般格式为"报表名"->数据单元@页号。要注意的是，单元格公式中涉及的符号全部为英文半角字符。

（2）选中 C4 单元格，然后单击菜单栏中的"数据"→"编辑公式"→"单元公式"菜单项，在定义公式对话框内直接输入公式："资产负债表"->C18@2/"资产负债表"->G19@2，如图 10-13 所示。

图 10-13　定义单元格公式

C5～C10 格式也如上一步操作。假如要修改公式，鼠标双击单元格的公式单元就会弹出定义公式的对话框。

（3）设置关键字并计算结果。设置关键字，单击选中要输入关键字的组合单元格 A2。执行"数据"→"关键字"→"设置"命令，打开"设置关键字"对话框，选择"单位名称"，单击"确定"，完成设置，如图 10-14 所示。同理，设置"年""月"关键字。若要取消关键字，通过执行"数据"→"关键字"→"取消"命令，取消关键字。

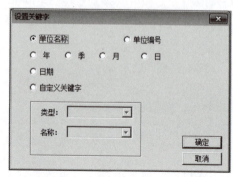

图 10-14　"设置关键字"对话框

（4）查看计算结果，单击左下角"格式"按钮，变成"数据"状态，可以查看相关数据，再单击"文件"→"保存"，将文件保存为"企业财务分析表"。

拓展阅读

千亿市值白马股：A 股史上规模最大的财务造假舞弊案
——康美财务造假案

2019 年 4 月 30 日，康美药业曾发布公告，公告中的会计差错更正显示，2018 年前康美药业营业收入、费用等方面存在账实不符的情况，并相应地调整了 2017 年的年报数据，但在 2017 年财务报中虚增货币资金近 300 亿元。经过调查，康美药业在其 2016—2018 年所披露的财务报告中，存在以下的虚假行为：首先用虚假的银行单据虚增存款；其次通过伪造业务凭证进行收入的造假；最后部分资金转入关联方账户买卖公司股票。康美药业事件使得舆论哗然，但同时我们也要看到康美药业事件所呈现出的问题，那就是其会计人员对会计职业道德的违背。其违背了会计职业道德内容中所要求的诚实守信和坚持准则，这两项内容要求会计从业人员应当信誉至上、拒绝虚假，并且始终坚持按照法律、法规进行会计核算与会计监督。而康美药业不仅大量地使用虚假伪造的业务凭证和单据虚增资产，而且触犯法律，未在相应年度的财务报告中披露控股股东和关联方非经营性占用资金，从而造成了极其恶劣的影响。正是因为会计从业人员职业道德的动摇与缺失，使得康美药业，这个曾经国内市场的龙头企业，辉煌无比的商业帝国，轰然倒塌。

○ 启示

通过学习，学生应充分认识到康美药业事件的严重性，警示他们在从事会计业务时要时时刻刻地坚守会计职业道德，不应动摇、违背，始终将会计职业道德牢记于心，并且付诸实际工作当中。而作为公司的会计人员要能够坚持准则，维护社会公众的经济利益，要将法律红线时刻牢记于心，不触碰法律底线，不凌驾于法律之上，真真正正地做到诚信为本、操守为重、坚持准则、不做假账，以确保我国会计行业拥有高素质、高水平人才，为我国会计行业的发展添砖加瓦。

考证导航

1+X 证书职业技能等级标准

项目	任务	证书（等级）	工作领域	工作任务	职业技能要求
项目十 UFO 报表管理	任务一 利用报表模板生成报表	业财一体信息化应用（初级）	6. 业财一体信息化平台月末处理及会计档案管理	6.3 财务法定报表编制	6.3.1 能根据《企业会计准则》，在信息化平台上依据报表模板，准确地生成资产负债表
					6.3.2 能根据《企业会计准则》，在信息化平台上依据报表模板，准确地生成利润表

（续）

项目	任务	证书（等级）	工作领域	工作任务	职业技能要求
项目十 UFO 报表管理	任务二 利用自定义功能生成报表	业财一体信息化应用（中级）	6. 业财一体信息化平台期末业财账务处理	6.3 财务报表编制与分析	6.3.1 能依据财务部门及业务部门需求，在信息化平台上设计出财务分析表的表样格式，如盈利能力分析、偿债能力分析、资产运营能力分析等 6.3.2 能在信息化平台上使用财务分析公式自定义取数公式，如设计流动比率的取数公式 6.3.3 能根据《企业会计准则》，依据资产负债表，在信息化平台上设计财务分析表格式，设计跨表取数公式 6.3.4 能根据《企业会计准则》，依据资产负债表、利润表、现金流量表等多种表格，在信息化平台上设计跨表取数公式，进行多账表取数自定义报表设计 6.3.5 能依据设计的各种财务分析表模板，在信息化平台上进行取数计算，生成财务分析表，依据财务分析表进行财务分析，为企业经营决策提供依据

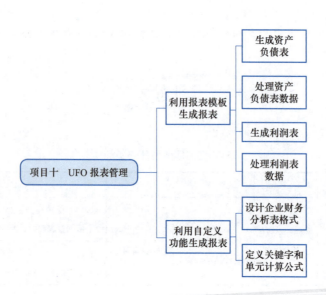

项目实训　UFO 报表管理

实训资料

启用时间：2022 年 4 月 30 日。企业主要财务指标分析表见表 10-3。

表 10-3　企业主要财务指标分析表

单位名称：山东昌澳鞋业商贸有限公司　　　　2022 年 4 月

能　力	指　标	数　值
偿债能力分析	流动比率	
	速动比率	
	资产负债率	
营运能力分析	应收账款周转率	
	总资产周转率	
盈利能力分析	资产利润率	
	销售净利率	

实训任务

（1）利用报表模板生成资产负债表和利润表。
（2）通过自定义报表生成报表并分析数据。

项目十技能测试

参 考 文 献

[1] 毛华扬，刘红艳，王婧婧. 会计信息系统原理与应用：基于用友 ERP-U8V10.1[M]. 2 版. 北京：中国人民大学出版社，2020.

[2] 宋红尔. 会计信息化：财务篇 [M]. 2 版. 大连：东北财经大学出版社，2020.

[3] 徐文杰. 会计信息系统应用 [M]. 2 版. 北京：高等教育出版社，2019.

[4] 刘大斌，郑惠尹，何雨谦. 会计信息化实训教程 [M]. 2 版. 北京：清华大学出版社，2021.

[5] 王忠孝. 会计信息系统应用：用友 ERP-U8V10.1 版 [M]. 北京：高等教育出版社，2020.

[6] 陈旭. 会计信息化 [M]. 北京：高等教育出版社，2018.

[7] 王海林，吴沁红，杜长任. 会计信息系统：面向财务业务一体化 [M]. 3 版. 北京：电子工业出版社，2017.

[8] 王新玲. 用友 U8 财务管理系统原理与实验 [M]. 2 版. 北京：清华大学出版社，2020.

[9] 孙莲香，林燕飞，刘兆军. ERP 管理软件应用教程 [M]. 北京：清华大学出版社，2018.

[10] 王珠强. 会计电算化：用友 ERP-U8V10.1 版 [M]. 2 版. 北京：人民邮电出版社，2018.

[11] 李爱红. ERP 财务供应链一体化实训教程：用友 U8V10.1 [M]. 北京：高等教育出版社，2016.

[12] 牛永芹，杨琴，喻竹. ERP 财务管理系统实训教程：用友 U8V10.1 版 [M]. 3 版. 北京：高等教育出版社，2019.

[13] 李吉梅，于海宝. 场景式企业供应链应用基础教程：用友 U8V10.1 [M]. 北京：清华大学出版社，2016.

[14] 魏世和，陶文. ERP 财务业务一体化教程 [M]. 北京：高等教育出版社，2017.

[15] 姜明霞，胡生夕. 会计电算化实务 [M]. 2 版. 大连：东北财经大学出版社，2016.